知的障害教育の場と
グレーゾーンの
子どもたち インクルーシブ社会
への教育学

堤 英俊［著］

東京大学出版会

Encounters between Intellectual Disability Education and Children in the Gray Zone:
Pedagogy for Inclusive Society
Hidetoshi Tsutsumi
University of Tokyo Press, 2019
ISBN978-4-13-056229-4

はしがき

　いつの間にか遠い昔の，心のうずく過去がある。
　中学生活が終わりにさしかかったある日の午後，担任教師の口から，同じクラスの同級生がその日の夜明け前に自殺したことを知らされた。遺書が残されており，自殺の理由は，いじめだという。翌日から，小さな田舎町にマスコミが押し寄せ，週末の校舎を使って警察の一斉事情聴取がはじまり，町全体が，またたく間に，ただならぬ雰囲気に包まれた。
　わたし自身は，突然おとずれた同級生の死にひどく動揺しつつも，いじめの事実に驚きはなかった。その学校には，入学当初から，異人を排除する空気が確かにあった。複数の大規模小学校の出身者が多数を占めて力を持つ中学に，過疎の小学校から進学したわたしの立場は危うかった。生意気だとの理不尽な理由で，密室に押し込まれて鍵をかけられ，一方的に殴る蹴るの暴行を受けたあの日のことを決して忘れない。
　あの狭くて暗い密室からからくも逃げ出して以来，生き残りのために，他者のいじめには，可能な限り巻き込まれないように息を潜めて過ごしていた。そうすることで，わたしも，無意識のうちに，異人を排除する空気をつくり出すことに加担していたのだろうが，だからといって他人を気遣う余裕はなかった。自殺した彼もまた，他県の小学校から進学してきていた異人であった。
　数年後に，大学に進学して教育学を専攻し，とかく感情的にいじめの問題にこだわっていたわたしは，ゼミの指導教員からの薦めで，1冊の本と出会うことになった。ブラジルの教育実践・思想家であるパウロ・フレイレ（Paulo Freire）の主著『被抑圧者の教育学』（1979）である。
　いじめ論としてストレートに書かれた本ではなく，難解でもあったため，図書館ではじめて手に取ったときには，一見してすぐさま書棚に戻した。ただ，何かのきっかけで再び手に取ることになり，今度は苦心して読み進める中で，現実に埋没し，抑圧者の利益に奉仕している秩序の束縛のもとで被抑圧者同士の水平暴力が生じるというフレイレの権力関係分析に出会った。社会的不公正

と教育実践のあり方（教師と生徒の関係性），そして，生徒同士の水平暴力とが分かちがたく結びついているという主張が，いじめのある面での本質を言い当てているように感じられ，妙にストンと腑に落ちたことを覚えている。

　大学卒業後，そのまま大学院に進学して，ますます，人間フレイレの思想にのめり込み，『被抑圧者の教育学』を携えて，彼が生まれ育ったブラジルの地に足を運んだりもした。そして，今は亡きフレイレのご家族にお会いしたり，現地の水・風・土に触れたりしながら，その実感とともに，彼の晩年期の学校教育改革構想を研究対象にした修士論文に取り組んだ。

　しかしながら，思想家である前に実践家であろうとしたフレイレの背中を字面で追いかければ追いかけるほど，自分はいかに生きるのかという次元で，自らが思考の土台とする実践的リアリティの薄っぺらさや実践的な肌感覚の乏しさに悩まされるようになった。そして，散々悩んだ挙句，一念発起して，からだ全体を使って泥臭く試行錯誤できる自らの実践の場を求めて，教師として就職することを決意した。

　偶然と必然が重なって，頭でっかちのわたしを寛大に受け入れてくれたのが，私立の小さな知的障害特別支援学校であった。わたしは，それまでに大学で必ずしも特別支援教育（障害児教育）について体系的に学んだことがあるわけではなかったが，一度見学した際に垣間見た，教育実践の自由さやアットホームな雰囲気に強く魅かれて，その門戸をたたいた。

　特殊教育から特別支援教育への転換期にあって，その頃から，知的障害特別支援学校をはじめとする知的障害教育の場には，通常学級での在籍歴を持つ多くのグレーゾーンの子どもたちが流れ込んできていた。こうした子どもたちの中には，通常学級でいじめを受けたことによる深い傷を引きずりながらたどり着いている者が少なからずいて，わたしは，思いがけず，知的障害特別支援学校においても，これまでとは違った角度から，いじめの問題と向き合うことになった。この現実との出会いは，数年後に，再びわたしの足を大学院に向かわせる導因となり，本書のもととなる研究へとつながっていった。

　そして，本書は，わたしが様々な偶然と必然の重なりの上でたどり着いた「知的障害教育の場（知的障害特別支援学級・学校）」を主要なフィールドとして，研究を進めてきたものである。本書は，いわゆる特別支援教育（障害児教

育)の分野の,他の多くの医学・心理学的著作群とは趣が異なる。その理由は,本書が,ここまで述べてきたわたしの生育歴・研究歴を反映して,いじめの問題の探究とフレイレの教育思想に影響を強く受けた権力関係分析のまなざしを多分に含んでいるからに他ならない。言うなれば,本書は,異人・被抑圧者・障害者というマイノリティの立場性に着目して,通常教育の場から知的障害教育の場へと流れ込む子どもたちの生き様をどのように理解することができるのかということに焦点化して生み出された作品である。

　そして,副題に掲げているとおり,本書は,日本が,インクルーシブな社会を目指して,その方向に着実に歩を進めていくために決して無視することのできない複雑な現実を丁寧に解きほぐそうとする「教育学」の試みである。通常学級のいじめの問題に長く関心を持ってきたからこそいえることであるが,インクルーシブ教育は,簡単に達成できることではないし,常に未完のプロセスの中で試行錯誤が求められるものである。本書の試みは,インクルーシブ教育の未来を構想し,理想と現実の乖離をパテで一ヵ所ずつ地道に埋めていくような仕事の手はじめとして位置づけられる。

　繰り返すまでもなく,わたしにとって,通常学級におけるいじめの問題と特別支援教育(障害児教育)の問題は複雑に交差していて,いずれも「インクルーシブ社会への教育学」において落とすことのできない重要な課題である。というか,そもそも,特別支援教育(障害児教育)に特化し,異人排除や水平暴力といった権力関係の問題に目をふせたインクルーシブ教育の議論は,芯をついたものになりうるのだろうか。インクルーシブ教育をめぐって様々な是非の声があることは承知の上であるが,異人排除や水平暴力によって,子どものいのちが傷つき,奪われているという途絶えることのない生々しい現実,そしてそれに触発されての人としての心の奥底のうずきがあるからこそ,わたし自身は,インクルーシブ教育の理想を手放すことができない。

　このように,いじめ(異人排除・水平暴力)の問題は,本書の初発の動機であると同時に,本書全体に通底するテーマである。読者のみなさんには,このことを,無理のない範囲で頭の隅に留めておいていただきながら,1つのマイノリティ教育研究の成果物として,本書を読み進めていただければと思う。

目　次

はしがき ··· i

序　章　日本におけるインクルーシブ教育への葛藤 ············· 1

1. 問題の所在 ··· 1
2. 先行研究の検討 ··· 10
3. 本書の特色と意義 ··· 17
4. 本書の構成 ··· 21

第Ⅰ部　知的障害教育の場とは

第 1 章　知的障害教育の歴史
　　　　　言説のヘゲモニー争いに着目して ·· 27

1. はじめに ·· 27
2. 水増し教育論からの出発（1890 年代～ 1940 年代前半）··············· 28
3. 水増し教育論 vs 生活主義教育論
　　（1940 年代後半～ 1960 年代前半）································ 30
4. 生活主義教育論 vs 発達保障論／教科教育論（1960 年代後半）·········· 33
5. 生活主義教育論・発達保障論 vs 共生共育論
　　（1970 年代～ 2000 年代前半）····································· 35
6. 日本型インクルーシブ教育論 vs 共生共育論
　　（2000 年代後半～ 2010 年代前半）······························· 38
7. おわりに ·· 40

第 2 章　「場の分離」を正当化するロジック
　　　　　三木安正の精神薄弱教育論を手がかりに ·· 43

1. はじめに ·· 43
2. 三木の精神薄弱教育論の前提に置かれる社会認識 ················ 45

    3. 将来の「生産人」生活を見越した知的障害教育の構想……………… 48
    4. 必然としての通常教育からの「場の分離」……………………………… 55
    5. 考察——「場の分離」を正当化するロジック…………………………… 58
    6. おわりに………………………………………………………………………… 60

第3章　通常教育の場と知的障害教育の場の関係性
　　　　　学校教育システム上の協働・分業に着目して……………… 63

    1. はじめに………………………………………………………………………… 63
    2. 通常教育の場の特徴——同質化／差異の一元化…………………… 63
    3. 「安全弁」としての知的障害教育の場——不適応者の受け止め… 69
    4. おわりに………………………………………………………………………… 78

第Ⅱ部　通常教育の場から知的障害教育の場へと流れ込む子どもたち

第4章　知的障害教育の場への流れ込みという社会的現象…83

    1. はじめに………………………………………………………………………… 83
    2. 発達障害概念の歴史………………………………………………………… 85
    3. 発達障害と通常教育の場…………………………………………………… 90
    4. 周囲の大人たちが主導する知的障害教育の場への転入の選択……… 92
    5. おわりに………………………………………………………………………… 101

第5章　知的障害教育の場へと転入した
　　　　グレーゾーンの子どもの学校経験をつかむ方法…… 103

    1. はじめに………………………………………………………………………… 103
    2. データ収集の方法……………………………………………………………… 104
    3. 分析視点——子どもの生活戦略と教師の職務戦略の応酬…………… 108
    4. 調査の概要……………………………………………………………………… 110
    5. おわりに………………………………………………………………………… 114

第6章　知的障害教育の場への転入と適応の過程　Ⅰ
　　　　　特別支援学級の事例 ……………………………………………117

1. はじめに ……………………………………………………………117
2. 四葉中学校7組の事例――AくんとBさん ………………………118
3. 椿中学校7組の事例――Cくん ……………………………………136
4. おわりに ……………………………………………………………145

第7章　知的障害教育の場への転入と適応の過程　Ⅱ
　　　　　特別支援学校の事例 ……………………………………………147

1. はじめに ……………………………………………………………147
2. あんず支援学校中学部の事例――Dくん …………………………149
3. なつめ支援学校中学部の事例――Eくん …………………………161
4. すみれ支援学校中学部の事例――Fくん …………………………171
5. おわりに ……………………………………………………………185

第8章　知的障害教育の場へと転入したグレーゾーンの
　　　　　子どもの学校経験――教師との相互行為に着目して ……………187

1. はじめに ……………………………………………………………187
2. 通常教育の場からの転出の文脈 ……………………………………187
3. 転入後にグレーゾーンの子どもが覚える葛藤 ……………………189
4. グレーゾーンの子どもの生活戦略 …………………………………191
5. グレーゾーンの子どもに対峙する教師の職務戦略 ………………196
6. グレーゾーンの子どもの適応が帰結するところ …………………202
7. おわりに ……………………………………………………………206

終　章　日本におけるインクルーシブ教育への道筋と着手点
　　　　　 ……………………………………………………………………209

1. インクルーシブ教育への道筋 ………………………………………209
2. 通常教育の場の文化の変容に向けての着手点 ……………………213

3. 知的障害教育の場の文化の変容に向けての着手点 …………………… 220
　　4. 結　語 ………………………………………………………………………… 225

あとがき ………………………………………………………………………… 227

　　初出一覧 ………………………………………………………………………… 232
　　文献一覧 ………………………………………………………………………… 233
　　索　引 …………………………………………………………………………… 247

序　章　日本におけるインクルーシブ教育への葛藤

1. 問題の所在

　知的障害教育とは，端的にいえば，「知的障害者」としてカテゴリー化される子どもたちを対象にした学校教育のことである[1]。文部科学省の定義では，知的障害は，「記憶，推理，判断などの知的機能の発達に有意な遅れがみられ，社会生活などへの適応が難しい状態」とされる[2]。日本においては，主として，メインストリームである通常学級から空間的に分離された特別支援学級や特別支援学校において実践されてきた。

　詳しくいえば，特別支援学級は，2007年4月に改正された学校教育法第81条第2項に規定されるもので，「障害による学習上又は生活上の困難を克服するための教育を行う」ことを目的とする場である。2007年3月以前は「特殊学級」という名称が使用されていた。対象は，「知的障害者」「肢体不自由者」「身体虚弱者」「弱視者」「難聴者」「その他障害のある者で，特別支援学級において教育を行うことが適当な者」とされている。法律上，障害児を対象に規定した学級であることもあって，特別支援学級（特殊学級）のことを「障害児学級」と呼ぶ関係者も少なくない。小学校と中学校といった通常学校の内部に，通常の学級と並立する形で特別な学級として設置されている。

---

[1] 近年，「害毒」といった差別的な語意を有する「害」という文字を使うことを懸念し，障害を，障碍という言葉に言い換えて使用しようとする動向がある（例えば，田中，2007；森，2014）。その意図は理解できるものの，障害という用い方が制度や医療分野で堅固に使われている状況は変わらず，現段階では，「碍」の字を使う意図の明確な説明なしには，そのニュアンスを一般の人々と共有することは難しい。この語に関しては，あえて「障害」という文字を用いることで，一般の人々と同じ土俵上でオーソドックスに切り崩しの対話を進める方が建設的なのではないかと思われる。したがって，本書では，「障害」という漢字を用いる。

[2] 文部科学省ウェブサイト〈http://www.mext.go.jp/a_menu/shotou/tokubetu/004/003.htm〉（最終アクセス 2018年5月6日）

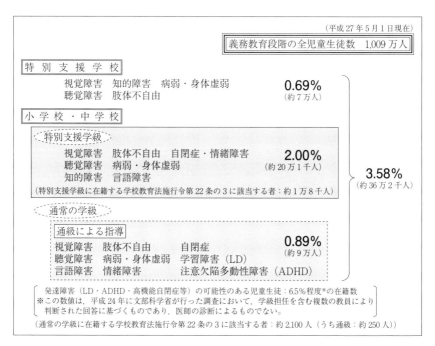

図1　特別支援教育の対象の概念図（義務教育段階）

〔出典〕文部科学省ウェブサイトより〈http://www.mext.go.jp/a_menu/shotou/tokubetu/__icsFiles/afieldfile/2017/02/21/1236746_01.pdf〉（最終アクセス 2018 年 5 月 12 日）

　一方の特別支援学校もまた，2007 年 4 月の学校教育法の改正によって「盲学校・聾学校・養護学校（包括して，特殊教育諸学校）」から改称されたもので，第 72 条に規定されている。「幼稚園，小学校，中学校又は高等学校に準ずる教育を施すとともに，障害による学習上又は生活上の困難を克服し自立を図るために必要な知識技能を授けること」を目的とする場である。対象は，「知的障害者」「肢体不自由者」「病弱者（身体虚弱者を含む）」「視覚障害者」「聴覚障害者」とされている。一般に，特別支援学級と比べて，身体機能の欠損の程度がより重度の障害児を対象として想定している。幼稚部，小学部，中学部，高等部，高等部専攻科がある。特別支援学級が「障害児学級」と呼ばれるのと同様に，特別支援学校も「障害児学校」と呼ばれることがある。

　図 1 のように，日本における現在の義務教育段階の障害児教育システム（＝

特別支援教育）では，地域差はあるものの，障害の程度に応じて，通常学級，通級指導教室，特別支援学級，特別支援学校といった種々の教育の場が連続する形で配置されている[3]。

しかしながら，視覚障害，聴覚障害，肢体不自由などの他の障害種とは異なり，知的障害を有する子どもを対象にした教育は，通常教育とは異なる教育課程を編成することから，基本的に特別支援学級と特別支援学校での提供に限定されている[4]。

知的障害教育の場の現在──流れ込む子どもの増加

少子化の影響により全国の多くの地域で学校統廃合や学級減が進行している今日にあって，前述したような特別支援学級や特別支援学校に通う知的障害を有する子どもが軒並み増加している状況がある。

2017年6月に発表された文部科学省の『特別支援教育資料（平成28年度）』によれば，2015（平成27）年度から2016（平成28）年度にかけて，小学校の特別支援学級の在籍者数で1万3054名増の15万2580名（うち知的障害を有する子どもは7万1831名），中学校の特別支援学級の在籍者数では3292名増の6万5259名（うち知的障害を有する子どもは3万4534名）となっている。10年前の2006（平成18）年から比べると，小・中学校合わせて2倍以上に膨れ上がっている。また，特別支援学校に通う知的障害を有する子どもの数は12万6541名で，前年度より2377名増加している。こちらも10年前から比べてみると，約1.8倍の増加である。

例えば，全国各地の知的障害を有する子どもの通う特別支援学校はパンク状態であり，学校施設の過密化・狭小化が喫緊の課題となっている。学校によっては，特別教室を普通教室に転用したり，1つの教室を分割してパーテーションで区切って2つの学級で使用していたりする。そして，知的障害特別支援学

---

[3] 義務教育後の後期中等教育段階（高校段階）になると，特別支援学級を設置している高校は存在しないため，知的障害教育のフィールドは，特別支援学校のみに絞られる。

[4] 本書では，知的障害者を主たる対象とした特別な教育課程による知的障害教育を提供している特別支援学級・学校を「知的障害特別支援学級」「知的障害特別支援学校」とし，「知的障害教育の場」という言葉で総称する。

級や知的障害特別支援学校の増設や新設が全国的に鋭意進められている状況がある。こうした知的障害教育の場の在籍者の急増は，軽度・境界域の知的障害や発達障害を有する子どもたち，すなわち健常／障害のグレーゾーンに生きる子どもたちの流れ込み（中途での転入学）に起因しているとされる[5]（遠藤，2011；鈴木，2010）。

　全国の知的障害特別支援学校を対象にした，熊地ほか（2012；2013）の質問紙調査の結果によれば，近年のグレーゾーンの子どもたちの流れ込みによって，もともと比較的中重度の知的障害を有する子どもたちを主たる教育対象としてきた特別支援学校の教師たちの多くは困難さや戸惑いを感じており，彼（女）らは，ときに「指導の限界を感じながら緊張度の高い対応を迫られている」とされる。転入してくるグレーゾーンの子どもたちの中には，通常学校での不適切な対応やいじめ・不登校を経験した結果，二次障害と呼ばれるような衝動的な攻撃性や精神神経的症状を伴う者も少なくない。なかには，グレーゾーンの子どもが「特別支援学校に転入学してくることが適切かどうか疑問が残る」というような質問紙の回答も見られたとされる。

　こうした現職の特別支援学校教師たちの感じる困難さや戸惑い，あるいは先に述べた施設の過密化・狭小化を反映して，最近では，転入を希望するグレーゾーンの子どもに対する特別支援学校側の過剰な反応も見られ，一部の特別支援学校では知的障害の療育手帳や診断書のない子どもたちを排斥する運動すら展開されてきているという[6]（堀家，2012）。

　筆者自身，数年前，知的障害特別支援学校の中学部で教師として働いていたときに，自分の担任するクラスに2人のグレーゾーンの子ども（男子生徒）の

---

[5] 詳しくは第4章において説明するが，本書でいう「グレーゾーンの子ども」とは，知的障害教育の場の教師たちによってそのような子どもとしてカテゴリー化されるメンバーのことを指している。法制上，通常教育の場では「発達障害者」として，知的障害教育の場では「軽度知的障害者」として扱われる子どもである。知的発達の遅れが軽度・境界域（IQ50〜90程度）で，口語でのコミュニケーションに支障がなく，通常学級での在籍歴を有している子どもがカテゴリー化されている場合が多い。

[6] 一方で，フィールドワークなどで観察やインタビューを行う限り，知的障害特別支援学級の方は，もともと軽度の障害を有する子どもを主たる対象にしてきたという経緯からか，あるいは，実社会との接続の仕事を担っていない（後期中等教育段階には特別支援学級はない）からか，知的障害特別支援学校ほどの戸惑いは見られなかった。

転入を受け入れたことがあった[7]。2人は小学校時代に通常学級での在籍歴があり，両者ともに同級生から受けたいじめの傷を引きずりながら，筆者の勤務する学校にたどり着いていた。

ただし，2人の経緯は異なっていて，転入当初から，1人は，いじめの傷を背景にして「絶対に通常学級には戻りたくない」と語り，もう1人は，「両親が勧めるから来たが，自分には障害はないのに，なんでこんな学校に入らないといけないのか分からない」と不本意さを語っていた。

彼らは，転入後，お互いを意識しつつ牽制し，暴力・暴言をもって教師や同級生を威嚇し，激しく荒れた。中重度の知的障害を有する同級生への攻撃は一方的なものになりやすく，被害を受けた子どもの保護者からの学校へのクレームが相次いだ。また，暴力を止めに入った教師の中には骨折する者も出た。

職員会議を経て，担任である筆者は，中学部の秩序回復のために，彼らの一挙手一投足に監視のまなざしを向ける「見張り番」のような役割を担ったりもした。また，同級生とのトラブル回避のため，彼ら2人とともに中学部の校舎から離れ，ひと気のない特別教室棟で授業を行うことも少なくなかった。

筆者は，中学部集団から隔離されながらの彼らとの緊張感ある日常に耐えられず，その状況からなんとか抜け出そうと，藁をもつかむ思いで週末の知的障害や発達障害の療育に関する研修会に足を運んだ[8]。彼らの荒れの原因を二次障害や思春期の医学・心理学的問題として解釈し，応用行動分析の視点から，発達特性に応じた個別・小集団療育と環境調整を徹底させていくことで，彼らの暴力・暴言行動を修正していこうと考えたのである。冷静に振り返ってみれば，荒れるグレーゾーンの子どもたちを知的障害教育の場に適応させることで学校の秩序回復を目指し，それと同時に，教師としての自分自身の困難さや戸惑いの解消を試みようとしていたのかもしれない。

彼らの担任を続けて3年目，中学部卒業後の進路を考える時期になって，筆

---

7) 彼らとの教育実践に関しては，堤（2008；2009；2010）で報告した。2人以外のクラスメンバーは4人で，みな小学部からの内部進学組で，重度の知的障害を有していた。
8) 藤原（2013, p. 276）によれば，「がむしゃら」に自らの専門性の向上にのぞみ，「がむしゃらに自分が担当する子どもの課題に対応する努力をしている姿」は，多くの特別支援学校の教師に共通して見られるという。

者に対し，1人は「義務教育が終わるのに，どうして高校（高等部）に進学しないといけないのか？」と問いかけ，もう1人は「どうして自分は障害児の学校に居続けないといけないのか？」と問いかけてきた。言葉での問いかけのみならず，進路の悩みは身体表現と結びつき，再度の暴力・暴言といった荒れた行動を伴って投げかけられた。一方で，筆者は，彼らの話に真摯に耳を傾けようとすればするほど，彼らなりの論理に納得がいくようになり，何をめざして進路指導を行ったらよいのか日に日に分からなくなっていった[9]。

　進路選択のデッドラインが刻々と近づいてくる中で，最終的には，長くその学校に勤める先輩教師から知的障害教育に携わる教師のとるべき進路指導について諭され，例年の対応に従う形で，他の同級生たちとともに特別支援学校の高等部に内部進学するように彼らを誘導した。ストレートに表現すれば，グレーゾーンの彼らに対して「知的障害者」として生きる道を歩むことを後押しした。そして，「この方針や働きかけでよかったのだろうか」といった後ろ髪を引かれる思いを胸に残しつつも，年度末を迎え，高等部の教師に担任のバトンを渡してしまうことで，筆者の職務は終了した[10]。

　現在の知的障害教育の場では，グレーゾーンの子どもの流れ込みと関連して，多様な葛藤が噴出してきており，教師たちには，葛藤の経験とどう向き合うかが問われている。そして，声の大きさの違いから，教師（あるいは保護者）の葛藤の語りの影に隠れやすいが，流れ込みの当事者であるグレーゾーンの子どもたち自身もまた葛藤を抱えて生活している。

変化を迫られる日本の学校教育システム――インクルーシブ教育をめぐって

　流れ込むグレーゾーンの子どもたちの対応に追われる知的障害教育の場の国内状況の一方で，国際的な動向としては，インクルーシブ教育を模索する時代に入ってきている。

---

9) 当時執筆し発表した実践記録では，「生徒たち自身による主体的な生きる道の選択手続きを捨象して，操作的に本校の高等部への進学を強く促すのには，どこかやりきれない気持ちがしている」と述べている（堤，2009，p. 63）。

10) 教師の担任としての責任を伴う職務は期限付きである。そもそも学校そのものが期限付きの場であり，教師や子どもは「数年のちには，あたかも流れる水のようにそこを通過し，去っていく」（倉石，2009，p. 10）。

インクルーシブ教育（包摂的教育）とは，エクスクルーシブ教育（排除的教育）の対概念で，障害に限らず，人種，国籍，言語，宗教，虐待，いじめ，貧困といった多様な理由により社会的に周縁化されやすい子どもとそうでない子どもとが地域の学校で共に学ぶ教育のことである[11]。ユネスコのサラマンカ宣言（1994年）や国連の障害者権利条約（2006年）において提起され，いまや先進諸国では教育政策の道筋を規定するメルクマールとなってきている。

そもそも，インクルーシブ教育論は，社会のあり方の議論の中で交わされてきたものであり，欧米では新自由主義が助長する社会的排除の拡大の緩和・解消をめざす社会的包摂論の一環として展開されてきた。したがって，インクルーシブ教育は，「排除社会」の現状の自覚と反省の上で，近い将来の「包摂社会」の創造をめざそうとするポスト近代の一大プロジェクトである。

このような背景を持ちつつ，国連の障害者権利条約第24条の教育条項では，あらゆる段階におけるインクルーシブ教育システムの確保が提言された。インクルーシブ教育は，単に「分離か統合か」の議論でなく，インクルーシブな社会（包摂社会）に向けた学校教育のあり方，すなわち，エクスクルーシブ教育の超克をめぐる本質的な議論であるということができる。

日本におけるインクルーシブ教育の展開については，文部科学省の設置した中央教育審議会「特別支援教育の在り方に関する特別委員会」（2010年7月設置）の中で議論され，2012年7月には「共生社会の形成に向けたインクルーシブ教育システム構築のための特別支援教育の推進（報告）」が発表された。戦前から長く分離型システムを採用してきた日本も，インクルーシブ教育の観点から，通常教育の場のあり方と特別な教育の場のあり方およびその関係性を根本から再考する時期にさしかかっている。特に，インクルーシブ教育は，本来，障害児教育改革（特別な教育の場の改革）の議論ではなく，学校教育全体の改革の議論であり，その実現には，メインストリームである通常教育の場の改革が不可欠となる。このような国際的動向を考えるとき，日本における通常

11）日本では，インクルーシブ教育を，障害児をめぐる教育に限定しがちであるが，多文化主義を標榜する欧米諸国では，それは，多文化主義的な多文化教育（諸差異を背景とした学校における知識，人間関係，学力形成，学校構造をめぐる学校文化の改革）の課題として取り扱われている。

教育の場から知的障害教育の場へと転入する子どもの増加や知的障害教育の場の新設・増設という事態は，時代からの逆行のようにも見える。

しかし，日本の障害児教育制度を海外の視点から分析したルテンダーとシミズ（2006, p. 271）は，論稿の中で，「日本における特殊教育制度を単なる『隔離』としてラベリングしてしまえば，その制度の下に隠された心理的な動機や相矛盾する感情についてまったく解明されなくなってしまう」と述べている。

インクルーシブな社会に向けた学校教育を推進するためには，欧米と比較しての制度・政策議論（システムのあり方の議論）に終始したり，特別な教育の場の内部に立ち入らずに外在的批判に終始したり，具体像を提示することなく通常教育の場の教育改革の必要性を殊更に強調したりするのでは十分であるとはいえない。多少なりとも，現在進行形で稼働中の特別な教育の場（あるいは，通常教育の場）の内部に身を置き，そこに生きる当事者たちの声に耳を傾けながら，日本におけるインクルーシブ教育のあり方を探究するといった，地に足の着いた未来志向の姿勢が必要ではないだろうか[12]。

そうでなければ，現行の特別な教育の場に直接・間接に関わる教師をはじめとする現場の利害関係者の理解を得られないどころか，強い反発を受け，改革に向けての対話の席にすら座ってもらえない。特別な教育の場の是非はともかくも，その現場で毎日必死に汗をかいている関係者たちの努力は否定されるべきものではないし，相互の経緯や文脈への敬意を前提としなければ，対話ははじまらない。現場の利害関係者も前向きに過剰な負担なく取り組むことができるような，インクルーシブ教育への道筋や着手点を具体的に探っていく試みが求められているのではなかろうか。

---

[12] ここ10年ほど，全国のいくつかの知的障害の特別支援学級や特別支援学校に定期的に足を運ぶ中で（またときに働く中で）率直に感じたのは，そうした教育の場にどことなく共通するアットホームさ，スローさ，そして居心地のよさであった。また，その現場で出会った教師たちもグレーゾーンの子どもの受け入れによる戸惑いや多忙さを口にしつつも，自らの仕事に誇りとやりがいを見出している人たちが多かった。また，身近にも，類似の印象を口にする現職教員や教師志望の学生たちが少なからずいて，彼（女）らはその印象を契機とし，異動先，就職先として自ら進んで特別支援学級や特別支援学校を選択していく傾向にあった。筆者自身も保持していることを否定できない，このような知的障害教育の場に対する関係者たちの率直な肯定的印象や愛着が，よくも悪くも日本の分離型システムを下支えしているとはいえないだろうか。

いずれにしても，流れ込んでくるグレーゾーンの子どもたちを順次受け入れている知的障害教育の場の現実状況と，インクルーシブ教育をめぐる議論は，今のところ，かなりの程度乖離していると言わざるをえない。このままでは，いくらインクルーシブ教育が声高に叫ばれたとしても，「『本音』と『建前』とが分裂」していくばかりで，むしろ「『本音』の領域における排除が深刻化する」危険性がある（星加，2015a, p. 260）。イギリスで見られたように，レトリックとしてインクルージョンの推進を宣言しながら，他方で実態として分離教育が維持されていくというような本末転倒の事態にもなりかねない（アダムスほか，2014；堀，2014）。

　本音の領域，すなわち日常生活のレベルで健常者／障害者の非対称的関係の改善に向けた努力がなされない限りは，インクルーシブ教育の理念は実質的に機能してこないといえる。また，日本においてインクルーシブな社会に向けた学校教育の展開を目指すためには，社会学の見方に代表されるように，ミクロな日常世界に目を向けつつも，それをマクロな制度や社会構造とのつながりの中で把握することが必要である。

　以上から，本書では，あえて「場の分離」を前提とする知的障害教育の場の内部に身を置いて，時代に逆行するかのように流れ込んでくるグレーゾーンの子どもたちと関係を紡ぎ，彼（女）らとのやりとりなどから得られた諸データを社会学（とりわけ経験社会学）の観点を借りながら分析していく[13]。つまり，知的障害教育の場へと転入したグレーゾーンの子どもたちの学校経験を，それを方向づける制度的・構造的条件とともに解明することを試みる[14]。そして，その結果を踏まえて，日本におけるインクルーシブ教育の具体的展開への道筋と着手点を探ることにしたい。

---

[13]　「社会学の観点を借りる」という表現を用いたのは，あくまでも本書を「社会学」とは重なりつつも異なるディシプリンを持つ「教育学」の研究として定位するためである。筆者は，「教育学」を，教育という実践的営みに誠実に丁寧に向き合い，積極的な意味で，哲学，歴史学，社会学，心理学などの諸学の研究方法を借用しながら探究する学際的・複合的な学問として捉えている。

[14]　本書で用いる「制度的・構造的条件」という用語は，マクロな制度や社会構造からの，日常世界における個人の意思や行動および経験の諸々の拘束のことを意味する。

2. 先行研究の検討

　ここでは，知的障害教育の場における子どもの学校経験というテーマについて，社会学の観点からの先行研究の検討を行う。具体的には，通常教育の場における子どもの学校経験，知的障害教育の場における子どもの学校経験，そして知的障害福祉の場における入所者の施設経験に関する先行研究を取り上げ，相互に照らし合わせる中で検討していく。

通常教育の場における子どもの学校経験に関する先行研究

　1970年代以降，学校という制度的実践の場に関する社会学的研究に，認識論的，方法論的基盤を提供したのが，象徴的相互作用論，現象学的社会学，エスノメソドロジーなど，いわゆる解釈的アプローチと呼ばれる理論である（稲垣，1997）。この理論は，他者との相互行為の中で共有された行為者の解釈過程を重視し，イギリスにおける新しい教育社会学（New Sociology of Education）のムーブメントと結合した。クラスルーム（学級）における教師と子ども（生徒）の相互行為を「教授＝学習過程としてだけでなく，さまざまな意図や目的が交錯する社会的相互作用としてとらえ，それまでは問題にされてこなかったさまざまな前提を問い直そう」としてきたのである（稲垣，1997, p. 96）。

　こうした海外の解釈的アプローチや新しい教育社会学に触発されて，日本においても，前述のような観点からの学校研究が蓄積されてきた[15]。本書が取り組むような教師や子ども（生徒）などの構成員の学校経験に関する社会学的研究もその1つに数えられ，彼（女）らの経験は，それを方向づける制度的・構造的条件（教育の場の日常世界の構造やマクロな社会的文脈など）とともに考

---

[15] 日本の教育社会学の分野においては，学校の日常世界の構造を解明しようという研究が，学校文化（School Culture）研究として展開されてきた。学校文化とは「学校に集う人びとの行動や関係のある独特の≪型≫それ自身の存在であり，またそれがその≪型≫へ向けて人びとを形成する日常的な働きの存在」のことを指す（久冨，1996, p. 10）。ここでいう文化とは静態的なものではなく動態的なものであり，組織の中の行為主体による応酬によって日々更新されているものである。こうした視点からは，学校は，教師，生徒，保護者といった「それぞれ固有の立場や利害をもつ行為者が意味をめぐってせめぎ合う闘争の場」として捉えられる（児島，2006, p. 205）。学校文化とは，研究者が学校の日常世界の記述を試みるにあたって「戦略的に採用する言葉」なのである（志水，2002, p. 39）。

察されてきた[16]。

　例えば，日本の通常教育の場における子ども（生徒）の学校経験に焦点をあてた社会学的研究として，知念（2012），児島（2006），堀家（2002）を挙げることができる。

　知念は，ある公立高校においてフィールドワーク（主に観察やインタビュー）を行い，収集されたデータをもとに貧困・生活不安定層出身である〈ヤンチャな子ら〉の学校経験を描き出した。その中で，〈ヤンチャな子ら〉の抱く学校文化への異化と同化の間での構造的ジレンマ，「時間と空間のコントロール」「非対称的な関係性の組み換え」「学校の意味世界の変換」というコーピング・ストラテジー，それらに対応する教師たちのペタゴジカル・ストラテジーと登校継続に関わってもたらされる帰結について明らかにした[17]。

　児島は，ある公立中学校においてフィールドワーク（主に観察）を行い，収集されたデータをもとに日系ブラジル人生徒の学校経験（彼らなりの適応のあり方）を描き出した。その中で，教師との相互行為における，子ども（生徒）の「協調的抵抗（現行の不平等な待遇への協調を前提として可能になる抵抗行為）」「拒絶的抵抗（学校文化の圧力に対する単純な反作用としての拒否の身ぶり）」「創造的抵抗（他者との積極的なかかわりのなかで達成されるもの）」について明らかにした。

　堀家は，ある公立小学校においてフィールドワーク（主に観察とインタビュー）を行い，収集されたデータをもとに，通常学級における身体機能の欠損（身体障害）を有する子どもの学校経験を描き出した。その中で，教師との相互行為における，子ども（生徒）の「参加する意欲をもっているふり」「できないふり」「無関係になる」といった対処戦略について明らかにした。

　三者に共通する点は，フィールドワークによるデータ収集（質的調査）に基

---

16) 教師が教えるべき中心的内容が教科指導に限られ，子ども（生徒）の問題行動については管理部門が担うという欧米の学校とは異なり，日本の学校においては，教師は，生徒指導・生活指導を通して，子ども（生徒）の学校生活全般（＝子どもの学校経験）に直接的に影響を与えている（吉田，2007）。
17) 「ストラテジー」概念を提起したのは，ウッズ（Woods, 1979）である。中等学校でのフィールドワークの結果に基づいて，教科指導場面での教師−生徒関係における戦略の応酬の過程を明らかにした。

づいた実証的研究である点と教師との相互行為の中での子どもの主体性・能動性に着目している点である。子どもの学校経験に関する社会学的研究は、イギリスにおいてウッズ（Woods, 1980）やデンスコム（Denscombe, 1980），ターナー（Turner, 1983）などによって展開されているものの，日本においては，教師の学校経験に関する研究の蓄積と比較して進展が立ち遅れている。また，教師の働きかけが，「生徒にどのように解釈され，生徒の学校生活にどのような影響を与えているのかという点については，ほとんど明らかにされていない」（知念, 2012, p. 75）。

　三者が描き出しているように，子ども（生徒）は，学校文化や制度的権威を身にまとう教師の働きかけに規定されつつも，完全には客体的・受動的な存在ではない。したがって，子どもの学校経験を描き出そうとする研究は，学校やクラスルーム（学級）における子どもの主体性や能動性を可視化しようとする試みであるといえる。そして，子どもの学校経験に関する社会学的研究において，相互行為の相手である教師の学校経験を同時的に把握することは，不可欠の作業である[18]。つまり，構成員の学校経験について社会学的に研究するということは，教師の学校経験か子どもの学校経験かいずれかのみを切り取って描き出すということではなく，両者の相互行為の把握の上で考察の軸をいずれかに置くということなのである。

知的障害教育の場における子どもの学校経験に関する先行研究

　前述の3つの先行研究はいずれも，メインストリームの場である通常教育の場（児島の場合には通常学級と日本語教室）を主たるフィールドとしたものである[19]。その意味でいうと，本書が焦点をあてる通常教育の場からの分離を前提にした知的障害教育の場（知的障害特別支援学級や知的障害特別支援学校）

---

[18] 教師の学校経験に関する先行研究として，教師が編み出すペダゴジカル・ストラテジーの様相を描き出した清水（1998），感情労働という視点から教師のストラテジーを描き出した伊佐（2009），一斉共同体主義といった日本の学校文化を従来通り存続させるための，差異をめぐる教師のストラテジーについて描き出した児島（2002），密着型教師-生徒関係の形成という教師のストラテジーについて描き出した伊藤（2010），生徒指導システムと教師のサバイバル・ストラテジーについて描き出した吉田（2007），知的障害のある生徒受入れを円滑に進めるための通常学級教師の教育戦略を描き出した堀家（2004）などを挙げることができる。

においての子どもの学校経験に関する社会学的研究は，国内においては残念ながら展開されていない[20]。

類似したテーマの研究として，鶴田（2006）と森（2014）を挙げることができる[21]。

鶴田は，養護学校（現 知的障害特別支援学校）の卒業生へのインタビュー過程の分析を通して，インタビュー過程の統制や「知的障害」というカテゴリーの運用について分析した。対象の学校経験を分析することが主題ではないため考察はされていないが，データとして，対象の子ども（元生徒）の「いじめ」「不登校」「知的障害教育の場への進学経緯」「障害」についての語りが提示されている。

森もまた，鶴田と同様に，知的障害特別支援学校の卒業生を対象とし，インタビュー調査を実施している。そこで得られたデータに基づいて，知的障害を有する子どもの「障碍と生」の経験について描き出している[22]。鶴田とは異なり，森の研究は社会学的関心に基づくものではなく，自己意識や内面世界に関わる現象学や発達論の関心から取り組まれている。したがって，彼の考察の矛先は，あくまでも個人に向けられており，個人を方向づける制度的・構造的条件については十分に分析がなされていない。ただし，鶴田の論文と同様で，森の提示するデータにも，学校経験の語りや教師との相互行為に関するエピソードが多分に含まれている。フィールドワークによるデータ収集（質的調

---

19) 日本語教室や帰国子女学級といったエスニシティに関わる教育の場（部分的に通常学級から抽出）においては，社会学的研究の一定の蓄積がある（潘，2013；児島，2001；渋谷，2000；杉山，2010）。
20) 知的障害以外の障害児教育の場においては，子どもの学校経験の社会学的研究がわずかに見られる。例えば，杉野（1997）は，対抗文化として，盲学校（現 視覚特別支援学校）の生徒たちの障害者としての役割期待に対する抵抗を描き出している。
21) 鶴田（2006）と森（2014）は，卒業生の知的障害教育の場の経験の語りを一部に使用した諸研究（研究目的や学術的アプローチは様々）として括られるが，学術的な考察を含まない，知的障害教育の場の教師自身による自分史授業の実践記録（例えば，大高，2011）や，卒業生自身による自伝的記述（例えば，宮下，1999）も存在する。これらは，知的障害教育の場における構成員の学校経験の生データをそのまま作品化したものであるといえる。
22) 森（2014, p. 17）は，「碍」という文字に「当事者が直面する困難を主体的にひき受け，対処しようとする一人称的な意味が含まれている」ということを理由にして，「障害」ではなく，「障碍」という表記を使用している。

査）に基づいた実証的研究であるという点では，先に取り上げた通常教育の場での子どもの学校経験に関する先行研究とアプローチ方法の部分で共通している。

　管見の限り，海外（英語圏）においても，知的障害教育の場における子どもの学校経験を検討した社会学的研究はほとんど見当たらない[23]。シェイクスピアとワトソン（Shakespeare and Watson, 1998）は，これまで障害を有する子どもが，研究者や専門職によって，生活経験（学校経験を含む）について聞かれたり真剣に取り上げられたりすることがほとんどなかったことを指摘している（ほかにも，Allan, 1999；Lewis and Lindsay, 2002）。

　先に挙げた鶴田や森の研究もそうであるが，子どもの学校経験に関する研究となると，学齢期を終えた当事者（卒業生）による子ども時代の経験の述懐によるものがほとんどで現役の子どもを対象にしたものではない（例えば，ペーターセン，2014）。類似したテーマのものとして，クックほか（2014）による研究を挙げることができ，これは，イギリスのある特別学校においてフィールドワーク（主にプロジェクト活動を通したインタビューと観察）を行い，収集されたデータをもとに，インクルーシブ教育に向けた政策が障害のある子どもに与える影響について分析している。

　一方で，子どもの学校経験とセットで把握すべき知的障害教育の場の教師の学校経験に関する社会学的研究には，わずかではあるが蓄積がある[24]。

　例えば，澤田（2002）は，養護学校（現 知的障害特別支援学校）においてフィールドワーク（主に観察）を行い，収集されたデータをもとに教師と生徒の相互行為を分析し，個人の発達と平等を両立させようとストラテジーを行使す

---

23) ERIC（Education Resources Information Center）での検索に基づく。欧米では分離型の学校（Segregated School）が解消され，通常学校への統合が進んでいるためと考えられる。一方で，堀家（2002）の研究と同様，通常学級に通う障害を有する子どもに焦点を当てた社会学的研究は海外でも散見される（例えば，Priestley, 1999；Furguson, 1992）。
24) 知的障害以外の教育の場においても，教師の学校経験の社会学的研究は展開されている。例えば，金澤（2014）は，聾学校（現 聴覚特別支援学校）の教師間における「聴覚手話法」の構築過程について分析し，佐藤（2013）は，盲学校（現 視覚特別支援学校）の教師の発話データをもとに，盲学校に固有のリアリティが教師による状況定義と生徒のカテゴリー化との相互規定性として達成されるプロセスを明らかにし，それらが盲学校生徒の進路を規定している可能性を指摘した。

る教師の姿とその意図せざる帰結を描き出した．

　鶴田（2007）は，同じく養護学校で撮影した録画データをもとに，教師と生徒の相互行為を分析し，教師が生徒の行動による秩序の亀裂を修復し，逸脱しつつある生徒を再度位置づけ直していく作業を通して，「障害児の教育可能性」を産出していることを描き出した．

　海外においても，アダムスほか（2014）が，イギリスの 2 つの特別学校（1 つは中重度の学習困難児を対象にした学校，もう 1 つが重度・最重度の学習困難児を対象にした学校）での観察と教師・子ども・教育支援助手へのインタビューを通して，教育実践の中で個々の子どもの「特別さ」が教師によって日々再生産されていることを描き出した．

　このように，通常教育の場における研究と同様に，知的障害教育の場における研究においても，教師の学校経験に関する研究が先行しており，子ども（生徒）の学校経験に関する研究の進展が立ち遅れている状況にある．

　そもそも，障害児教育（知的障害教育を含む）の場の日常世界に関する研究の数が，通常教育の場や特別な教育の場のひとつである日本語教室や適応指導教室における先行研究と比較して絶対的に少ないことは，強調して指摘しておく必要がある．

　誤解を恐れずにいえば，1979 年の養護学校義務化をめぐる運動体の激しい対立の中で，「分離か統合か」という論争が，知的障害教育を専門分野として掲げる研究者たちの研究内容を拘束してきたきらいがある[25]．すなわち，各派の主張が「自己本位的な言説に自閉」して，「学校の日常世界の構造や変動それ自体にアプローチする視点を欠落」し，自らの優位性や正当性のみを強調する当為論に拘束されてきたようにも考えられるのである（佐藤，2015，p. 21）．

　現在も「分離か統合か」の論争は終結しておらず，研究者たちの分離派と統合派の力のぶつかり合いは静かに継続しているとされる（長瀬，2002）．これは，各派の研究者が観念的な議論に終始し，これまでまったく知的障害教育の場の

---

[25] 分離派（養護学校義務化推進派）の運動体には「全日本特殊教育連盟」や「全日本障害者問題研究会」，統合派（養護学校義務化反対派）の運動体には「全国障害者解放運動連絡会議」や「障害者の教育権を実現する会」を挙げることができる．ただし，各派を構成する諸団体が一枚岩であったわけではない（西中，2012）．

日常世界に触れようとしてこなかったということを意味しない。むしろ意欲的に触れようとはしてきたのだが，各派の研究者とも，主張したい結論が先にあったがゆえに，各派のモデルストーリーを補強するような学校の日常世界のデータのみをピックアップして論稿に使用してきたといえる。すなわち，知的障害教育の場の日常世界の構造の分析が，各研究者の「分離か統合か」のイデオロギーに拘束されて狭く限定的なものにとどまり，客観的な視座からの実証的研究が十分に展開されてこなかったと考えられる。

知的障害福祉の場における入所者の施設経験に関する先行研究

こうした状況において，学校という場を対象とするものではないものの，メインストリームからの「場の分離」という点で共通性を持つ，知的障害福祉の場（知的障害者施設）における入所者の施設経験に関する社会学的研究は，知的障害教育の場における子どもの学校経験に関する研究を展開しようとするにあたって非常に参考になる。

例えば，鈴木（2009）は，知的障害者が生活するコロニーにおいてフィールドワーク（主にインタビュー）を行い，収集されたデータをもとに，ゴフマン（Erving Goffman）の視点を借りながら，施設入所に伴っての無力化の過程やそれに対する入所者の対処，施設の無力化・特権体系の再編について描き出した。

麦倉（2003）は，ある知的障害者入所施設においてフィールドワーク（主にインタビュー）を行い，収集されたデータをもとに，ホルスタイン（James Holstein）とグブリウム（Jaber Gubrium）の視点を借りながら，入所者自身が語る自らの障害に対する定義づけの変化とそれを促した専門家との関係性，特に専門家との対話の中で自らの障害者としてのアイデンティティを確立していく過程，そしてそのアイデンティティを媒介することによって施設への入所に対する合意が図られていく過程を描き出した。麦倉の考察は入所者の学齢期の学校経験にも及んでおり，「学校制度の中で『障害者』としての定義づけを受け特殊学級に入ることによって，そうした学力面のみに限定された『障害』が全人格的なものとして地域などの学校以外の領域にも拡大していった」（p. 194）というような考察もなされている。

これらの研究は，知的障害教育・福祉の場における当事者（子ども・利用者）の経験を社会学的に分析しようとする際に，場（組織）が期待する役割とは距離をおくといった当事者のアイデンティティ管理に注目することの重要性を示唆している。また，障害を生物学的な所与のものと捉えるのではなく，他者や社会との相互作用によって産出されるものとして捉えている点も重要であろう。

　障害学（Disability Studies）の分野では，障害を身体機能の欠損（impairment）として捉え，障害者に関わる問題を個人に属するとするような本質主義的な見方を「障害の個人モデル（医療モデル）」とし，障害を社会的障壁（disability）として捉え，障害者に関わる問題も社会構成員（マジョリティは「健常者」）の抱く認識枠組みやコミュニケーションがつくり出しているのだとするような社会構築主義的な見方を「障害の社会モデル」として区分する。この見方でいうと，知的障害福祉の場における入所者の施設経験に関する先行研究では，後者の「障害の社会モデル」が採用されている。

3. 本書の特色と意義

本書の特色

　前節で見たように，知的障害教育の場における子どもの学校経験に関する社会学的研究が，教師の学校経験に関する研究の進展と比較して立ち遅れている状況から，本書の試みが先駆性を持つことは間違いない。すでに知念（2012）や児島（2006）などの先行研究が描き出したように，学校という場において，子どもは完全には客体的・受動的な存在ではなく，むしろ，したたかに生活している。筆者が教師として関わってきた限り，こうしたことは，知的障害教育の場に通う子どもたちにも共通している。

　また，彼（女）ら（特にグレーゾーンの子どもたち）は，健常との連続性で捉えられる存在であり，多くの面で，同世代に生きる健常の子どもたちと心情や価値観を共有している。「障害を有する子ども」というラベルありきで，障害カテゴリーにこだわりすぎて彼（女）らを理解しようとすると，生の個別性や多面性を見落としてしまう。前節で取り上げた種々の先行研究と同様に，フ

ィールドワーク（質的調査）によるデータ収集に基づいた実証的研究として展開することにより，本書は，学術レベルでの知的障害教育の場の内部過程の解明や，そこで生活する子どものリアルな姿の可視化に貢献できると考えられる。

さらに，本書では，知的障害福祉の場における先行研究に学びながら，「障害」を他者や社会との相互作用によって産出されるもの（＝障害の社会モデル）と捉えるとともに，当事者のアイデンティティ管理（とりわけ，周囲から期待される障害者役割との主体的な付き合い方）に注目するような分析視点を採用することにしたい[26]。本書の試みにより，これまで実践上でも研究上でも教師目線で語られることの多かった知的障害教育の場の日常世界をより立体的に浮かび上がらせることができるだろう。

以上を踏まえて，本書のリサーチ・クエスチョンを次の2点に定めることにしたい。

> ①知的障害教育の場へと転入するグレーゾーンの子どもの教師との相互行為の中での学校経験はいかなるものか？
> ②知的障害教育の場へと転入するグレーゾーンの子どもの学校経験を方向づける制度的・構造的条件はいかなるものか？

本書の意義

前述のような点を特色とする本書は，特別支援教育・インクルーシブ教育に関する教育学の分野において，2つの学術的意義を有していると考えられる。

第1に，試みの希少性である。例えば，特別支援学級（特殊学級，障害児学級）に関する先行研究として，①特別支援学級の構造に関する原理的研究（窪島，1991；広瀬，1997など），②特別支援学級史研究（戸崎，1993；八幡，2008など），③文部省（現 文部科学省）「学校基本調査」の統計分析による実態把握的研究

---

[26] 第5章第3節において説明するが，本書では，「生活戦略」という分析視点を採用する。桜井（2005a）の視点を援用したもので，子どもが置かれた状況の中で，状況をのりこえようとしてそれぞれ固有の立ち向かい方をするときに働かされる様々な創意工夫や知恵（悪知恵とでもいうようなものを含めて）に注目するのである。これは子どものアイデンティティ管理への注目を含む分析視点である。

（玉村，1991；越野，1996 など），④質問紙による特別支援学級成員（教師・保護者）の意識調査研究（相川・高橋，2005；小林ほか，2008 など），⑤特別支援学級の教育指導研究（湯浅，1994；大谷・越野，1998 など）を挙げることができる。本書との関わりでいえば，①の窪島や広瀬の研究成果は特別支援学級の置かれた位置や通常学級などの他の教育の場との相対的関係に関わる構造的ジレンマを理解するのに有用であるし，④の意識調査研究や⑤の教育指導研究の成果からは，特別支援学級教師の障害認識や教育指導方針に関する知見を引き出すことができる。しかし，質的調査のデータをもとに，本書が関心を向けるような特別支援学級の内部過程にまで踏み込んで検討した研究は見当たらない。本書の研究関心に近いものとして，中学校の特別支援学級の事例分析を試みた大谷・越野（1998）の研究があるが，それも「わかってできること」という教師側の教育指導の特徴を描き出すにとどまっている[27]。

　また，特別支援学校に関しても，質的研究を展開した先行研究として，前節で取り上げた鶴田（2006；2007）や森（2014），澤田（2007）の研究が挙げられる程度である。本書は，分析視点をはじめ，知的障害教育の場における質的研究を展開するにあたっての有効な道具を提供するとともに，その成果は，特別支援教育の研究分野においてその種の研究を活発化させる呼び水となる可能性を有する。

　第2に，「分離か統合か」という学説的論争への貢献である。すでに指摘したように，知的障害教育の場の日常世界の構造の分析が，各研究者の「分離か統合か」のイデオロギーに拘束されて狭く限定的なものにとどまってきたことは否めない。しかし，本書が注目するようなグレーゾーンの子どもの知的障害教育の場への流れ込みという現象は，特別支援教育の研究者のこれまでのセクト主義的なスタンスに対して揺さぶりをかけている。彼（女）らの流れ込みによって，一層，二項対立的な論争や個人・家族還元的な対処の専門性を高めるだけでは解消しきれない困難さや戸惑い，葛藤が現場では噴出してきている。

---

[27] 研究論文の体裁をとっていないため先行研究としての検討対象からは外したが，特別支援学級（特殊学級，障害児学級）の日常を教師自身が実践記録として豊かに描いたものは数多く存在する（例えば，藤森，2000；品川，2004；大高・糟谷・伊藤・森，2007；加藤，2014）。これらから，特別支援学級の内部過程の断片を読み取ることは可能である。

知的障害教育の場へと転入してくるグレーゾーンの子どもの多くは，通常教育の場の文化を内面化している。すなわち，彼（女）らは，「知的障害者」である以前に，日本の学校教育システムの中で，通常教育の場の文化から知的障害教育の場の文化へと移動する「越境者」「少数者（マイノリティ）」として知的障害教育の場の教師たちの眼前に現れる。法制度上，知的障害を有する子どもを対象として想定している場において，彼（女）らの流れ込みは，「その存在によって，それまで見えなかった構造やそれを支える論理を露呈させ，メカニズムを暴き，問題の所在への視点を提供してくれる」側面を持っているといえる[28]（恒吉，2008a, p. 218）。

　彼（女）らの存在に注目し，知的障害教育の場の日常世界の構造を解明することによって，知的障害教育の場の問題が，構造の複雑さから，もはや「分離か統合か」の二項対立の論争ではすまないことや通常教育の場の構成員たちが他人事ではいられないことが顕在化してくるはずである。このような点を踏まえ，本書では，いずれかの派に足場を置くことはせず，あえてどっちつかずの曖昧な立ち位置から知的障害教育の場の日常世界の構造を分析したいと考えている。

　前述の学術的意義は，実践的意義を内包している。現場レベルでは，浮かび上がってくる知的障害教育の場の構造を静観している余裕はない。また，一介の教師が学校に構造分析の視点を持ち込むことは予定調和でからくも成り立っている同僚関係にメスを入れることにもつながる可能性があり，こうした行為は，教師間のチームワークなしには成り立たない知的障害教育の現場において，好まれるものではない。

　だからといって，知的障害教育の場の教師たちがみな構造的問題への対処であるインクルーシブ教育に反対しているかというとそんなことはない。むしろ，知的障害教育の場の教師のような障害児指導の経験が豊富な者は，インクルーシブ教育の実施に対して積極的であり，障害児指導に関して強い自信をもつ者

---

28)「越境者」「少数者（マイノリティ）」といった視座は，これまで，異文化間教育学の分野においてしばしば用いられてきたものであり，本書は，障害児教育学と異文化間教育学を架橋して日本におけるインクルーシブ教育への道筋と着手点を探るひとつの試みであるということもできる。

は，インクルーシブ教育の理念に即した指導，他職種との協働，障害児の行動制御について高い自己効力感を保持しているというような調査結果もある（高橋ほか，2014）。

　本書は，このような知的障害教育の場の教師の抱くインクルーシブ教育への思いと，具体的な展開とを矛盾なく結びつける方法を探索する試みになる。繰り返すようだが，その基礎研究として，知的障害教育の場の日常世界の実証的解明，特に子どもの学校経験の実証的解明が欠かせないのである。

　クックほか（2014, p. 172）が述べるとおり，「分離教育の内側からの声は，分離教育制度からインクルーシブな教育制度への転換の筋道を示すはず」である。本書では，しっかりと現場の構成員（教師や子ども，保護者など）の声に耳を傾けることによって，通常学級・学校との「分離か統合か」，特別な教育の場（知的障害教育の場を含む）の「維持か廃止か」という二項対立的・観念的な論争を超えて，日本の学校教育システムのボトムアップでの改革の糸口を提出することを目指していく。

4. 本書の構成

　最後に，本書の構成について述べておきたい。本書では，先に挙げたリサーチ・クエスチョンに答えるために，2部構成を採用する。

　第Ⅰ部（第1章～第3章）では，予備的研究として，種々の言説の検討を通して，知的障害教育の場の特徴，とりわけ構成員（教師や子ども，保護者など）を規定していると考えられる制度的・構造的条件の輪郭をつかむ[29]。

　そして，第Ⅱ部（第4章～第8章）では，通常教育の場から知的障害教育の場へと流れ込むグレーゾーンの子どもたちの学校経験について，教師との相互行為に着目しながら明らかにする。ここでは，第Ⅰ部でつかんだ輪郭を手がかりにしつつ，流れ込むグレーゾーンの子どもの学校経験を方向づける制度的・構造的条件についても考察する。以下が，各章の概要である。

29）第Ⅰ部でつかもうとするのは，あくまでも制度的・構造的条件の輪郭であり，筆者は，実際の現場でのその現れに濃淡やズレがあるのは当然であると考えている。

第Ⅰ部 知的障害教育の場とは

　第1章では，戦前から2010年代前半までの知的障害教育の歴史について概観することを通して，現行の知的障害教育をめぐる言説のヘゲモニー争いの構図およびその歴史的文脈を把握する。

　第2章では，戦後初期の知的障害教育の確立期において学習指導要領の策定などでリーダーシップを発揮した三木安正（1911-1984）における生活主義教育論，すなわち彼の精神薄弱教育論（現在の用法では，知的障害教育論）を取り上げ，その場を構成する諸概念を明らかにした上で，「場の分離」を正当化するロジックについて考察する。

　第3章では，日本の学校教育システム上の協働・分業に着目しながら，通常教育の場と知的障害教育の場の関係性に迫る。

第Ⅱ部 通常教育の場から知的障害教育の場へと流れ込む子どもたち

　第4章では，「発達障害の子ども」（＝往々にして，知的障害教育の場の教師たちによって「グレーゾーンの子ども」としてカテゴリー化される者たち）に着目しながら，近年の通常教育の場から知的障害教育の場への転入増加の構造について明らかにする。

　第5章では，知的障害教育の場へと転入したグレーゾーンの子どもの学校経験への研究アプローチについて検討する。具体的には，本書で，子ども本人へのライフストーリー・インタビューを基軸としつつ，参与観察と教師・保護者（親・施設職員など）への半構造化インタビューを併せて行い，それらから収集された諸データを突き合わせながら読み解いていくという方法論を採用する理由や分析視点について論じる。その上で，本書で実施した調査の概要を提示する。

　第6章では，中学校特別支援学級に通う3名の事例を取り上げ，1人ひとりの知的障害特別支援学級への転入と適応の過程について描き出す。

　第7章では，特別支援学校中学部に通う3名の事例を取り上げ，1人ひとりの知的障害特別支援学校への転入と適応の過程について描き出す。

　第8章では，第6章と第7章で取り上げた6名の事例の照らし合わせを通して，それらの重なりや共通性について考察する。具体的には，知的障害教育の

場におけるグレーゾーンの子どもの生活戦略と教師の職務戦略の応酬の様態と構造について分析し考察する。また，マクロな制度や社会構造との関係性についても考察する。

終章では，本論部分（第Ⅰ部・第Ⅱ部）で展開した議論を踏まえて，日本におけるインクルーシブ教育への道筋と着手点について考察する。

第Ⅰ部　知的障害教育の場とは

中扉イラスト・しみずなおこ

第1章 知的障害教育の歴史
言説のヘゲモニー争いに着目して

1. はじめに

　明治における近代学校制度の開始以降，知的障害教育は，重度の知的障害児の就学猶予・免除措置や戦後における特殊学級の展開，養護学校の義務化，特殊教育から特別支援教育への移行に伴う特別支援学級・特別支援学校への転換など，いくつかの歴史的モメントを経て現在に至っている。その歴史の中では，言説のヘゲモニー争いとでも呼べるような大小の対立的論争が積み重ねられてきた。

　また，全面的ではないにしろ，文部省・文部科学省もまた，こうした論争の影響を多分に受けながら，養護学校義務化や特殊教育から特別支援教育への移行などの改革を実行してきたといえる。知的障害教育の場の構成員を規定する制度的・構造的条件を明らかにしようとするとき，現行の知的障害教育をめぐる言説のヘゲモニー争いの構図およびその歴史的文脈を把握する作業を欠かすことはできない。

　言説のヘゲモニー争いに類似する観点から知的障害教育の通史的分析を行った先行研究に，堀（1997），津田（1996），森（2014）がある。それぞれ，堀は「水増し教育論」「生活主義教育論」「発達保障論」「共生共育論」の争い，津田は「生活主義教育論」「発達保障論」「共生共育論（解放論）」の争い，森は「生活主義教育論」「教科教育論」「発達保障論（思想）」の争いとして分析している。

　三者において，堀のみが「水増し教育論」を掲げているのは，彼のみが戦前を分析対象に含め，他の二者が戦後のみを対象としているためと考えられる。また，堀と津田が「教科教育論」を掲げていないのは，両者が「教科教育論」をヘゲモニー争いに加わったといえるほどのインパクトを持ちえなかったものとして捉えているためと考えられる。そして，森のみが，「共生共育論」を取

り上げていないのは，何をもって知的障害教育とするのかという教育の中身をめぐる言説のヘゲモニー争いのみに焦点化し（知的障害教育を自明のものとし），知的障害教育の場の存立そのものをめぐる外部議論を除外しているためと考えられる。とはいえ，三者の分析結果はゆるやかに重なっており，知的障害教育の歴史は，主として「水増し教育論」「生活主義教育論」「発達保障論」「教科教育論」「共生共育論」のヘゲモニー争いの過程として捉えることができる。

　本章では，先行研究が対象にしていない国連の障害者権利条約の批准をめぐる 2010 年代前半の動向を含めながら，戦前から現在までの知的障害教育の歴史について概観することを通して，現行の知的障害教育をめぐる言説のヘゲモニー争いの構図およびその歴史的文脈について明らかにすることにしたい。

2. 水増し教育論からの出発（1890 年代～ 1940 年代前半）

　1872（明治 5）年 9 月に公布された「学制」では，「自今以後一般ノ人民（華士族，農工商及ビ婦女子）必ス邑ニ不学ノ戸ナク家ニ不学ノ人ナカラシメン事ヲ期ス」と国民皆学が説かれ，明治政府は，積極的に就学を奨励した。一方で，1881（明治 14）年に，「就学督責規則起草心得」が各府県に通達され，「就学不能の事故ありと認められるもの」として「疾病，廃疾，一家貧窮の者等」を挙げ，障害児は貧困児とともに就学猶予・免除の対象に指定されている。その後，「第一次小学校令」（1889 年），「第二次小学校令」（1890 年），「第三次小学校令」（1900 年）と経る中で，重度の知的障害児（当時は精神薄弱児），肢体不自由児，盲児，聾児，重複障害児といった障害児に就学猶予・免除措置を行うこと，すなわち障害児を学校教育システムの枠外に置くことは自明のものとなっていった（中野，1981, p. 48）。

　重度の知的障害児が就学猶予・免除の状況に置かれていたため，学校における知的障害教育は，通常の小学校の特別学級において，軽度の知的障害児の教育として育まれていく（堀，1997, p. 273）[1]。その端緒は，1890（明治 23）年に長野県の松本尋常小学校において能力別学級編成として設けられた「落第生学級」にあるとされる。この学級自体はわずか 4 年で解体されるが，1896（明治

29）年から長野尋常小学校で編成された「晩熟生学級」については，1919（大正8）年ごろまで続いた。その後，京都や群馬にも特別学級が開設されていく。

　1907（明治40）年には，文部省（現 文部科学省）が師範学校附属小学校に特別学級を設置することを奨励し，岩手県師範学校，大阪府師範学校，福岡県女子師範学校，長野県男子師範学校，東京高等師範学校，姫路師範学校，明石女子師範学校などにも開設された。しかし，その後，師範学校附属小学校が総じてエリート化したこともあり，いずれの学校での試みも短命に終わった（中野，1981, p. 60）。こうした特別学級はあくまでも「学業不振児」「劣等児」としてカテゴリー化される子どもたちのための学級であり，そこでは，通常教育（教科教育）の教科書の内容を子どもに合わせて取捨選択し程度を下げて懇切丁寧に教え，なんとか正常域に近づけようという教育，いわゆる「水増し教育」が行われていた[2]。当時，「劣等児の中の環境からくる劣等と，障害に起因する劣等とを区別する方法がなかった」ため，「学業不振児」「劣等児」の中には，一定程度の軽度の知的障害児が含まれていたと考えられる（中野，1981, p. 85）。

　1920（大正9）年には，東京の林町小学校に「促進学級」，大平小学校に「補助学級」が開設され，その後も市内に学級が増設されるとともに研究調査が進められた。大阪でも，鈴木治太郎の指導のもと知的障害児のための特別学級や公立の特別学校である思斉学校（1940年）が開設された。

　1930年代以降，ビネー式の知能検査が日本で標準化されていく中で，知的障害児が根拠をもって「学業不振児」「劣等児」の中から判別されるようになってくる（中野，1981, p. 85）。先に述べたように，水増し教育はあくまでも通常教育の教科内容を子どもの実態に合わせて薄めたり難易度を下げたりしたもので

---

1) この時期，通常学校から就学を猶予・免除された重度の知的障害児（精神薄弱児）を保護していた社会福祉施設において，特別な内容・方法で教育が試みられていた。その最たるものは，1891（明治24）年に石井亮一が創設した滝乃川学園（当時は孤女学院）である。その後，「白川学園」（1909年），「桃花塾」（1916年），「日本心育園」（1911年），「藤倉学園」（1919年）が開設された。学校という場所ではないにしろ，こうした施設で模索され取り組まれた特別な内容・方法での教育的働きかけもまた，知的障害教育の萌芽として数えられるものである。
2) これは，現在でも，放課後の補習授業などでとられている一般的な教育方法である。

あり，知的障害児の特性を踏まえて作り上げられた教育ではなかった。したがって，知的障害教育の実験的実践を試行していた研究者たちは水増し教育に代わるような，知的障害児のためのより適切な教育の開発をスタートさせていった。

例えば，城戸幡太郎や三木安正ら教育科学研究会のメンバーは「知能発達の可能性を限定的に捉える見方を受け入れながらも，知能発達とは別に，社会生活能力の形成を促す点から精神薄弱教育の必要性を主張」し，「日本心育園」「藤倉学園」の創設者である川田貞次郎は「精神医学研究の知能発達の可能性を限定的に捉える見方を否定し，知能発達のための教授方法の開発を主張」した (堀, 1997, p.87)。

1941 (昭和16) 年には，国民学校令が公布され，同令施行規則第53条において，障害児のための養護学級または養護学校の編成が認められ，1943 (昭和18) 年には，「中等学校令」においても，障害児のための学級編成が認められた。水増し教育からの脱皮を試みるチャンスの到来ではあったが，時代は戦争に役立つ者，役立たない者の選別がなされる総力戦体制下であり，戦局の悪化から，特別学級は次々に休止・解散となり，障害児の国民学校や施設も閉鎖や疎開を余儀なくされていった。

3. 水増し教育論 vs 生活主義教育論 (1940年代後半〜1960年代前半)

第二次世界大戦後，1946 (昭和21) 年に来日した第一次米国教育使節団の報告に基づいて教育改革が実施され，1947 (昭和22) 年に教育基本法と学校教育法が制定された。それにより，障害児の学校も通常学校と同一の法規に規定された。そして，学校教育法第71条において，盲・聾・養護学校は，それぞれの学校が対象とする障害のある幼児児童生徒のそれぞれの段階に応じて，幼稚園，小学校，中学校，高等学校に準ずる教育を施すとともに，障害に基づく種々の困難を克服するために必要な知識技能を授ける教育の場として定められた。とはいえ，戦後の生活の窮乏と社会的混乱の中で，新制中学校の義務制実施も重なったため，盲・聾・養護学校の義務化は延期された。

その後，戦前から各都道府県に設置されていた盲・聾学校については，1948

(昭和23)年に義務化されるにいたる。しかし，重度の知的障害児を対象として想定する養護学校に関しては，戦前からの蓄積がほとんどなかったため，就学猶予・免除措置が継続されることになった。

一方で，学校教育法第75条には特殊学級の規定がおかれ，文部省はこの学級の設置を奨励し，実際に学級数は年を追って増加していった。戦後の知的障害教育は，戦前に引き続き，軽度の知的障害児を対象とする通常学校内の特殊学級（旧 特別学級）を主たるフィールドとしながら出発することになった。

戦後初期に独自の特別な教育内容・方法の知的障害教育として産み出されたのが「生活主義教育」である。生活主義教育とは，通常教育に準ずる教育として健常者への可能な限りの接近を目指す水増し教育を批判し，健常児とは異なる「立派な精薄児（現在でいう知的障害児）」としての社会的自立を目指す合科的学習形態での「生活のための生活による教育」である[3]。その前提には，知的障害児の恒久的遅滞論・発達限界論が置かれていた。そして，これは，前述した戦前の城戸幡太郎や三木安正ら教育科学研究会メンバーによって構想されていた教育を「社会生活能力の形成という点において，その趣旨をより徹底させたもの」であった（堀, 2014, pp. 76-80）。例えば，三木（1969）は次のように述べている。

「精神薄弱者に対する教育とは，その制約の度合に応じて生活能力をつけ，生活の仕方を学ばせるために，刺激に対する反応のパターン作りをし，その範囲や深さを拡大していくために具体的な生活による指導を加えていくということである。つまり，精神薄弱教育の中核は，脳細胞の未成熟あるいは損傷にもとづく知的能力の制約が，学習という働きにおいてどのような構造的な特徴を持つかを究めながら，その働きを生活能力の向上に結集していくような生活経験を与えていくことになろう。」(p.5)

「精神薄弱児の教育においては，"読み，書き，算数"的なものには多くを期待することができず，また彼らの将来については，自らの選択によって，どのような職業にでもつけるというわけにはいかないとすると，まず，明らかに就業の不可能なものを除き，どうにか就業できそうなものは何かを捜してみることが，考えを進めて

---

[3] 社会的自立とはいっても，この時期，主たる対象は特殊学級に通う軽度の知的障害児であったため，基本的には，職業的自立が目指されていた。

表1-1 通常教育と知的障害教育の違い

通常教育（通常学級）	知的障害教育（特殊学級）
子どもたちを年齢によって「学級」に編成する	年齢によって「学級」に編成されない
年齢別学級を基礎として共通作業を計画する	異年齢，異発達段階の学級で，共通作業が行われたり，個別作業，グループ別作業が行われたりする
統一的に行われるべき教科課程，時間割がある	統一的に行われる教科課程や時間割は存在しない
教科課程に基づいて教科教授や計画的な教育活動がなされる	意図的，計画的教育は努力されるが，「統一的な教科課程に基づく」という意味での教科教授や計画的な教育活動はかならずしも行われない

〔出典〕窪島（1991, p.26）をもとに筆者作成

いく第一歩となる。」（p.7）

　以上のような考え方のもと，生活主義教育は，1947（昭和22）年に設置された東京都品川区立大崎中学校分教場（国立教育研修所の実験学級）において展開され，教育活動全体の生産体制化がとられた「バザー単元」や「学校工場方式」として全国の特殊学級に普及していった。生活主義教育論の出現によって，表1-1に示すように，知的障害教育は，非知的障害児の教育（＝通常教育）とは異質なものとして，また，通常教育からの「場の分離」を前提とするものとして確立された。

　1958（昭和33）年には，文部省は，「教育上特別な取扱を要する児童，生徒の判別基準について」という事務次官通達を交付し，それまで各学級の自由裁量にまかせていた対象児に一応の基準を示した。その後は，この基準に則って障害児教育が行われるようになった。そして，1960年代に入ると，国の高度経済成長を背景にした人的能力開発政策振興により，生活主義教育は，「障害が軽度であれば職業的自立に向けた職業教育の積極的な振興を，重度であれば身辺生活での自立を目指す」というような，軽度の知的障害児の教育と重度の知的障害児の保護の二分化を促進する能力主義・社会適応主義的な教育として

の性格を強めていった（古山，2011, p. 74）。

　1963（昭和 38）年には，日本で初めての養護学校小学部・中学部学習指導要領（精神薄弱教育編）が文部事務次官通達として出され，そこでは，生活主義教育論が基盤にされた。具体的には，「日常生活の指導」「生活単元学習」「作業学習」といった教科・領域を合わせた指導が位置づけられ，通常教育とは異なる，生活経験を重視する特別な教育が実践できるように工夫したものとして公示された（文部省，1963；文部省，1983）。以後，社会的自立という目標を強く意識した生活主義教育論は，種々の批判を受けつつも，現在に至るまで知的障害教育における支配的な基本原理であり続けている（森，2014, p. 60）。

　一方の水増し教育論は，生活主義教育論の出現によって完全に消失したわけではなく，その後も，「準ずる教育」として，知的障害以外の視覚障害や聴覚障害などの障害児教育において引き続き使用されていった。

4. 生活主義教育論 vs 発達保障論／教科教育論（1960 年代後半）

　1960 年代後半から，生活主義教育論が前提とする恒久的遅滞論・発達限界論や障害程度による教育／保護の二元論を批判し，それを思想的に乗り越える形で台頭してくるのが「発達保障論」である。その思想は，1946（昭和 21）年に滋賀県に創設された社会福祉施設である近江学園において育まれ，糸賀一雄や田中昌人らによって提唱された。糸賀（1965）は，次のように述べている。

　　「重度とか重症とかいわれる精神薄弱児の発達段階は，一才か二才か，とても三才を越えることのできないところを低迷している。年をとって身体は大きくなっても，まだ生後数か月の精神発達を示しているひともある。……びわこ学園で，死と直面した限界状況のなかで，長いあいだかかってもこの発達の段階を力いっぱい充実させながら克服してゆく姿がある……この姿は，精神薄弱児や重症心身障害児だけに見られる特別なものではなくて，すべての子どもに共通のものであったのである。どんな子どもでも，その発達段階が充実させられなければならないことである。」
　　（pp. 304-305）
　　「一次元の世界に住んでいるひとたちは，声なき声をもって訴えている。それは，

人間として生きているということは，もともと社会復帰していることなのだということである。ここからここまでが社会復帰，それ以下は社会復帰でないとして，価値的に低いとみるべきではない。しかも，ここからここまでというのが，その時の社会のつごうで勝手にきめられるべきものでもない。」(pp. 306-307)

　このように，糸賀は，重症心身障害児の療育に取り組む中で，「どのような人であっても同じ発達の過程を踏んでいく」「発達の可能性は無限である」といった思想をみがき，効率性や生産性に還元できない「全面発達」や「自己実現」といった教育目標や実存主義的な障害児・者理解の視点を提起していった。発達保障論は，障害の程度にかかわらず，誰もが人間として成長していこうとする意欲を持つことを確信し，これまで教育不能とされていた重度の知的障害児たちへの専門的教育の重要性と有効性を主張していった。それは，1960年代前半の知的障害教育における能力主義・社会適応主義の加速に「待った」をかけるものであった[4]。1967（昭和42）年には，こうした思想を背景としつつ，民間教育研究団体として全国障害者問題研究会（略称：全障研）が結成された。

　発達保障論の展開と同じ時期に，同じく生活主義教育論批判として，水増し教育論ではない知的障害児への系統的な教科教育論を開発する試みも行われている。数学者の遠山啓の協力のもとで取り組まれた，東京都立八王子養護学校における「原教科教育」（および「前原教科教育」）という実践および研究である。

　「原教科教育」とは，「既成の教科（国語・算数等）の内容をその根源に遡り，そこから上昇しながら，各教科の前提となる基礎的な内容を系統的に構成しようとした独自の教科内容」による教育である（森，2014, p. 108）。しかしながら，こうした挑戦は，もともと知的障害児の抽象的思考の劣弱性を根拠に水増し教育論を批判していた生活主義教育論からは同じ類のものと見なされ相手にされ

---

[4] ただし，第2章で検討するように，生活主義教育論も，思想的には，能力主義・社会適応主義一辺倒ではなかった。例えば，代表的論者である三木は，生活主義教育の目的を社会的自立や職業的自立よりも広くとらえ「生活の自立」や「自我の発達」という概念で説明している。したがって，実際に展開され，批判の矛先となった特殊学級実践としての生活主義教育と，構想としての生活主義教育思想を一色淡にして語ることには留意が必要である。

ず，周縁的な位置に留めおかれた。そして，1970年代半ばには，八王子養護学校での取り組み自体が停滞し，下火になっていった[5]（森，2014, p. 114）。

生活主義教育論と発達保障論に話を戻すと，両者は，通常教育からの「場の分離」を前提にするという点で親近性を有していて，かつ，発達保障論は，生活主義教育論が志向する社会的自立という目標を拒絶していたわけではなかった。したがって，両者は相互に批判し合いつつも，「こういう教育であるべきだ」という知的障害教育の中身をめぐる規範議論の範疇に留まる内部対立であったといえる。

また，発達保障論は，能力主義を厳しく批判しながらも，子どもの生得的な能力差を前提としながら，能力発達の可能性を説くというロジックを用いており，能力概念そのものを放棄していたわけではない（澤田，2007, p. 136）。また，発達は，一般に能力問題に矮小化されやすい言葉であり，いくら発達保障論の推進者たちが実存主義的な意味合いを強調して説明したとしても，能力主義や心理主義に回収されやすい論立てであることは否定できない。結局は，生活主義教育論も発達保障論も，程度の差こそあれ，能力主義的な論立てであり，障害を本人や家族（身近な他者）などの行動・発達・心理問題に還元する傾向があるという点では共通しているのである。

こうしたヘゲモニー争いを受けて，文部省は，引き続き生活主義教育論を基本原理として据えながらも，予定調和的に併存させる形で発達保障論の考え方を取り入れていった。

5. 生活主義教育論・発達保障論 vs 共生共育論 （1970年代〜2000年代前半）

前述したとおり，生活主義教育論と発達保障論は対立関係にあったものの，通常教育からの「場の分離」を推進する点においては利害が一致していた（堀家，2014a, p. 155）。そして，両者（前面に出たのは発達保障論）は，1970（昭和

---

5) 下火になっていくプロセスには，八王子養護学校の教師たち自身による，発達段階別のグループ学習をベースにした「原教科」「前原教科」の授業への共生共育論の観点からの批判的検討と，そうした能力差別を乗り越えようとする代替的な取り組みとしての「総合的学習」「ものづくり」の授業への移行があった（堀，2016）。

45）年前後から養護学校の義務化を早期に実現する運動を展開しはじめた。

　これに呼応するように，1971（昭和46）年の参議院内閣委員会において養護学校義務制実施の促進が採択されるとともに，対象となる子どもの障害程度が重度化することなどから，養護学校の小学部・中学部学習指導要領が改訂された。例えば，「児童または生徒の心身の障害の状態を改善し，または克服するために必要な知識，技能，態度および習慣を養い，もって心身の調和的発達の基盤をつちかう」ことを目的とする「養護・訓練」（現在でいう自立活動）が新設された（文部省，1971）。翌1972（昭和47）年には，特殊教育の振興を図るための特殊教育拡充整備計画が文部省によって策定された。

　この時期，生活主義教育論・発達保障論を主張する分離派と激しく対立し，養護学校の義務化に反対する運動を展開したのが，「地域で仲間と共に育つ」をスローガンに統合教育を求める「共生共育論」である。例えば，渡部淳らは，1971年に「がっこの会」を発足させ「どの子も地域の学校へ」と主張し，篠原睦治らは，1972年に「子供問題研究会」を発足させ「勉強ができなくても近所の学校へ」と主張した（篠原，2011, p. 92）。篠原（1980）は次のように述べている。

> 「『障害』を理由にひとを排除しない，そのひとが排除されないところにやっとのことで成立する『共生・共育』の可能性は，そこにかかわるひとびとがそのときまでの異物排除の体質を相互点検し続け，『異質』に対する寛大さを獲得し続けることで，徐々に実体化する。『共生・共育』の原理は，地域で，そして地域の学校でこそ，追求されなくてはならない。そこにこそ，『障害』を持たない者も生活しているという現実があるからである。そこでの学校は，ひとりひとりがお互いの同質性と異質性に気づきつつ，それゆえに相互関係性を生み出しそこで喜怒哀楽のトータリティを体験する場であるにちがいない。」（p. 271）

　通常教育の場への統合派である共生共育論が問題にしたのは，教育の場の分離・統合問題に留まらない，近代社会（福祉国家）における障害者と健常者の非対称の差別的関係であり，「場の分離」を基盤にする学校教育システムが，障害者を無力化し，中心社会からの周縁化を促進するという点に対してであった（津田，1996, p. 137）。「公権力に支えられた専門家の機能が『障害者』本人

や保護者の素人性と対照的に働く」可能性を指摘し，社会適応主義的な生活主義教育論や発達主義・心理主義的な発達保障論の主張に障害者排除へとつながる陥穽があることを主張したのである（津田，1996, p. 140）。

　こうした外部からの厳しい批判はありつつも，結果的には，1979（昭和 54）年に文部省の意向でもあった養護学校の義務化が成立し，明治以来長きにわたった重度の知的障害児の就学義務・猶予措置が終結した[6]。これにより，知的障害教育は，特殊学級と養護学校という 2 つのフィールドにおいて，生活主義教育論と発達保障論の併存という形で，重度の知的障害児（あるいは重複障害児）の教育も含めて模索されていくことになった[7]（森，2014, p. 25）。一方の共生共育論の方は，その後も，周縁的な立場にありながら，生活主義教育論・発達保障論との対立関係を継続していった。

　1981（昭和 56）年に国際障害者年を迎え，知的障害教育の主流である生活主義教育論・発達保障論も，少しずつ通常学級における障害児教育に意識を向けるようになる。そこで出されたのは「インテグレーション」という考え方で，「場の分離」を前提としながら，それぞれの教育の場を基礎集団としながら交流するという発想であった。

　1990 年代に入ると，個別教育計画（IEP）といったアメリカの個別指導の文化が入り，生活主義教育論・発達保障論と融合していく。すなわち，医学・心理学に基づく療育的な個別指導を機軸にした教育方法が積極的に採り入れられるようになっていく。すでに 1970（昭和 45）年に，障害に由来する種々の困難を改善・克服することを意図した「養護・訓練（現在の自立活動）」が養護学校学習指導要領に加えられていたのだが，それを担当できる専門性が，1990 年代から，一段と，知的障害教育を担当する教師たちに求められるようになっていった。つまり，医学・心理学的知識や療育スキル（障害の個人モデルの知見とスキル）を有することが，教師たちの存在証明となっていった。

6）この年には，学習指導要領の改訂も併せて行われ，中重度の知的障害や重複障害などの子どもに応じた教育課程の弾力的な運用について示された（文部省，1983）。
7）森（2014, p. 25）は，生活主義教育の「『生活のための，生活による教育』といわれた目標と方法の予定調和は，『障害』の重度化の進行により崩れ，70 年代には養護学校小学部を中心に『遊びの指導』が注目されるようになる」と指摘する。

1994（平成 6）年のユネスコの「サラマンカ宣言と行動大綱」などにより，ノーマライゼーションへの国際的機運が高まってくる。それを踏まえて，2001（平成 13）年に，「21 世紀の特殊教育の在り方に関する調査研究協力者会議」が開かれ，「21 世紀の特殊教育の在りかたについて一人一人のニーズに応じた特別な支援の在り方について（最終報告）」が出された。また，2003（平成 15）年には，「特別支援教育の在り方に関する調査研究協力者会議」が「今後の特別支援教育の在り方について（最終報告）」を提出した。

2000 年代に入ってからは，知的障害の特殊学級や養護学校への転入学者数が著しい増加傾向にあり，過密化や施設の狭小化が問題になってきた。

6. 日本型インクルーシブ教育論 vs 共生共育論
（2000 年代後半〜 2010 年代前半）

2007（平成 19）年 4 月には，特殊教育から特別支援教育への転換が実施され，特殊学級は特別支援学級に，盲・聾・養護学校は特別支援学校に改められた。ただし，名称は変更されたものの，「場の分離」を前提とする知的障害教育の基本枠組みはほぼそのまま保存されたため，生活主義教育論・発達保障論の考え方も踏襲された。

国連総会において障害者権利条約が採択されたことを受け，2009（平成 21）年には，内閣府に「障がい者制度改革推進会議」が設置された。また，2010 年には中央教育審議会初等中等教育分科会に「特別支援教育の在り方に関する特別委員会」が設置され，当委員会は，2010 年 10 月に公表した「論点整理」において「インクルーシブ教育システム（包容する教育制度）の理念とそれに向かっていく方向性に賛成」と述べた。そして，2012（平成 24）年 7 月に「共生社会の形成に向けたインクルーシブ教育システム構築のための特別支援教育の推進（報告）」を発表した。

この報告では，すでに日本の学校教育システムに存在している，通常学級，通級指導教室，特別支援学級，特別支援学校といった多様な学びの場の連続性を高める中で，特別な支援を利用しつつ可能な限り通常教育で学ぶという日本におけるインクルーシブ教育の展開モデルが示された。図 1-1 は，委員会（第

第1章　知的障害教育の歴史

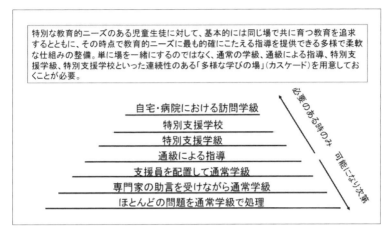

図1-1　日本の義務教育段階の多様な学びの場の連続性（カスケード）

〔出典〕文部科学省ウェブサイト
〈http://www.mext.go.jp/component/b_menu/shingi/giji/__icsFiles/afieldfile/2010/11/25/1299387_2.pdf〉（最終アクセス 2018年5月12日）

7回）の中で参考資料として配付されたものである。

　正直なところ，これは，決して目新しい提案ではなく，分離型システムを前提にして，従来のインテグレーションを一層促進しようという方針の再確認でしかない。すなわち，「場の分離」を前提にした既存のシステムを，大きくは手を加えずに，流動性や交流性を高めながら継続利用する案であり，「日本型インクルーシブ教育（Jモデル）」とも呼ばれている（遠藤，2014, p. 53）。

　日本型インクルーシブ教育は，これまでの障害児教育システムの枠組みの保存を前提として構想されているため，知的障害教育，すなわち生活主義教育論・発達保障論の考え方は修正する必要性に迫られていない。「場の分離」システムを保存しながらインクルーシブ教育を構想するという本質的な矛盾に対して，1970年代から統合教育（「場の分離」を全て解消したフル・インクルーシブ教育）を主張してきた共生共育論の立場からは，批判の声があげられている（佐藤，2015, p. 29）。

　しかしながら，現在のところ，それが聞き入れられる気配はない。今や，旧分離派も旧統合派も「インクルーシブ教育」という同じワードを目標に掲げて

いるため，1970年代の対立図式とは異なっているようにも見えるが，本質的なところでは変わっていないというのが実状である。むしろ，対立図式が，背面に隠れてしまい，分かりにくくなったといえる。

そして，日本は，2014（平成26）年1月に，ようやく国連の障害者権利条約を批准するに至った。

7. おわりに

ここまで，知的障害教育の歴史について，言説のヘゲモニー争いに着目しながら概観してきた。戦前に萌芽は見られつつも，通常教育（教科教育／水増し教育）とは異なる独自のいわゆる知的障害教育が確立されていくのは戦後からであること，そして，戦後の知的障害教育が，「場の分離」を前提としながら，その内部では，本来は対立関係にある生活主義教育論と発達保障論の予定調和的な併存，すなわち知的障害者としての社会的自立と発達保障という目標の並立のもとで実践されてきたことが確認された。さらには，生活主義教育論や発達保障論に基づく知的障害教育が，障害の問題を本人や家族などの身近な他者（ミクロな次元の関係者）の行動・発達・心理の問題に還元する志向性の強い教育であることも確認された。

一方で，知的障害教育の場の存立そのものをめぐって，1970年代に「分離か統合か」という外部議論の論陣を張ったのが共生共育論である。生活主義教育論・発達保障論と共生共育論との間での対立関係は，インクルーシブ教育の展開を模索する今日に至ってもなお継続している。このような知的障害教育をめぐる言説のヘゲモニー争いの全体構図をまとめると図1-2のようになるであろう[8]。

このように，知的障害教育の場は，共生共育論の推進者などから厳しい批判

[8) ただし，本章で扱った言説のヘゲモニー争いはあくまでも行政や学術界における対立構図（いわば公式な教育言説に関する議論）であり，そのまま実際の学校現場で見られるわけではない。アダムスほか（2014, p. 128）が指摘するとおり，「公式な教育言説における理論化は，教師の非公式な言説のフィルターを通して実践に移される」からである。こうした点は，第Ⅱ部の質的研究を通して可視化される。

第1章　知的障害教育の歴史

図1-2　知的障害教育をめぐる対立構図
〔出典〕筆者作成

のまなざしを向けられながら存立している。さらに，その内部も決して一枚岩ではない。言説のヘゲモニー争いという観点からいうと，知的障害教育は，複数の緊張・対立関係を内外に抱く論争的なテーマであると言わざるをえない。

　本章では，俯瞰的な視点で見てきたため，各言説の詳細にまでは踏み込むことができなかった。次章では，知的障害教育の基本原理（支配的言説）の1つである生活主義教育論に焦点を当てて，通常教育からの知的障害教育の「場の分離」を正当化するロジックについて明らかにすることにしたい。

第2章 「場の分離」を正当化するロジック
三木安正の精神薄弱教育論を手がかりに

1. はじめに

　知的障害教育とは，通常教育からの「場の分離」を前提とし，知的障害のある子どもの社会的自立と発達保障を目的として提供される特別な教育のことである。前章で見てきたように，その教育の原理的基盤には，生活主義教育論と発達保障論が置かれている。

　1970年代からこうした知的障害教育の場の存立そのものを批判的に問うてきたのが共生共育論である。ある意味で，共生共育論の議論は，「場の分離」をはじめとする知的障害教育の自明性を切り崩し，知的障害教育の中身をめぐる内部議論を無化する可能性をはらんでいる。したがって，共生共育論に対しては，これまで，意図的に無関心や無視を決め込む障害児教育（特別支援教育）の関係者も決して少なくなかった。

　佐藤（2015, p. 19）は，「『分離派』も『統合派』も，自らの寄って立つ立場性の正当性を強調し，相手の立ち位置の不当性を告発するか，さもなければ，互いの言説や実践を取るに足らないものとして，あるいは誤ったものとして無視ないし軽視するといういびつで非生産的なコミュニケーションがなされてきた」と指摘する。共生共育論の側の対応も同様で，相互に牽制しあってきたというのが実際のところである。こうした背景を踏まえながら，本章では，外部からの痛切な批判が存在する中で，「場の分離」がどのようなロジックのもとで正当化されてきたのかという点に焦点をあてて検討することにしたい。

　ここで着目するのは，戦後初期の知的障害教育の確立期において教育行政・実践の両面でカリスマ的リーダーシップを発揮した三木安正（1911-1984）である。彼は，精神薄弱教育[1]（知的障害教育）の通常教育からの独自性や異質性を強調し，知的障害教育の「場の分離」の基礎を築いた生活主義教育論の代表的論者であり，合科された指導形態に基づく「日常生活の指導」「生活単元

学習」「作業学習」という養護学校の初めての学習指導要領（1963）の作成に主査として深く関わった人物である[2]。

　三木は，戦前は，幼児教育・保育の科学化と障害幼児の研究・実践，戦後は，知的障害教育の制度・方法の確立に大きく貢献した教育心理学者として知られ，愛育研究所所員や文部省教育研修所所員，文部省視学官，東京大学教授，全日本特殊教育研究連盟理事長，旭出養護学校校長，大泉旭出学園理事長などを歴任した。彼は，戦前期，城戸幡太郎を中心とする研究者コミュニティに属しながら保育問題研究会や教育科学研究会といった民間教育研究団体の活動に携わり，「城戸学派」[3]の思想の影響を強く受けていた人物としても知られている。

　三木は「現実主義者」（津曲，2008, p. 10）であったとされ，精神薄弱者たちとの「生活体験を通して，体験的に自分で明らかにできたもの以外は信用しない」とし，「演繹的ではなくて，帰納的」な思考の進め方をしていたとされる（池田ほか，1985, pp. 127, 144）。そして，彼は，自ら創設に携わった実践の現場，すなわち愛育研究所異常児保育室，白金幼稚園，大崎中学校分教場，旭出学園といった現場を拠点とし，そこで得た実感に基づいて，自らの精神薄弱教育論を構築した。「『現場』への影響力という点でいえば，三木氏の研究・理論をお

---

1) 本章における「精神薄弱者（および精神薄弱教育）」という表現は，現代の見地からすれば，知的障害者（および知的障害教育）に対する差別表現であるが，三木の論稿からの引用なのでそのまま使用している。「精神薄弱者」は現在でいう知的障害者，精神薄弱教育は現在でいう知的障害教育として理解するので問題ない。また，特殊学級（現 特別支援学級）や養護学校（現 特別支援学校）といった現在ではすでに言い換えられた表現についても，三木の論稿をはじめ，引用元からそのまま使用している。
2) 篠原（1987, pp. 272-273）は，三木の思想が「『精薄』の異質化，特異化を促進して，分離・隔離の合理化，効率化に寄与」したと分析している。
3) 髙橋（1997, pp. 20-21）は，「城戸学派」としてグルーピングをする理由について，第一に「時代の『精神薄弱』をめぐる社会問題や教育・福祉実践に積極的にコミットしながら，『科学性，生活性，実践性』に基づく『精神薄弱』問題研究の構築を志向していたとともに，その成果に立って『精神薄弱』教育福祉制度改革案を作成し，改革運動を展開していたこと」，第二に「『精神薄弱』児における『生活能力』という能力概念と『社会協力』という人格概念を新たに発見し，それらの発達と形成を目的として生活教育論を提起するとともに，前記の能力と人格の観点から『精神薄弱』概念の構築をはかり，従来は放置されていた重度障害を含む『精神薄弱』児の発達と教育の可能性や，それを保障する制度や教育内容を，権利論の観点から理論的，実践的に明らかにした」という研究の対象と方法の特徴を挙げる。三木は「城戸学派」の中心人物の1人とされる。

いて他に見出すことが出来ない」とさえ称されている（篠原，1987, p. 270）。

その反面で，三木の精神薄弱教育論に関する先行研究の数は決して多くない。三木を直接的に取り上げているものは，彼の戦前における幼児・障害幼児の保育論を取り上げた高橋（1997），河合・高橋（2002・2005），河合（2012）や小川（2007），戦後の精神薄弱教育論を批判的に分析した篠原（1987）や津田（1996），精神薄弱児の親に関する論考を検討した夏堀（2008）ぐらいである。また，知的障害教育方法史や思想史の文脈で部分的に一定程度，三木の論稿を取り上げたものとしては森（1989；2014），尾高（1999），張（2001；2004）が挙げられ，優生学と教育学の関係史の文脈で同様のボリュームで三木の論稿を取り上げたものとして桑原（2005）を挙げることができる。

先に述べたように，現行の日本の知的障害教育は，生活主義教育論と発達保障論を原理的基盤として作られているが，1963（昭和38）年の最初の養護学校学習指導要領の作成以来，あくまでも基本原理に置かれてきたのは前者の方であった。したがって，本章では，三木における生活主義教育論，すなわち彼の精神薄弱教育論を取り上げ，その論を構成する諸概念との関係について明らかにした上で，「場の分離」を正当化するロジックについて考察することにしたい。今回は，三木安正著作集に所収されている『精神薄弱教育の研究』（1969）と『私の精神薄弱教育論』（1976）を中心に検討する[4]。

2. 三木の精神薄弱教育論の前提に置かれる社会認識

三木は，第二次世界大戦後の社会を「身体的に強力な者が支配した時代が過ぎて，知能的に強力な者が支配している社会」[5]であると分析し，「かつて社会を支配した身体的暴力は一定否定されるに至ったが，知能的能力の否定ということにはまだ真剣に取り組まれるに至っていない」という認識を示している[6]。

---

4) 第2節以降，三木の著作からの引用が連続する。読みやすさを担保するため，三木の著作からの引用内容に関しては，彼の精神薄弱教育論について論じる本章内の第2節から第4節に限定して，脚注内に記すことにする。
5) 三木，1969, p. 574. これは三木の1960年代の主張であり，「身体的に強力な者が支配した時代」とは二度にわたる世界大戦であると推察される。
6) 三木，同上，p. 8.

そして，精神薄弱者たちが生存していくのは，そうした「知能的優越者が支配している社会」であると説明される[7]。三木は，「知能的優越者」が支配している社会においては，精神薄弱者は，「盲人や聾者よりも，より重大な障害を背負わされている」とも述べる[8]。

このような社会認識のもと，現実社会の中で「知能的弱者」である精神薄弱者が「健常者と同等にしあわせな社会生活を送れるようにするにはどうすればよいのか」という問題意識が，三木の精神薄弱教育論の大前提には存在した[9]。「支配」という言葉があらわす通り，「知能的優越者」である健常者と「知能的弱者」である精神薄弱者の間には圧倒的な人数差と上下の権力関係があるとされ，三木において精神薄弱者は，社会的少数派（マイノリティ）として認識されているのである[10]。

三木の考える理想の社会とは，「各個人がその能力を充分に発揮することが出来るとともに，それぞれの特徴をもった人間が，それぞれの分野の務めを果すことに協力し，社会がよりよい社会に進展して行くような態勢をもった社会」というものである[11]。しかし，この理想の社会像は，現状からはほど遠い「夢の世界」の話だとして，三木自身によって直ちに一蹴される[12]。「一般社会のほうにより多くの問題がある」とまでは，しばしば言及されるのだが，その変革行動についてはほとんど主張されない[13]。

そこで，三木は，さしあたりの現実的な目標として，精神薄弱者の特性に立脚した特殊な教育を通して彼（女）らの社会的適応性を高め，「社会のどこかに座席を得させる」ことに目標を定める[14]。そこでの社会生活への参加は，「とにかく何か仕事を身につけて食っていける，そして近所の人とも付き合いができる」という経済社会面と地域社会面が想定されている[15]。特に三木は，

---

7) 三木，同上，p. 8.
8) 三木，同上，p. 19.
9) 三木，1976a, p. 79.
10) 三木，1969, p. 544.
11) 三木，1976a, pp. 19-20.
12) 三木，同上，pp. 19-20.
13) 三木，1969, pp. 5-6.
14) 三木，同上，p. 530.
15) 三木，1949, p. 35.

前者の経済社会への参加の道筋の考究に力を入れ，恒久的な知能の遅滞という精神薄弱者の特性から，あまり知能を要しない非知的職業としての「からだや手先の技能を使って働く」仕事に就くことを想定した教育を構想した[16]。三木の構想する精神薄弱者のための教育は，手仕事や体仕事を生業とする「生産人」として「立派に役割を果たす者を育てる」教育なのである[17]。そして，三木は，「精神薄弱者を正常者にすることはできないが，精神薄弱なりに立派な人間にすることはできる」と主張した[18]。

しかし，このような教育課程を修了しても「障害の度合や特異性の強いタイプのために，どうしても一般社会に出すことが困難な者の場合には，その者が安定感をもって生活しうる小社会をつくってやらなければならない」と主張される[19]。ここでいう「小社会をつくる」というのは，具体的には，入所施設やコロニーを整えていくこととされる。一般社会からの，「強い刺激を避けるためにこしらえた壁の中で彼らの生活の場をこしらえよう」という発想である[20]。これらは，あくまでも，理想と現実とを照らし合わせての当時の三木なりの共生社会に向けた方略であったことはいうまでもない。

津田（1996, pp. 131-132）は，以上のような三木の現実主義的な方略を，「社会変革の意図のない機会均等論」と解釈し，特殊な教育課程の「卒業後には地域の中に交わり生活していく」ということを想定しながらも，「適応能力のみを問題として地域住民の学習を前提としない」ため，この考え方の帰結するところは，「軽度『知的障害者』の教育，中度・重度『知的障害者』の保護という二分法」であると指摘する。さらに，健常者との非連続性を前提にしているため，精神薄弱者のための教育構想は，必然的に異質性・特殊性を帯びてくると分析している。

16）三木，1969, p. 530.
17）三木，同上，p. 550.
18）三木，同上，p. 19.
19）三木，同上，p. 270.
20）三木，同上，p. 270.

3. 将来の「生産人」生活を見越した知的障害教育の構想

　前節で述べたような社会認識から構想される教育が，三木の精神薄弱教育論である。それは，手仕事や体仕事を生業とする「生産人」を育てることを目的にした教育であり，就労後の「生産人」生活を見越した教育でもある。

　「生産人」として生きることを目指すとはいっても，精神薄弱者の知能をまったく当てにしないということではない。三木の方針は「弱い知的な働きをいたわりながら，それが一番よく働く状態にしてお」[21)]き，知能であれ，他の能力であれ，「本来持っている能力は十分に発揮させ，できるだけ伸長させる」というものである[22)]。いずれにしても，精神薄弱者の知能（およびその発達）に過度に期待することには否定的で，「あきらめ」の必要性の提起と共に，「あきらめていても，もし本人に能力がついてくれば，その時に考えればよい」という主張をしてもいる[23)]。

　本来持っている能力の伸長を推奨するからといって，将来の「生産人」生活を見越さずに，「なにか一つとりえを」という慈善意識から，健常者の目に珍奇に映る特殊な能力の掘り出しに心血を注ぐような精神薄弱教育に対しては，三木は疑義を唱える[24)]。特殊な能力の具体例として三木が挙げるのは，「裸の大将」「ちぎり紙細工」で有名な山下清で，彼の絵は，社会において「芸術的に価値が高いといったものではなく，きれいで，おもしろいという，なぐさみものとして受け取られている」と解釈される[25)]。三木は，あくまでも，将来の生業，すなわち特殊な能力に頼らない確かな安定した「生産人」生活につながっていくようなものを，精神薄弱者のための教育として整えていくべきだという方向性を強調している。

---

21) 三木，同上，p.507.
22) 三木，同上，p.848.
23) 三木，同上，p.434.
24) 三木，同上，p.473.
25) 三木，同上，p.473.

3.1 教育目標としての「幸福＝生活の自立」

　三木の精神薄弱教育の目標は，精神薄弱を有する子どもの「幸福」である[26]。ただし，それは，子どもの主観に基づく1人ひとり異なる「幸福」ではない。三木が先回り的に想定する，精神薄弱者というカテゴリーの人びとに共通する「幸福」であり，それは「生活の自立」という言葉で説明されるものである。

　それでは，精神薄弱の子どもたちの「幸福＝生活の自立」とはいったいどのようなものであろうか。「生活の自立」とは，「自分のもっている力が十分に発達させられ，その力を発揮できる仕事があり，その仕事に対する社会の評価が適切になされていった結果，自分の生涯の目標をはっきりもつことができ，その目標に向かって努力していると自覚できること」である[27]。この説明から読み取れるように，「生活の自立」は，単に経済的な独立や職業的自立を意味するものではない。三木は，「それぞれの能力相応に生活の場を獲得し，何らかの目標を持った生活の軌道に乗れば，たとえ経済的にはどこかの援助を要しても，生活の自立は達せられたと認めなければならない」と述べる[28]。つまり，「生活の自立」を目標にする教育活動で目指されるのは，精神薄弱の子どもたちが将来の「生産人」生活の中で「何らかの目標を持った生活の軌道」に乗ることであるといえる。しかし，「常に夢や目標を持って生きよう」というような観念的な話ではなく，具体的な目安として，特に軽度の精神薄弱者の教育では，職業的な自立が意識される[29]。

---

26) 三木，同上，p. 497.
27) 三木，1976a, p. 109.
28) 三木，1969, p. 30.
29) 森（2014）は，時代状況として，養護学校義務化以前の1950～1970年代の公立の知的障害教育の場が主として特殊学級で，かつ軽度児の教育が主流であったため，生活主義教育は，職業的自立を主要な内容とする社会的自立を目標に展開されたことを指摘する。一方，三木はすでに1950年の段階で私立の旭出学園（のちの養護学校）を創設し，軽度児のみならず，中重度児たちとも生活を共にしながら，そこを足場に自身の精神薄弱教育論を構想していた。公立学校で展開された生活主義教育の目標が社会的自立と強く結びつく一方で，三木の精神薄弱教育論では，重度の精神薄弱者の教育をも視野に入れた「生活の自立」を目標とすることが構想されていた。

3.2 合科的学習のスタイルと「生活能力」の向上

「生活の自立」という目標に向けて，三木が採用するのは，合科的学習のスタイルでの「生活単元学習」である。三木は，「精神薄弱というものの特性を，精神的機能の未分化性ということでとらえれば，その教育は最もインテグレートした形で与えられなければならない」と述べる[30]。生活単元学習では，合科的学習を通して，実用的な「日常生活における課題解決の力，すなわち"生活能力"を養うこと」が目指される[31]。

合科的な生活単元学習といっても，デューイ（John Dewey）に影響を受けた通常教育でいう経験カリキュラムと精神薄弱教育のそれとでは原理的な相違があるとされる[32]。通常教育の「経験カリキュラムは経験を重視しているが，教育内容は単なる経験的なものではなく，高度の抽象的思考を要する教科的なものの理解・習得をねらっている」[33]とし，精神薄弱者の場合には，「活動の中で思考するということには限界」があると想定される[34]。したがって，通常教育のものと外面は似ているものの，精神薄弱教育の生活単元学習の場合には，「活動が，彼の生活自体にとけ込んでいくことによって，彼の生活を規制していく」という質的に異なった学習のプロセスが取られるべきとされる[35]。

このような学習に，三木は「行動的理解」という言葉を当てる[36]。それは指導者主体の他律的指導であるが，「行動の意味を理解し有意的・自律的行動に進展すること」を期待した指導であると説明される[37]。具体的には，精神薄弱教育における生活単元学習では，「まず身辺のことがらから具体的経験を通して一つ一つの生活的課題の処理の仕方を教え，次第にその範囲（生活圏）を広げていく」というプロセスが取られる[38]。

精神薄弱の子どもは，生活を通して，生活そのもので学ぶ。このような指導

---

30) 三木，1969, p. 581.
31) 三木，同上，p. 17.
32) 三木，同上，p. 585.
33) 三木，1976a, p. 128.
34) 三木，1969, p. 586.
35) 三木，同上，p. 586.
36) 三木，同上，p. 539.
37) 三木，同上，pp. 619-620.
38) 三木，同上，p. 18.

にあたる教師には「普通の児童に対するより以上に高度の研究と工夫」[39]が要求され，「対象とする者のよりよい発達と人間的成長を考えて，そのための情報をあつめ，生活的諸条件をととのえ，教育内容や方法を考え，それを実践にうつして，その反応を検討し（教育の場合，これを評価という），次の段階に進んでいく」というプロセスで取り組んでいくことになる[40]。精神薄弱の子どもといっても，知能の遅滞のレベルは重度から軽度まで幅広く，軽度の者の場合には「ある程度の教科別学習も可能になる」ので，デューイの経験カリキュラム的な「いわゆる"生活単元学習"という方法が効果的」とも述べられる[41]。

三木は，精神薄弱者の恒久的な知能の遅滞を根拠に，一般教養に連なるいわゆる教科中心の教育（＝水増し教育）を行うことには批判的なスタンスを取る[42]。このようなスタンスが誤解を招き，三木の精神薄弱教育論は，しばしば「生活か教科か」という二項対立の枠組みの中で一面的に解釈され，三木は，教科教育否定派の研究者というレッテルを貼られてきた。

しかしながら，ここまで見てきて分かるように，そもそもの三木の思考は「生活か教科か」の枠組みに収まるものではない。三木が提起しているのは，「生活の自立」につながらない科目主義的な教科別学習を採用することへの批判であり，「生活の自立」につながる実用性のある教科学習を採用すべきであるという主張である[43]。そもそもの本質的な論点は教科をどのように定義するかにあるのであり，三木は，自身の定義に基づいて，「『教科』を排する必要はない」という主張を行ってもいる[44]。

生活に根ざすという視点は，三木の精神薄弱教育論においてとても重要な位置を占める。「生活に近い事柄ほど，その応答の内容が充実しており，だんだん生活に遠い世界になるにしたがって，模糊とした状態になり，さらにこれを次々に追求していくと，その応答関係から脱逸し，また逃避していく」からで

---

39) 三木，1952, p. 17.
40) 三木，1983a, p. 10.
41) 三木，1976a, p. 129.
42) 三木，1969, p. 16.
43) 三木，同上，p. 16.
44) 三木，同上，p. 581.

ある[45)]。したがって，学習活動において，「彼らの遊びの世界ないし生活の世界と隔絶」しているような学習課題の設定は避けられる必要があるとされる[46)]。

例えば，言語教育を行おうとする場合にも，精神薄弱の子どもの生活の把握が出発点となり，指導の基礎となる。すなわち，「言語だけを何とかしようとしても，それはできない」[47)]のであり，実際の生活経験に直結させ，かつ実生活の中で「自己の欲求や意図の表現，他人の行動に関する表現，外界の事象に関する表現などをしなければならない場面をつくっていくこと」が必要で，「言語でなくても，手ぶり，身ぶり，表情などでもよいからそうした表現ができるようにしていく」ところから「生活能力」としての言語の学習をスタートさせるのである[48)]。

3.3 自我の発達促進

三木の構想する精神薄弱教育において自我の発達促進は指導の中核に位置づけられる[49)]。三木にとって，自我とは，「もっている能力に指令をだし，また自己を制御していく」もので，「諸能力をフルに活用して生活能力を高め，生活目標をはっきりさせて，生きがいのある生活をさせていく」にあたって不可欠のものである[50)]。したがって，合科的学習を通しての「生活能力」の発達促進と自我の発達促進とを合わせて考えることが必要だと主張される[51)]。

図2-1は，精神薄弱者の人間形成のモデルを三木自身が図式化したもの（2通りの書き方）で，いくつかの層を螺旋上に上方に向かって「生活能力」を蓄えていくイメージが示されている。円錐の中核には，自我が位置づけられている。三木は，「中度者，軽度者，健常者となるにしたがい，自我の核の周辺に大きく広がっていき，いろいろな知的な働きや行動意欲が出てくるとともに自

---

45) 三木，同上，p. 115.
46) 三木，同上，p. 75.
47) 三木，1976a, p. 12.
48) 三木，同上，p. 134. 三木の創設した旭出学園（特別支援学校）では，このような言語教育の方針のもと，現在は，生活に根ざしたマカトン法（手話と口語の同時法）の指導が行われている。
49) 三木，1983b, pp. 213-217.
50) 三木，1982, p. 129.
51) 三木，1976b, p. 73.

第 2 章 「場の分離」を正当化するロジック　　53

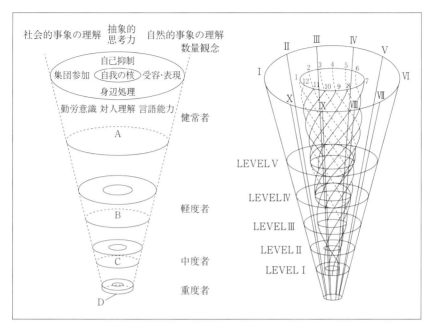

図 2-1　精神薄弱者の人間形成のモデル

左図：〔出典〕三木（1976b, p. 138）
右図：〔出典〕三木（1982, p. 129）

我の核も錬れていき，社会生活参加への可能性も増大していく」と説明する[52]。

　精神薄弱者の場合，「見たり聞いたりしたものを自我と結びつけていくエネルギーが少ないので，経験の蓄積も大きくなっていかないし，自我の発達もなかなか進まない」とされ，自我の発達促進のために，「彼らのエネルギーに応じた刺激」を与えていくような生活の場の必要性が述べられる[53]。これは，後で取り上げる特殊学級や養護学校といった特別な教育の場のことを指している。

52）三木，1976b, p. 139.
53）三木，1976b, pp. 76-77.

3.4　中軸としての作業学習と「生産人としての自覚」

　あらためて確認すると，三木の構想する精神薄弱教育は，精神薄弱の子どもの将来の「生産人」生活を見越した教育である。当然のことながら，ここまで見てきた，「生活の自立」という教育目標，合科的学習，「生活能力」の向上，自我の発達促進は，いずれも「生産人」生活という子どもの将来生活との関係の中で考究されているものである。これらのほとんどの要素を備えるものとして具体化された代表的な教育活動が「作業学習」である。

　作業学習では，想定される将来の職業生活と重なる内容の「からだや手足を動かしてする作業」が選択され，半年や1年といった比較的長い時間をかけて，くり返しの指導がなされる。反復による作業の習練である[54]。精神薄弱の子どもに「自分の力を知り，自分のなすべきことを自覚させていくには，同一の仕事を，相当期間継続してくり返していくとともに，その仕事の意義が次第に理解されていく」必要があると指摘される[55]。

　また，手や体を使った作業の反復は，子どもたちに情緒的安定を与えることにもなるという[56]。三木は，このような情緒面への影響を「生産人としての自覚」という言葉で表現し，それによって，生産的な仕事への責任感や積極性が生じてくると説明している[57]。そして，「生産人としての自覚」の促進という観点から，作業学習の場として，三木は，「現実度の高い活気のある生産的作業の場」が精神薄弱教育の場に用意されることの必要性を主張する[58]。

　また，作業学習は，生活に根ざし生活を通した合科的学習の中軸に位置づけられており，「作業の生活化，あるいは生活の作業化」が考えられなければならないとされる[59]。こうした考え方が強く反映されたのが，三木が文部省研修所の嘱託所員として取り組んだ品川区立大崎中学校分教場での特殊学級経営の実験的実践であり，その象徴としての「バザー単元」や「学校工場方式」であった。

---

54) 三木，1969, p. 62.
55) 三木，同上，pp. 599-600.
56) 三木，同上，p. 619.
57) 三木，同上，pp. 575-576.
58) 三木，1976a, p. 109.
59) 三木，1969, p. 78.

4. 必然としての通常教育からの「場の分離」

　三木の構想する精神薄弱教育は，とにもかくにも，精神薄弱者のための独自の教育である。恒久的な知能の遅滞を前提とし，将来の「生産人」生活を見越しているという特徴から，必然的に，通常教育の場ではなく，特殊学級や養護学校といった特別な教育の場で展開されることになる。その主張には，通常学級（通常教育の場）の中でその教育構想を実現するのが現実的に難しいという事情と，集団生活や対人関係の指導をはじめとして同質性のある集団社会的機能を精神薄弱教育において積極的に活用すべきという規範論とが混在している。

4.1　通常教育の場からの分離を前提にすることの合理性

　三木は，通常教育の場は，基本的に「正常な心身の機能を持つということを前提として，おのおのの理想が満足させられるように，基礎的な教養を授けたうえに，専門的な教育を授ける機会を用意するという形でつくられている」と述べる[60]。こうした中で，三木の構想する精神薄弱教育を無理やり展開しようとすると，「"生活ゴッコ"となってしまう恐れ」があるという[61]。前節で述べたように，このような環境では，「生産人としての自覚」の促進は難しく，精神薄弱の子どもたちは「生活の自立」に至らない。

　三木は，「従来の学校のイメージを全く変えてしまうような変革は困難」という認識から，「教育対象となる障害者の特性や障害の程度によって，その教育は学校で行ってもよいし，施設で行ってもよいし，病院で行ってもよいという考え方の方がよい」と主張する[62]。このような議論から，さしあたり，学校教育という枠の中では，精神薄弱教育は，通常教育の場の外に設置された特別な教育の場である特殊学級や養護学校において展開されることが望ましいとされるのである。

　三木において，特殊学級と養護学校という学校種の差は，障害程度（知能の遅滞の程度）の差としては捉えられていない。「特殊学級と養護学校の対象と

---

[60] 三木，同上，p. 15.
[61] 三木，1976a, p. 107.
[62] 三木，同上，p. 108.

すべき者の差を，単に知能指数のようなもので規定することは適当ではなく，将来の見通しや教育指導の面から対象とすべき者を決めていくことが必要」と主張される[63]。したがって，「重い者は養護学校，軽い者は特殊学級ということを厳格に規制されたりすると大変困る」とされる[64]。

「精神薄弱者という非常に広範な精神障害者群に対しては，いくつかの色合いの違った教育の場を用意することが必要」という考え方から，「普通学級の中におかれる特殊学級（＝特殊学級）」と「特殊学級ばかりの学校（＝養護学校）」といった環境的条件の違いとして捉えることが推奨される。これらは，身体機能の欠損の程度というよりも，パーソナリティ総体の特異性や社会的適応の困難性の質的差異に対応した教育の場であるとされる[65]。

4.2　知的障害教育の場の集団社会的教育機能

三木は，「人がその行動領域を広げ，経験を積み重ねて，その生活に目標を持ち，目標達成のために努力をするようになるためには，彼がよって立つ社会的地盤というものを必要とする」と述べる[66]。そして，特殊学級や養護学校が，精神薄弱の子どもたちにとっての社会的地盤となるという考えが示される。

それらの場は，「普通児とは一緒に行動できないが，彼らの仲間同士であれば"自分たちのグループ"を作ることのできる者」たちのための「特別に保護された小社会」とされる[67]。そして，教師によって設定され調整される場ではあるが，何よりもまず，精神薄弱の子どもたちにとっての自分たちの意図によって展開される自治的な社会でなければならないとされる[68]。そうした身の丈にあった集団社会であれば，精神薄弱の子どもたちも「自他の関係を認識し，その集団の中で自分の占めるべき位置を見つけ出し，何らかの役割を演ずることができる」のである[69]。これが，自我の発達促進にもつながる。

---

63) 三木，1969, p. 512.
64) 三木，同上，p. 512.
65) 三木，1976a, p. 84.
66) 三木，1969, p. 450.
67) 三木，同上，p. 447.
68) 三木，1976a, p. 134.
69) 三木，1969, p. 541.

第2章 「場の分離」を正当化するロジック

　特殊学級・養護学校の集団社会的教育機能は，将来の「生産人」生活の点からも重要であるとされる。例えば，軽度の精神薄弱者の場合，手仕事や体仕事の「職につけるほどまでに訓練することは技能的な面で比較的容易であるが，対人関係の処理の面で失敗が多く，職場生活への適応がむずかしく，結局，転職をしたり，職場から離脱するケースが少なくない」[70]。そうした対人関係トレーニングを効率的に行うにあたっては，コンパクトな集団社会的教育の場は非常に使い勝手がよい。また，「生産人としての自覚」は，一過的な経験を越えて，「同等の仲間のいる集団の中に位置づけられた生活を通じて定着していく」とされる[71]。

　また，特殊学級・養護学校は，「生産人」としての生き方のモデルを同輩や先輩との関わりの中で見つけやすい環境でもある[72]。つまり，集団社会としての知的障害教育の場は，手仕事や体仕事を生業とする「生産人」を他律的に育てるという方向性と自律化を促進するという方向性とを可能な限り矛盾なく調和させ，本人のモチベーションを「生産人としての自覚」「生活の自立」に一本化させる機能を有する生活協同体的空間として構想されているのである。

　ここまで見てきて分かるように，「生活に根ざして」「生活を通して」という三木の構想する精神薄弱教育は，集団社会的な教育機能をなしにしては成立しえない。例えば，前節で他律的指導に触れたが，それはあくまでも自律化を推進する集団社会を足場にした議論である。

　三木の構想する精神薄弱教育を実践する特殊学級・養護学校では，教師には，「学級としてのまとまり」と「学級を編成するものの人間関係」を調整する役割が求められ，子どもたちの「集団生活の機能を十分発揮させるようにすることが，その基本的な任務」とされる[73]。学級が集団社会として機能することに重きが置かれるため，学級が安定するまでは，新たな転入希望者の「入級を断ってもやむをえない」とさえ主張される[74]。

---

70) 三木，同上，p. 28.
71) 三木，同上，p. 576.
72) 三木，同上，p. 850.
73) 三木，同上，p. 541.
74) 三木，同上，p. 27.

一方で，教師の精神薄弱の子どもたちとの関係の取り方においては，「相手が精神薄弱であるというようなことは念頭におかないで接触していく」であったり，「対等な気持ちで交渉を持つ」であったりといった自然体の姿勢が推奨される[75]。つまり，教師には，学級の生活環境をコントロールしつつも，子どもたちの自律化を促進する実践が求められるのである。さらに，三木は，教師たちに対して，特殊学級や養護学校は，「魂が通わなければ，隔離施設的なものになってしまう」と忠告してもいる[76]。

5. 考察——「場の分離」を正当化するロジック

三木の精神薄弱教育論において，知的障害教育の場は，同質な心性の仲間たちと過ごす中で，社会性を育み対人関係を学ぶ小社会として位置づけられていた。それは，イメージとしては，当事者同士のピア・グループに近い集団である。また，集団社会における自治的な活動を通しての成長も期待されていた。

集団社会としての知的障害教育の場は，手仕事や体仕事を生業とする「生産人」を他律的に育てるという方向性と自律化を促進するという方向性とを可能な限り矛盾なく調和させ，本人のモチベーションを「生産人としての自覚」「生活の自立」に一本化させるという構想でもあった。三木においては，あくまでも知的障害教育の場は知的障害者としての社会的自立を意図的に促進するための教育の場として構想されているため，転入してくる子どもが器質的な面で知的障害者であることは，自明のこととされている。すなわち，非知的障害者の紛れ込みは，想定されていない。

こうした集団性を通しての教育の発想は，何も三木や知的障害教育の場に固有のものではなく，通常教育とも通じる「日本型の教育モデル」として指摘されるものである。すなわち，「教師同士，教師と子ども，子ども同士の密接な協力体制を求め，"絆"の全人関係を志向し，教科外の活動にも意義を見出し，仲間同士の関係を用いていく」というような全人教育の発想である（恒吉,

---

75) 三木，同上，p. 606.
76) 三木，1976b, pp. 239-240.

2008b, p. 131)。特に三木の場合には，もともと幼児教育・保育の研究者であったため，意図的な環境や集団の調整・設計を通しての教育・保育という考え方が，彼の精神薄弱教育論にも強く反映されていたと考えられる[77]。

三木の論において，非知的障害者たちの教育の場である通常学級では，知的障害者たちの教育に最適な集団を用意することができないとされ，非知的障害者（健常者）と「生産人」を目指す知的障害者では，教育の目標や社会的自立への走路が異なるとされていた。したがって，系統的な教科教育を中心にする通常教育の教育課程に対し，知的障害教育では，通常教育とは全面的に異なる「日常生活の指導」「生活単元学習」「作業学習」などの教科・領域を合わせた指導の形態をとる教育課程が求められるとされたのである。つまり，知的障害者にとっての最適な教育を担保するために，「場の分離」は正当化されている。

前章で見たように，三木のような生活主義教育論の発想は，1960年代以降，発達保障論から批判を受けるものの，結果的には生き残り，発達保障論と並立する形で，その後の知的障害教育の場の存立を支えていくことになる。すなわち，本章で明らかにした「本質的に健常者の教育とは異質なものであるから分離する」という生活主義教育論的な「場の分離」の正当化に，「子どもの発達段階の違いに基づくと，教育方法・内容に違いが必要だから分離する」という発達保障論的な「場の分離」の正当化が加わることによって，知的障害教育の場の存立が補強されていったといえる（堀，1997, p. 353）。

知的障害者にとっての最適な教育を通常教育から切り離して担保することを仮に「教育の分離」という言葉で表現するならば，生活主義教育論による正当化にしろ，発達保障論による正当化にしろ，「教育の分離」が必要だから「場の分離」を行うのだというロジックとなっている。したがって，共生共育論からの「場の分離」批判に対しては，生活主義教育論・発達保障論は，「通常教育との統合的環境の中で『教育の分離（＝最適な教育）』によって保障されているものをカバーできるのか（いや，現実的に，無理だろう）」と反論することになる。結局，分離派では，「場の分離」よりも「教育の分離」の方が優先

---

77) 酒井（2014）は，小学校の教育と幼児教育・保育との比較の中で，幼児教育・保育の環境調整を通しての働きかけという特徴を指摘している。

されているのであり，「教育の分離」を解消できる目途が立たなければ，「場の分離」を解消するという選択はできないと主張されるのである。

また，知的障害教育は，生活主義教育論と発達保障論という2つの異なる考え方の併存のもとで支えられているがゆえに，たとえ，共生共育論が，「教育の分離」批判と併せて「場の分離」批判を行ってきたとしても，生活主義教育論的な要素が批判された場合には発達保障論で応戦でき，発達保障論的な要素が批判された場合には生活主義教育論で応戦できる。つまり，二面性によって外部からの批判が受け流される機能が働くことで，「場の分離」を前提とする知的障害教育の場は問題なく維持されるのである。

6. おわりに

本章では，通常教育と知的障害教育の「場の分離」がどのようなロジックのもとで正当化されてきたかという点に焦点をあてて検討してきた。日本の知的障害教育は，相互に対立する生活主義教育論と発達保障論に原理的基盤を求めてきたが，いずれにおいても，通常教育の場では充足できない知的障害者に「最適な教育」「理想の教育」を行うために特別な教育の場が必要なのだというロジックが採用されていた。

特に本章で詳細に検討した生活主義教育論では，対象の子どもがあらかじめ医師によって器質的な知的障害を診断されていることを前提とし，近い将来の手仕事や体仕事を生業とする「生産人」生活を見越して，同質性のある集団社会的機能を積極的に活用した教育を展開するために，通常教育からの「場の分離」は必然的なものとして見なされていた。すなわち，「場の分離」が一貫されることによって，知的障害教育の場は，同質な心性の仲間たち（＝ピア・グループ）と過ごす中で，社会性を育み対人関係を学び，みんなで無理なく「生産人」になっていく小社会を提供できるのである。

このように，「場の分離」を前提とした知的障害教育を推進する者たちにとっての正当化は，自らの存在証明と関わりながら，「『教育の分離』が必要だから（いたし方なく）『場の分離』を行うのだ」というロジックを持って行われている。それゆえに，「教育の分離」の代替案なしには，「場の分離」を覆すこ

とはできないとも主張される。こうした正当化のロジックをもとにして，日本の学校教育システムにおいては，通常教育と知的障害教育との「棲み分け」が自明のものとされてきたのである。

　しかしながら，現実には，同じ国家の学校教育システムの中に存在している以上，通常教育と知的障害教育はそんなにきれいに「分離」「棲み分け」できるわけがない。知的障害の定義の仕方にもよるが，器質的な意味での非知的障害者の紛れ込みも当然想定しうる。通常教育の場と知的障害教育の場は相対的関係にあり，知的障害教育の場は，かなりの程度，通常教育の場の状況に規定されるのである。次章では，この点について，詳しく検討することにしたい。

第3章 通常教育の場と知的障害教育の場の関係性
学校教育システム上の協働・分業に着目して

1. はじめに

　前章で明らかにしたように，知的障害教育の場は，通常教育の場からの「教育の分離」と「場の分離」の交差のもとで存立し，共生共育論からの厳しい批判はありつつも，生活主義教育論や発達保障論によって正当化されながら維持されてきた。ただし，知的障害教育の場は，まぎれもなく日本という近代国家の学校教育システムの一部を構成しており，別システムとして通常教育から完全に分断されているわけではない。

　例えば，知的障害特別支援学級は，小・中学校の学級編成上の一形態として通常学校に属している。そこでは，通常教育の場との関係に規定されて，生活主義教育論や発達保障論で考えられる「知的障害者にとっての最適な教育」を十分に提供できない状況や環境に置かれる場合もある。したがって，純粋に「知的障害者にとっての最適な教育を提供する場」というイメージのみで知的障害教育の場の日常世界を捉えることは難しい。

　以上を踏まえ，本章では，学校教育システム上の協働・分業に着目しながら，通常教育の場と知的障害教育の場の関係性に迫ることにしたい。まずは，日本におけるメインストリームである通常教育の場の特徴について明らかにすることからはじめる。

2. 通常教育の場の特徴——同質化／差異の一元化

　これまで通常教育の場の特徴について言語化を試みてきた研究者の多くは，主として2つのアプローチを用いてきた。

　1つは，日本の通常教育の場と海外の通常教育の場との比較研究である。例えば，志水（2002）は，日本の公立中学校でのフィールド調査の結果とイギリ

スのコンプリヘンシブ・スクールでのフィールド調査の結果を比較することを通して，それぞれの国の学校文化の特徴を描き出している。その他，カミングス（1981）やローレン（1988）などの外国人による日本の学校教育に関する経験的研究も，広い意味でこの比較研究に位置づけることができるだろう。日本の通常教育の場を異文化からながめることで，その特徴が見えやすくなるのである。

　もう1つは，ニューカマーの子どもなどのマイノリティが在籍する日本の通常教育の場におけるエスノグラフィー研究である。こちらでは，代表的なものとして，恒吉（1996）や児島（2006）の研究を挙げることができる。恒吉（2008a）は，次のように述べる。

　　「システムが前提としない子ども達は，その存在によって，それまで見えなかったメインストリームの構造，それを支える論理を露呈させ，"通常"の領域を自明に見せるメカニズムを暴き，問題の所在への視点を提供してくれるのである。」(p. 218)

　通常教育の場は，日本社会のマジョリティの子どもたちが当たり前に通過していくメインストリームとして存在している場である。そこに参入しようとする異人（マイノリティ）に着目することによって，自明性が可視化され，特徴が見えやすくなるといえる。さしあたり本節では，先行研究において提起された諸仮説を拠りどころにしながら，日本の通常教育の場の特徴として捉えられるものについて明らかにすることにしたい。

2.1　形式的平等主義と強い同調圧力

　日本の通常教育の場の第1の特徴は形式的平等主義である。これは横ならび主義と言い換えることもできる。学級集団の中での横ならび，学年集団の中での横ならび，学校集団の中での横ならびと，様々なレベルに集団主義的な横ならびが浸透している。通常教育の場の教師間には，「平等＝横ならび，同じに扱う」という形式的な平等意識が強く存在し，子どももまた次第に，同じに扱われることが当たり前という感覚を自分のものにしていく。

　通常教育の場に集ってくる子どもたちは，生育史や家庭環境などの背景は1

人ひとり多様であるが，学校生活の中ではそれらは後景に追いやられる（志水，2010）。もちろん，各担任教師は，程度の違いこそあれ，個々の子どもの生活背景を一通り把握している。近年は，ニューカマーの増加をはじめ，新自由主義による経済格差の拡大で生活保護家庭も少なくなく，ひとり親家庭もめずらしくない。しかし，子どもの生活背景がどうであろうと，形式的平等主義のもと，教師たちは，同僚間で相互監視をしながら，教育活動の中で可能な限り同じ扱いになるように努める。また保護者たちも，同じ扱いになっているかどうかに目を光らせる。こうした環境に置かれた教師は，当然のごとく，同じ扱いをするのが無難だという発想にたどりつく。

　この点に関していえば，能力差についても同様である。そもそも，通常教育の場は，健常な身体を暗黙の前提としながら，口語・板書中心の一斉教授といった教育方法や教育課程を洗練させてきた。したがって，健常な身体を持つ者として通常教育の場に通うことが認められた子どもは，特例をのぞき，あたかも個々の能力がまったく均質であるかのような扱いを受ける。

　そして，通常教育の場において，能力差を意識した特別扱いは「えこひいき」として忌避される。「平等＝同じに扱う」「特別扱い＝えこひいき（差別）」という発想は根強く，さらに，同僚教師や保護者からの監視の目もあり，彼（女）らとの相互承認なしには独断で特別扱いを行うことは難しい。また，それを行った場合，罪悪感にかられてしまう。すぎむら（2014）は，倉本，星加，土屋とのトークセッションの中で次のように述べる。

> 「ひとりの生徒の日常生活に入り込んで一緒に対策をたてることは教員にとって『手間暇』がかかることです。さらに，おおくの担任の先生たちは『クラスの子全員に，同じくらい手をかけてやりたい』と考えています。ひとりの生徒にたくさん手をかけてしまうと，『特別扱い』をしてしまったという罪悪感にかられる教員は少なくありません。発達障害の傾向がある『かもしれない』ぐらいでは，その子だけに時間を割く動機付けにはならないのです。……ゆえに，学校はどうしても『診断書』にこだわりたくなります。『診断書』は，先生たちにとって『特別支援教育』への強制ともなりますが，『特別扱い』をする免罪符でもあるのです。」(p. 174)

　診断書という免罪符を手に入れることによってはじめて，横ならびの形式的

平等主義を公式に打ちやぶることができる。ただし，これは「〇〇さんは障害者だから」という形で対象の子どもを障害者カテゴリーにあてはめるという「障害のスポットライト化」の行為であり，「配慮を受ける側にとっても配慮する側にとっても，またその場に居合わせる他の児童・生徒にとっても，『障害者』というカテゴリーが強く意識される」ことになる（星加，2015b, p. 21）。

　また，診断書の提出を経た場合にとられる対応は，多くの場合，特別支援教育支援員による傍らでの個別援助か，通級指導教室などの外在する特別な教育の場を利用しての補償教育である。恒吉（1997, p. 206）が指摘するとおり，「特定のカテゴリーの子どもたちのみが別個に補習的性格の強いものを受けるということは，彼らの異質性と二次的地位を顕在化させる」ことになる。そして，こうした診断書を掲げての特別扱いは，あくまでも事例の特例化を通しての対応であって，通常教育の場の文化自体を変容させるものではない。

　形式的平等主義を保持したまま能力差に対応できる便利な方法として日本で近年流行しているのが「授業のユニバーサルデザイン」である。「授業のユニバーサルデザイン」とは，工業製品におけるユニバーサルデザインの発想を援用し，通常教育の場において「場の構造化」「刺激量の調整」「ルールの明確化」「子ども同士の相互理解」を通して，発達障害の有無にかかわらず，クラスの中のすべての子にとって分かりやすい対応を工夫しようとするものである（小貫，2010）。

　ユニバーサルとは普遍的という意味であり，横ならびのまま合わせる基準を健常の子どもから発達障害を有する子どもにずらすという発想なので，形式的平等主義に抵触しない。「特別扱い＝えこひいき」批判を回避しながら，発達障害を有する子どもに対応できるため，日本の教師にとっては，使い勝手がよい。しかし，ユニバーサルと銘打ちつつ，視覚優位の発達障害に基準を合わせており，視覚優位ではない不均衡さをもつ発達障害の子どもをはじめ，その他の能力差には対応していない。

　形式的平等主義に加え，日本の通常教育の場には，みんなが一律に行動することを求める同調圧力が強く働いている。例えば，ニューカマーといったマイノリティの子どもは，自文化が剥奪され，同化が強いられやすい環境に置かれる（太田，2000）。「みんな同じ扱い」という形式的平等主義と「みんなと同じ

ようにやりなさい」という同調圧力の相乗効果によって，学級集団は同質化し，差異は一元化されていく。日本の通常教育の場の同調圧力は他の国々と比べてもきわめて高い水準にあると指摘される（志水，2010）。

恒吉（2008b）は，日本における同調圧力の強さを学級経営（集団統制）のメカニズムとの関わりの中で説明する。すなわち，日本の通常教育の場における集団統制は，教師が背後に退き，子どもに進行その他をまかせることをモデルにするような「仲間の対人関係を用いた"絆"の間接統治が偏在的な集団統制」(p. 112)であり，子どもには，「心理的な近さ，"絆"によって身近な集団に共感し，対人関係の親密さによって生まれる同調圧力によって，『自発的』に協調することが期待されている」(pp. 97-98)という。そして，「よく言えば集団性に富み，悪く言えば本来同調するべきでない時も集団と共に生きる方が賢明に見えてしまう状況が作りだされる」(pp. 99-100)と述べられる。

教師にとって学級の秩序維持はどういう教育実践を展開するか以前の重大事であり，職業生活の場である学校の日常を生き抜くための大前提である。子どもたちへの同調圧力を強めてしまう一因は，教師が学級の秩序をなんとか維持しようと努力しているためであるとも考えられる。同調圧力を弱めることは学級の秩序崩壊を招くのではないかという不安や恐れもあり，教師にとっては勇気のいる決断である。

ちなみに，うまく間接統治が働かない場合には，教師が子どもたちを押さえつけるという直接統治の形態を取らざるをえない。しかし，近年は，体罰などに対する世間の目が厳しくなり，かつ教師の高圧的な態度が叱られ慣れていない現代の子どもたちに積極的な効果をもたらすことは少なくなっている。

日本の学校には，学級の秩序が保たれていることが教師としての優秀さの証明として見なされる文化がある。そして，大変なメンバー（荒れを見せる子ども）の在籍する学級に秩序を持たせること（いわば立てなおし）に教師としてのやりがいを見出し，そうした経験を武勇伝として後輩教師に語りたがる者も少なくない。日本の学校の場合，教師自身，教師間の同調圧力の中に置かれており，インフォーマルな交流を通して，通常教育の場の教師間の中で学級の同質化や差異の一元化はモデル化されていく構造となっている（恒吉，2008b, p. 137）。

2.2　問題の個人化

　同質化や差異の一元化は，逆にその流れからはみ出す者の差異や異質性を際立たせ序列化を進める機能を持つ。それがいじめや不登校といった問題と地続きであることはいうまでもない。日本の通常教育の場は同質化途上の「面」（集団）の上に，ポツポツと異質な子どもが点在するという光景になりやすい。特に，教師は，異質な「点」が集結して反乱を起こす（学級崩壊をもたらす）ことがないように座席配置を工夫するので，授業中などは学びの輪から異質な1人ひとりが孤立しているように見えやすい。

　こうした「点」が孤立している状況に対して，教師は決して放っておいてよいとは考えていない。しかし，すでに述べたように，形式的平等主義の文化のもとでは簡単には特別扱いに踏み切れない。また，そもそも教師の対処の発想が，個人・家庭要因や個別的な特別扱いの必要性のみにとらわれやすい傾向がある。これが日本の通常教育の場の文化のもう1つの大きな特徴である。すなわち，日本の通常教育の場では，子どもの見せる問題が個人化して捉えられ，構造的な問題ではなく，個々の家庭や子どもの能力・身体機能の問題に還元されやすい。

　近年では，こうした「点」の子どもに対し，一昔前であれば「不器用な子」「勉強のできない子」「落ち着きのない子」「わがままな子」「変わった子」などと非医療的に捉えられていた子どもが，「発達障害」として医療的に解釈されるようになってきている（木村，2006）。社会の医療化・心理主義化が，日本の通常教育の場の文化における問題の個人化の傾向を助長しているともいえる。つまり，学級の基本ラインとしては，形式的平等主義と強い同調圧力によって同質化と差異の一元化を進めるが，そこからはみ出す者に対しては個人要因でもって問題を解釈し，特例化の手続きの上で，個別的な対処でもって対応をするという傾向にあるといえる。

　とはいっても，通常教育の場の中で個別的な対応を行うのには限界があるため，通級指導教室，日本語教室，適応指導教室，特別支援学級，特別支援学校といった外在する特別な教育の場にその仕事が外注されやすくなる。形式的平等主義と強い同調圧力といった文化の変容に取り組まない限りは，通常教育の場は，既存の文化を存続させるために排他性を強めていくことになる。しかし，

恒吉（2008b）はこうも述べる。

> 「閉じた集団主義的な共同体として出来上がっていったと思われる日本の全人教育，人格形成教育を支える装置が，社会性の育成を求める今日の時流に合っているとすると皮肉でもある。先進国が共通して直面する対人関係能力の危機状況を考える時，学校には広い射程での人間形成をする役割が期待されている。その際に，日本の教育が築いてきた，社会性・集団性・共同性を育成する意図的な仕組みは，大きな強みとして活用できるものであることを，海外の研究は示唆している。」(p. 30)

日本には，戦前の複線型をあらため，戦後，分岐を義務教育後まで先送りし，単線型の学校系統を形成することによって，親密な人間関係に根差した集団主義的教育を立ち上げたという歴史的文脈がある（貴戸，2012）。こうした強みがあるからこそ，通常教育の場の文化を変容させようという機運にはならず，存続が至上命題となっているとも考えられる。

3. 安全弁としての知的障害教育の場――不適応者の受け止め

前節では，日本の通常教育の場が，「平等＝同じに扱う」という形式的平等主義と強い同調圧力，そして問題の個人化を特徴としていることを述べた。しかし，その特徴を抑えるだけでは十分ではない。日本の学校教育においては，その場の特徴を変容させずに従来通り存続させるための安全弁ともいえるシステムが整えられている[1]。そして，その安全弁の重要な一角を担っているのが，知的障害教育の場である。

3.1 通常教育の場からの押し出し

学校を組織という観点で捉えるならば，どんなに広壮な理想があったとしても組織の合理化は免れない。柳（2003）は，次のように述べる。

---

[1]「安全弁」という言葉は，バートン（2014）の用いる「safety value」から借用している。彼は，「特別な教育が，メインストリームの教育制度のための安全弁とされてきた」(p. 28) と述べている。

「教師の仕事は合理的仕組みの枠のなかで行われているにもかかわらず，その枠の存在が気づかれないまま今日に至っている。……どのような産業分野であれ，現場レベルでの合理化の焦点となることは，作業の単純化と無駄の排除という仕組みである。……1200万人もの児童・生徒に効率的に教育を施すべく，学校現場に合理化をめざした作業の単純化という作用が働き，またそのために各種の無駄の排除ということが行われている。この単純化の作用によって，日々の教育実践が実現可能となっているのである。……単純化は無理を伴っている。学校で起きる問題の背後には，教師の作業の単純化と無駄の排除がもたらす問題が伏在しているのである。」(pp. 94-95)

日本の通常教育の場は，確かに，形式的平等主義や強い同調圧力，問題の個人化といったことを特徴とするが，それは絶対不変のものではない。学校という場は，校舎といったインフラはともかく，教師，生徒などの内部の構成員はみな期限付きの滞在であり，「数年のちには，あたかも流れる水のようにそこを通過し，去っていく」(倉石, 2009, p. 10)。このように考えると，学校は，非常に流動性が高く，不安定さを潜在させる組織である。越智(1999, p. 208)は，「構造的に不安定な学校という組織をスムーズに運営していくという実践的関心から芽生え，維持されている教育観や子ども観」の存在を指摘するとともに，「教師が教員経験のなかで培ってきた『子どもについての理論』『生徒指導技術』『教育理論』そのものが，合理化をめざす組織的要求の浸透によって作られたものではないかと疑ってみる価値は十分にある」と主張する。

近年，学校組織の合理化と問題の個人化が強力に結びつき，通常教育の場の排他性が一層強まっているという指摘がある(鈴木, 2015)。そして，特に合理化を助長しているものとして，新自由主義に基づいた教育政策が考えられる。それは，市場原理のもと，学校長に自由度を与えて権限を持たせ，学校同士を競争させることで，教育成果の向上をはかろうとする。全国学力・学習状況調査(学力テスト)の影響もあり，最近の通常教育の場においては学力に対する関心が高く，かつナイーブな問題として扱われている。

学力不振は，本来，家庭環境や学校過程，社会構造といったものに規定されるものであるが，「学力の低さを本人の能力の低さとして捉える見方は，日本社会において非常に強固なものとして浸透」しており，学力不振の子どもは，

個人的な能力や発達の問題として見なされやすい（西田，2012, p. 209）。文部科学省の発表している実施要項のとおり，知的障害教育のカリキュラムで指導を受けている子どもは，全国学力・学習状況調査の対象外とされていることもあって，外在する特別な教育の場への押し出しが促進される一因になっているとも考えられる。実際，序章で指摘したとおり，知的障害教育の場の在籍者の数は増加している。

3.2 特別な教育の場による受け止め

前述したように，個々の子どもを特別な教育の場の対象として押し出すかどうかは第一に通常教育の場の問題であり，通常教育の場のあり様は特別な教育の場の存立と密接に関係している。例えば，知的障害教育の場の場合，多くのケースで「通常学級はこの子にとって適切な教育の場ではないのではないか，通常学級以外の場の方が適切なのではないか」という通常教育の場の教師や保護者の事実判断から，特別支援学級や特別支援学校への転入話は開始される（窪島，1991, p. 25）。

こうした中で，通級指導教室，日本語教室，適応指導教室，特別支援学級，特別支援学校などの外在する教育の場は，特別な教育を提供する場でありながら，通常教育の場から押し出される子どもたちを受け止める避難の場（アジール）の機能をも果たしてきた[2]。具体的には，通常教育の場からの押し出しを経験した子どもたちに，安心して自己を表現し，かつ自然体で居られる居場所を提供してきた。

「社会的マイノリティとしての立場からくる『辺境的』ないし『周辺的』自由度，発達の遅れと障害という独自的課題性あるいは有用性原理における低い位置づけからくる相対的放任性，アナーキズム性という『自由度』」という教育環境を活かして，特別な教育の場では創造的な実践が数多く生み出されもしてきた（窪島，1991, p. 28）。そして，そこでは，通常教育の場では差別としてタブー視される能力差や発達の度合いに応じた特別扱いが，むしろ積極的に推

---

2) 窪島（1991, p. 23）は，「原因がなんであれ，現にそこにいる子どもが通常の学級においてはすでに回復・修復できないような困難を抱えているとき，一時的であれあえてその課題を障害児学級が引き受ける」と述べている。

奨されてきた（澤田，2002）。

　もちろん，各種の特別な教育の場の目的は相互に異なる。知的障害教育の場である特別支援学級と特別支援学校の目的が，知的障害者としての社会的自立の促進と発達保障にあることはすでに第1，2章で述べたとおりである。しかし，そうした個々の場の目的の違いを超えて，通常教育の場から押し出された子どもの受け止めというシステム上の役割が，総体としての特別な教育の場には与えられているのである。そして，こうした場がセーフティネットとなることによって，通常教育の場に適応できない子どもが，日本の学校教育システムの外に完全に放り出される（誰からもケア的関わりを受けることのない状況に陥る）ことを防ぐことができているともいえる[3]。

3.3　周縁としての特別な教育の場

　見方を変えれば，外在する特別な教育の場が十全に機能することによって，通常教育の場は従来と変わらない教育活動を営むことができているといえる。すなわち，特別な教育の場が，形式的平等主義や強い同調圧力，問題の個人化といった通常教育の場の文化の不変性を維持する役割や通常教育の場の教師の指導上の負担や心理的負担を軽減する役割を果たしているのである（太田，2000）。児島（2006）は，日本語教室という特別な教育の場について次のように述べる。

> 「日常的に目に触れにくい位置にあるために，ニューカマーの子どもたちが日本語教室にやってきて現学級ではなかなか思うように出せない自己を自らの言語で思う存分表現したとしても，日本人の教師や生徒はそうした現実を気にかけないままで学校生活を送ることができる。」（p. 181）
>
> 「ニューカマーの子どもたちがかかえる諸問題は，しばしば日本語教師ないし日本語教室に全面的に委ねられ，そのレベルで解消することが暗黙のうちに期待されている。結果として，そうした諸問題は日本人の教師や生徒には見えないままになっ

---

[3] メインストリームから排除しつつシステム内に包摂することを，倉石（2012, p. 129）は「包摂と排除の入れ子構造」という言葉で説明する。「包摂と排除を対立的にとらえるのではなく，互いに他の萌芽をやどし，それが成長することで自らも完成に近づくという逆説的構造」である。

てしまう。」(p. 191)

　日本においては，通常教育は通常学級で，特別な教育は特別な教育の場で専門性を高めるという「棲み分け主義」を取り，システム上では相対的な関係性にありつつも，それぞれで試行錯誤を重ねてきた[4]。前章で見たように，知的障害教育の場である特別支援学級や特別支援学校では，生活主義教育論と発達保障論を原理的基盤としつつ，社会的自立と発達保障を目標とした教育が模索されてきた。「棲み分け主義」のもとで通常教育の場と特別な教育の場の間に目に見えない高い壁ができがちであったことは指摘するまでもない。

　しかしながら，両者の力関係は対等ではない。あくまでも通常教育の場が中心であり，特別な教育の場は周縁である。特別支援学級を例に出していえば，広瀬（1997, p. 149）は，「行事や式のときに名前を落とされるというような担任の苦しみ」を挙げつつ，その教育の場が，「通常学級の補助的・補完的意味で，『学級』としての認識が弱く，通常学校の中の一構成部分として忘れさられやすい」立場に置かれていることを指摘している。つまり，特別支援学級の教師も子どもも，通常の小・中学校においてはマイノリティであり，よく言えば，相対的に自律が認められる立場で，悪く言えば，孤立状態に追い込まれやすい立場に置かれている。繰り返すが，こうした周縁の場が学校教育システムの中に程よく配置されてきたことによって，身体の均質性を前提とする集団主義的な通常教育の場の文化が防衛されてきたのである。

3.4　周縁に向けられる中心からのまなざし

　特別な教育の場に通う子どもたちや場そのものに向けられる中心からのまなざしの問題もある。恒吉（1997）は，一定時間，通常教育の場を離れ日本語教室に通級する子どもについて次のように述べる。

---

[4] 学問領域についても「それぞれ主義」が貫かれ，一般の教育学（主な学会は日本教育学会）と障害児教育学（主な学会は日本特殊教育学会）は，対象の違いを理由に棲み分けしながらそれぞれの場で専門性を高めてきた。

「一般の子どもから特定の時間『分離』するという形が，普通学級に比べ，こうした特別な学級のマージナル化，第二次的な地位へとつながり，学級のマージナリティが，そもそもマージナルなこうした学級の児童生徒の自己認識，他の子どもたちの認識に影響する。」(p. 206)

　こうした異質性と二次的地位の顕在化は，他の特別な教育の場に通う子どもたちに関しても同様のことがいえる。「外部からのまなざしは，差別的な意図の有無にかかわらず，人びとに自己がなにものであるかを確認させる日常的な経験となる」(桜井，1996, p. 42) のであり，特に，知的障教育の場へと転入する子どもたちは，通常教育の場の子どもや教師から，障害者としてまなざされたり，扱われたりすることによって，障害者アイデンティティの形成を強制される側面がある。ハウ (2004, p. 141) の「補償教育がアイデンティティについての代償を求める」という表現は，こうした現実の一面を的確に言い当てている。

3.5　知的障害教育の場の特質

　通常教育の場との相対的関係性という観点から知的障害教育の場を見るとき，ある大きな特質が見えてくる。それは，特別支援学級と特別支援学校の間での，通常教育の場からの距離の違いであり，その遠近によって，規定される度合いが異なるということである。すなわち，独立した学校である特別支援学校よりも，通常学校の学級編成上の一形態として属する特別支援学級の方が，規定される度合いが高い。

　実際，先にも述べたような周縁としての苦しみを受けやすいのは特別支援学校というよりも特別支援学級の方である。また，多くの場合，通常教育の場から押し出された知的障害の子どもをはじめに受け入れるのは，特別支援学級の方である。その意味で，通常教育の場の文化の存続に対する特別支援学級の直接的貢献度は高い。

　図3-1に示すのは，通常教育の場と特別支援学級と特別支援学校の関係性を図式化したものである。地域の中で，特別支援学級は，通常学級と特別支援学校との中間的な位置に置かれている。つまり，地域の中での通常学級と特別支援学校それぞれの排除力と包摂力次第によって，特別支援学級の規模や役割は

第3章　通常教育の場と知的障害教育の場の関係性

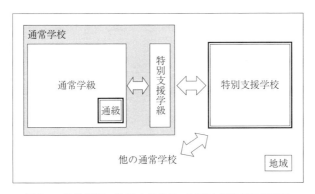

図 3-1　通常学級・特別支援学級・特別支援学校の関係性
〔出典〕筆者作成

大きく変動する。本来は特別支援学校対象の子どもだと思われるが特別支援学校が自宅から遠すぎて通うことができない，特別支援学校に在籍する子どもが障害程度の重度の子どもばかりで自分の子どもにあった集団を保障することができない，などの理由から，特別支援学級に在籍することもめずらしくない。特別支援学級は，通常学級だけでなく特別支援学校とも相対的関係にある。

　また，特別支援学級には，拠点校方式と各校方式があり，市区町村の教育委員会がいずれの方式を取っているかによっても，通常学級からの規定の度合いが変わる。

　拠点校方式では，複数の通常学校からなる学区に1つの特別支援学級を設置するため，特別支援学級に入級するためには，居住の通常学校区にかかわらず，学区内の決まった学校に進学しなければならない。通常学級から特別支援学級に転学する場合には，転校を余儀なくされるケースもある。

　その代わり，拠点校方式の場合には，特別支援学級には一定数（おおむね10人以上）の子どもの在籍が見込め，前章で扱ったような集団社会的な知的障害教育を展開することができる。また，障害児教育の知識や経験の豊富な教師が複数配置される場合が多い。行事などをのぞきほとんど通常学級とは交流しない固定制と呼ばれる特別支援学級も存在する。固定制では，通常学級と特別支援学級の間で，同じ敷地内にあっても校舎が違ったり，同じ校舎内にあっても階が違ったり，職員室が別々に用意されていたりして，「場の分離」が徹

底されている場合が多い。

　一方，各校方式では，在籍者に応じて各校に柔軟に特別支援学級を設置できることもあってか，実態としては学級の在籍者が少数（3名以下）になる場合が多い。そうした場合には，特別支援学級において基礎集団が作れず，通常学級との授業交流を積極的に行いながら通常学級の集団社会にゲストとして参加していくことになる。当然，特別支援学級の中で集団社会的な知的障害教育を十分に展開することはできない。こうした場合，特別支援学級ではマンツーマンでの個別指導が中心となる。鈴木（2015）は次のように述べる。

　　「残念なことに，通常の学級を担任することができる教員が，特殊学級を担任することはあまりない。体育科教員が年配になって生徒たちと一緒に動けなくなったり，病気がちになったり，生徒たちに対して毅然と対応する気力に欠けてきたりした場合に，特殊学級担任になるというケースが少なくない。新採用の教員や臨時教員，非常勤講師が担当する場合もある。指導力のある教員が特殊学級担任になれば，『もったいない』といわれる世界である。」（p. 43）

　全国の特別支援学級が総じて消極的な人員配置であるとは言い切れないが，各校方式の場合，確かに，特別支援教育の知識・技量や経験の浅い教師が担当することもめずらしくない。そして，その特別支援学級の担任になった教師には，集団社会の調整力よりも，個別指導の力が求められる[5]。場合によっては，個別指導の専門性として発達検査の操作スキルや療育スキル（障害の個人モデルの知見とスキル）が要求され，多くの特別支援教育関係の研修会への出席が課せられるかもしれない。そして，こうした専門性を保有することが，通常学校という組織の中で周縁の教育の場を担当する教師の存在証明にもなる。

　このように，特別支援学級は，通常学級と特別支援学校の状況によって左右される不安定な教育の場であり，在籍する人数によって，そこで展開できる知的障害教育の中身も変わってくる。前章で見たとおり，知的障害者にとっての最適な教育を保障するために「場の分離」を正当化してきた知的障害教育であるが，少人数の特別支援学級においては，発達保障の面はともかく，知的障害

---

[5] 拠点校方式の特別支援学級の担任には，集団社会の調整力が求められる。

者としての社会的自立のための最適な教育を提供するための基盤が弱いといわざるをえない。

　この点からすると，特別支援学校の方は，通常学級から規定される度合いが低く，「場の分離」を前提とした知的障害教育をある程度自由に展開できる。また，通常学級からの避難の場（アジール）として庇護性の高い空間を作ることも可能なので，外部からのまなざしをシャットアウトすることができる。

　その一方で，これは固定制の特別支援学級においてもいえることだが，通常学級との棲み分けを担保できる分，閉鎖性が高まりやすい。再度の引用になるが，鈴木（2015）は，元養護学校長（特別支援学校長）の立場から，次のように述べている。

> 　「『養護学校が障害者をつくる』という警告がある。『施設が障害者をつくる』という言葉も。地域に出さず，地域の人々とも交流をしない養護学校が社会から隔離されて，『知られない存在』としての障害者をつくっていく。囲い込んだ場所での手厚い指導は，人に依存する心を育て，自立心を奪っていく。私は養護学校の元校長の立場から，このように言うことにためらいがないわけではない。養護学校が理想の学校であると信じたい面があり，実際に理想の学校を築こうとしてきた。だが，インクルーシブ社会の実現という大きな理想の前では，養護学校の理想は色褪せてくる。それは障害者施設も同様である。囲い込んだ環境では，見えない障害者に対して，地域住民はあれこれの不安や恐れをもつのが自然のことだろう。」（p. 178）

　健常者（通常教育の場に通う子どもを含む）において「私たち非障害者の世界」と「彼ら障害者の世界」という明確な線が引かれ，障害者は，自分とは異なるものとして差異化される（土屋，2009）。そして，上で述べられているように，閉鎖性の高まりに比例して外部のまなざしにおける偏見や先入観が高まる。それにより，特別支援学校（や固定制の特別支援学級）の内部にいるときには手厚く保護されているので特に問題は起こらなくても，登下校や校外学習，週末・長期休暇や卒業後の地域生活などの健常者と交わる外部の世界において，様々な障壁が生まれてくる[6]（山下，2000）。

4. おわりに

　本章では，学校教育システムにおける通常教育の場（＝通常学級）と知的障害教育の場の関係性について解きほぐしてきた。それにより，大まかに次の2点が明らかとなった。

　第1に，身体の均質性を前提とし，「平等＝同じに扱う」という形式的平等主義と強い同調圧力，そして問題の個人化を特徴とするような通常教育の場の文化の存続を下支えするという重要な役割を知的障害教育の場が担っていることである（＝知的障害教育の場の二面性）。つまり，知的障害教育の場を含む総体としての特別な教育の場が，通常教育の場から押し出される不適応の子どもたちを受け止める機能を果たすことによって，それぞれ表向きは特別な教育を提供することを掲げつつも，通常教育の場の文化の不変性を維持する役割や通常教育の場の教師の指導上の負担や心理的負担を軽減する役割をも果たしている。いわば，学校教育システム上の安全弁の役割である。

　第2に，知的障害教育の場の中でも，特別支援学級と特別支援学校の間では通常教育の場からの距離に違いがあり，通常教育の場によって規定される度合いが異なるということである。特別支援学級は，通常教育の場にも特別支援学校にも規定される不安定な教育の場であり，在籍する人数によって，そこで展開できる知的障害教育の中身も変わってくる。少人数の特別支援学級においては，発達保障の面はともかく，知的障害者としての社会的自立のための最適な教育を提供するための基盤が弱い。

　一方で，特別支援学校の方は，通常教育の場から規定される度合いが低く，「場の分離」を前提とした知的障害教育をある程度自由に展開でき，通常教育の場からの避難の場（アジール）として庇護性の高い空間を作ることが可能である。ただし，通常教育の場との「棲み分け」を担保できる分，閉鎖性が高まりやすいともいえる。

6）こうした点については，生活主義教育論や発達保障論と対立関係にある共生共育論によって指摘されてきたことである。

以上から，前章で示したような，純粋に知的障害者にとっての最適な教育を提供する場というイメージのみでは知的障害教育の場の日常世界を捉えきれないことが明らかになった。学校教育システムにおいて安全弁の役割を担っている以上，知的障害教育の場のあり方は，通常教育の場のあり方抜きには議論できない。第1章でインクルーシブ教育のあり方をめぐる対立について触れたが，メインストリームである通常教育の場が変わることなしに，フル・インクルーシブ教育を目指して知的障害教育の場などの特別な教育の場を廃止・解体しようとすることは，よほどのトップダウンの改革が断行されない限り，現実的に難しいといえる。

　通常教育の場から押し出され，知的障害教育の場で受け止められる子どもは，本人の意思にかかわらず，知的障害者であることを前提とした「障害者扱い」の教育を提供されることになる。序章で述べたように，近年，知的障害教育の場に，健常（非知的障害）と知的障害の境界に生きるグレーゾーンの子どもたちが大量に流れ込んできている実態があるが，彼（女）らも例外なくそうした教育を受けている。続く第Ⅱ部では，通常教育の場から知的障害教育の場へと流れ込むグレーゾーンの子どもたちに焦点化し，転入先の知的障害教育の場との関わりの中での彼（女）らの学校経験を描き出すことにしたい。

第Ⅱ部　通常教育の場から知的障害教育
　　　　の場へと流れ込む子どもたち

第4章　知的障害教育の場への流れ込みという社会的現象

1. はじめに

　近年，少子化により多くの地域で学校統廃合や学級減が進んでいるにもかかわらず，知的障害教育の場に通う子どもの数が軒並み増加している。2017年6月に発表された文部科学省の『特別支援教育資料（平成28年度）』によれば，2015（平成27）年度から2016（平成28）年度にかけて，小学校の特別支援学級の在籍者数で1万3054名増の15万2580名（うち知的障害児は7万1831名），中学校の特別支援学級の在籍者数では3292名増の6万5259名（うち知的障害児は3万4534名）となっている。10年前の2006（平成18）年から比べると，小・中学校合わせて実に2倍以上に膨れ上がっている。また，特別支援学校に通う知的障害児の数は12万6541名で，前年度より2377名増加している。こちらも10年前から比べてみると，約1.8倍の増加である。こうした知的障害教育の場の在籍者数の急増は，発達障害の子どもたちの中途での大量の流れ込みに起因していると指摘されている[1]（遠藤，2011；鈴木，2010）。

　第Ⅰ部で見てきたように，知的障害教育の場は，「場の分離」を前提とし，知的障害者としての社会的自立と発達保障を目標に据えた教育を提供する場として存在している。端的にいえば，知的障害者として扱われることが基本であり，知的能力に過度に依存しない手仕事や体仕事を生業とする職業的自立が目指される。つまり，知的障害教育の場へと転入するということは，健常者として生きる走路（キャリア・トラック）から，知的障害者として生きる走路（キャリア・トラック）に移るということを意味する。

　知的障害教育の場では，通常教育とは異なる教育カリキュラムを用いている

---

[1]「中途での流れ込み」とは，小学校入学から高校卒業までのいわゆる学齢期に，通常教育の場を転出し知的障害教育の場へと転入してくること（小学校から中学校，中学校から高校の移行期での移動を含む）を意味している。

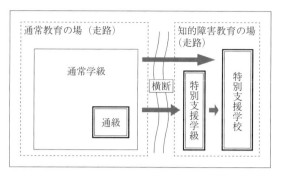

図 4-1　通常教育の場から知的障害教育の場への横断のイメージ
〔出典〕筆者作成

ため，一旦，転入してしまうと，通常教育の場に戻ることは容易ではない。したがって，多くの場合，通常教育の場（走路）から知的障害教育の場（走路）への転入は一方通行であり，Uターンを想定しない横断である[2]。

　鈴木（2010）は，知的障害教育の場（走路）への横断増加の要因として，①医療技術の進歩，②障害児医療の充実，③専門教育への期待（保護者の意識変化），④環境ホルモン誘因，⑤教育界における構造的な問題を挙げ，特に⑤の構造的な問題の切実性を指摘している。異質な知的障害教育の場に通常教育の場から大量に流れ込んできているというのはいったいどのような現象なのであろうか。

　本章では，流れ込みの主たる当事者として指摘される「発達障害の子ども」に着目しながら，近年の通常教育の場（走路）から知的障害教育の場（走路）への横断増加の社会的文脈について明らかにすることにしたい。まずは，発達障害概念の歴史から見ていくことにする。

---

[2] 本章では，子どものキャリアと関わって転入という社会的現象を捉えるために，「走路」「横断」という言葉を使用する。

2. 発達障害概念の歴史

2.1 発達障害概念の誕生

　発達障害の概念はアメリカで誕生したとされる。正確には，1961年に，第35代大統領ジョン・F・ケネディが知的障害の予防や治療・対策を国家レベルで検討するための専門委員会をつくったことが出発点であるといわれている（佐藤，2005，原，2008）。アメリカ精神薄弱協会などの民間運動団体の影響もあり，1963年には，アメリカ公法の正式な用語として「発達障害（Developmental Disabilities）」というワードが用いられた。"Developmental Disabilities"は，「社会的な要請に突き動かされるようにして，サービスを受ける適性を明確にするために成立した，行政的な意味合いの強いことば」であり，社会福祉の概念として生まれたものである（佐藤，2005, p. 34）。

　その後，発達障害を医療的な疾患の一つと見なす医学・心理学的研究が世界的に活発化し，"Developmental Disorders"という表記が使われることが多くなった[3]。そして，1987年のアメリカ精神医学会の診断基準であるDSM-III-R（『精神障害の診断と統計のためのマニュアル・第3版・改訂版』）において，精神遅滞（知的障害）・特異的発達障害（学習障害・コミュニケーション障害・運動能力障害）・広汎性発達障害などを包含するものとして"Developmental Disorders"が定義された。

　しかし，1994年のDSM-IV以降は，"Developmental Disorders"という表記が消え，広汎性発達障害（PDD）や精神遅滞（知的障害），注意欠如・多動症（ADHD）などと個別の疾患名で記載されるようになっている。したがって，"Developmental Disorders"という医療的概念は，医学における診断名としては消滅しつつある（佐藤，2005）。

　2013年に出された最新のDSM-5では，「神経発達障害 Neurodevelopmental

3）知的発達の遅れを伴う自閉症は，1943年にアメリカの児童精神科医であるレオ・カナー（Leo Kanner）によって発見された。1944年には，オーストリアの小児科医であるハンス・アスペルガー（Hans Asperger）が，知的発達の遅れや言語発達の遅れのない自閉症の子どもを発見した。これらの医学・心理学的研究を出発点とし，障害特性の解明に向けた発達障害研究が蓄積されてきた。

Disorders」という新しい用語で，知的障害，コミュニケーション障害，自閉スペクトラム症，注意欠如・多動症，特殊的学習障害，運動障害を包含するものとして示されている。このように，概念の誕生国であるアメリカにおいては，歴史的に，社会福祉の概念としての"Developmental Disabilities"と，医療の概念としての"Developmental Disorders"が，相互に重なりつつも別々の文脈で成立し，変遷してきた。

2.2 日本における発達障害という用語の浸透

日本では，アメリカからの影響を受けて，1970年代以降から発達障害ということばが使用されるようになり，1979年には，日本精神薄弱研究協会（当時）は機関誌『発達障害研究』の発刊を開始した（原，2008）。しかし，"Developmental Disabilities"と"Developmental Disorders"の訳し分けがなされず，「発達障害」という一語に集約されたため，それぞれの意味や文脈の違いが明確に理解されてこなかった（佐藤，2005）。

そして，2004年には，発達障害者支援法が成立し，その中で，「『発達障害』とは，自閉症，アスペルガー症候群その他の広汎性発達障害，学習障害，注意欠陥多動性障害その他これに類する脳機能の障害であってその症状が通常低年齢において発現するもの（第2条1項）」という定義が示された。これにより，世間のイメージにおいては，発達障害の医療的概念としての印象が強まっていった[4]。

日本において，発達障害の中でも注目を浴びたのは，知的発達の遅れを伴わない発達障害である。1997年の神戸連続児童殺傷事件や2004年の佐世保市同級生殺害事件でアスペルガー症候群やADHDが取り沙汰され，次第に，「発達障害＝知的発達の遅れを伴わない障害」という認識が普及していった。知的発達の遅れのある発達障害者が，福祉制度上は知的障害扱いとなることもその用語法の流通と深く関わっている。こうして，日本では，健常（非知的障害）

---

[4] 日本の精神医学の診断基準もまたDSMをベースにしており，日本においても医療における診断名としての発達障害はほとんど消滅しつつある。現在はDSM-5に従って，自閉スペクトラム症や学習障害，注意欠如・多動症と個別の疾患名で診断されるようになってきている。

と知的障害の間にあるものが「発達障害」という言葉で語られるようになったのである。

2.3 発達障害とは何か

かなり簡略化して示したが，上のように見てくると，発達障害概念が極めて短い歴史しか持っていないことが分かる。また，その概念はかなりの程度の曖昧さを持ち，現在進行形で意味が変化していっている。

発達障害者支援法（2004年）に定義されていたとおり，医学的には，発達障害は，主に乳幼児期あるいは小児期にかけてその特性が顕在化する発達の遅れまたは偏りであり，先天性の中枢神経系の脳機能のインペアメント（欠損）であるとされる。文部科学省では，「学術的な発達障害と行政政策上の発達障害とは一致しない」としつつ，用語の使用について，発達障害の示す範囲は「発達障害者支援法の定義による」という見解を示している。個々の主な障害特性については，表4-1のように説明される。

文部科学省の諸施策においてこのように使用される発達障害であるが，現時点では，脳機能のインペアメントとして科学的根拠や原因が特定されておらず，医師などの専門家の間でも意見の相違がある。そして，発達障害の診断は脳の欠損状態を確認した上で行われるわけではなく，基本的には，発達検査の結果（発達のアンバランスさ）と観察される行動特性の共通性を根拠に同一カテゴリーで括られることによって，障害として成立している。

また，近年，自閉症・高機能自閉症・アスペルガー症候群・広汎性発達障害は，「自閉スペクトラム症（Autism Spectrum Disorder）」と呼び名を変え総称されてきているが，スペクトラム（連続体）という言葉に象徴されるように，医学的に正常と異常の境界線をどこで引いたらよいかというのは極めて曖昧で，判断する専門家の恣意性からは免れられない[5]。木村（2006）は次のように述べる。

---

5) スペクトラム（連続体）という発想は，疫学調査によって「アスペルガー症候群」を提唱したウイング（Wing, 1981；1996）によるものである。

表4-1 文部科学省の示す主な発達障害の定義

☑自閉症の定義〈Autistic Disorder〉
　自閉症とは、3歳位までに現れ、①他人との社会的関係の形成の困難さ、②言葉の発達の遅れ、③興味や関心が狭く特定のものにこだわることを特徴とする行動の障害であり、中枢神経系に何らかの要因による機能不全があると推定される。
(平成15年3月の「今後の特別支援教育の在り方について（最終報告）」参考資料より作成)

☑高機能自閉症の定義〈High-Functioning Autism〉
　高機能自閉症とは、3歳位までに現れ、1他人との社会的関係の形成の困難さ、2言葉の発達の遅れ、3興味や関心が狭く特定のものにこだわることを特徴とする行動の障害である自閉症のうち、知的発達の遅れを伴わないものをいう。また、中枢神経系に何らかの要因による機能不全があると推定される。
(平成15年3月の「今後の特別支援教育の在り方について（最終報告）」参考資料より抜粋)

☑学習障害（LD）の定義〈Learning Disabilities〉
　学習障害とは、基本的には全般的な知的発達に遅れはないが、聞く、話す、読む、書く、計算する又は推論する能力のうち特定のものの習得と使用に著しい困難を示す様々な状態を指すものである。学習障害は、その原因として、中枢神経系に何らかの機能障害があると推定されるが、視覚障害、聴覚障害、知的障害、情緒障害などの障害や、環境的な要因が直接の原因となるものではない。
(平成11年7月の「学習障害児に対する指導について（報告）」より抜粋)

☑注意欠陥／多動性障害（ADHD）の定義〈Attention-Deficit/Hyperactivity Disorder〉
　ADHDとは、年齢あるいは発達に不釣り合いな注意力、及び／又は衝動性、多動性を特徴とする行動の障害で、社会的な活動や学業の機能に支障をきたすものである。また、7歳以前に現れ、その状態が継続し、中枢神経系に何らかの要因による機能不全があると推定される。
(平成15年3月の「今後の特別支援教育の在り方について（最終報告）」参考資料より抜粋)

※アスペルガー症候群とは、知的発達の遅れを伴わず、かつ、自閉症の特徴のうち言葉の発達の遅れを伴わないものである。なお、高機能自閉症やアスペルガー症候群は、広汎性発達障害に分類されるものである。

〔出典〕文部科学省HPをもとに筆者作成（最終アクセス2018年5月12日）〈http://www.mext.go.jp/a_menu/shotou/tokubetu/004/008/001.htm〉

「医療的概念や根拠の曖昧さは，病院や医師によって診断のしかたに差異をもたらし，診断名付与の難しさをうきぼりにしていた。そして親は，自分の納得できる診断を付与してくれる病院をひたすら探す。」(p. 16)

　原因の不確実性を前提にした診断は，本人や保護者などの診断を受ける側に戸惑いを生じさせると同時に，診断する専門家の側には，発達障害の診断付与の難しさを実感させる。また，発達障害については，セカンドオピニオンを求めて，口コミをもとに複数の医師にあたっていけば，本人や保護者の求める診断／非診断を獲得できる場合があるという現実もある。
　一方で，常同行動や他者感情の想像のできなさなどの経験的に感じられる発達・行動の共通性は，専門家に，間違いなく脳機能のインペアメントが存在するだろうと確信させるような実感を伴ってもいる。現時点で原因が不確実性を持つからといって，「脳機能のインペアメントは存在しない」と言い切れるほどの迷いのある診断ではない。
　他方で，星加（2008）は，次のような別の視点を提起する。

「『発達障害』の社会問題化が，コミュニケーション・スキルや社会関係の構築の能力を労働者に要求する，産業構造や労働市場の変化と深く結びついている……そうした能力を求めるようになった社会そのものが，『発達障害』という新たな逸脱カテゴリーを生み出した。」(p. 23)

　発達障害の概念そのものを捉えなおす社会構築主義的視点である（例えば，Conrad, 1976; Conrad and Potter, 2000）。星加は，障害の社会モデルに立脚した上で，発達障害のみならず，「『働けない』身体への名づけとして『障害』というカテゴリーが生み出され」，かつ「こうしたカテゴリー化は，医学的な知の体系と医療専門職の診断を通じて促進された」と主張する[6]（星加，2008, pp. 22-

---

6）序章でも述べたが，「障害の社会モデル」は，障害とは，社会によってつくられた障壁（disability）であり，それをとりのぞくのは社会の責務だという障害学（Disability Studies）を基盤にした考え方である。障害を身体機能の欠損（impairment）とし，害の責任を，個人の身体に帰す「障害の個人モデル（医療モデル）」に対抗する考え方として発展してきた。

23)。

　先にも述べたとおり，医療的概念としての発達障害の原因の不確実性や診断の恣意性は否定できない。また，高度資本主義社会の到来や労働の流動化によって，近年，社会において，器用でコミュニケーション能力に長け，再帰的な労働者が強く求められていることも事実である。発達障害は，確かに，ある面では，変容する社会の要請のもとで障害として概念化されてきたものとして考えられる。

　このようにして，発達障害は，日本社会において，不確実性や曖昧さを潜在させた医療的概念として浸透し，存在しているのである。

3. 発達障害と通常教育の場

　発達障害概念は，1990年代に入ってから日本の学校現場に入ってくる。具体的には，まず1992年に，当時の文部省による「通級による指導に関する充実方策について（審議のまとめ）」において，学習障害が特別な支援の必要な障害の1つとして取り上げられた。1994年には，「学習障害及びこれに類似する学習上の困難を有する児童生徒の指導方法に関する調査協力者会議」が発足し，7年間にわたって設置された。

　2001年には，「21世紀の特殊教育の在り方に関する調査研究協力者会議」が発足し，学習障害，注意欠如・多動症，高機能自閉症（アスペルガー症候群）など，通常教育の場に在籍する特別な教育的支援を必要とする発達障害の子どもに対する指導の充実を図ることが述べられた。そして，2007年に，発達障害を対象に追加した障害児教育（＝特別支援教育）が本格的に実施されるに至るのである。

　前述したとおり，発達障害は，不確実性や曖昧さを抱く概念である。しかし，いざ，それが学校現場に入ってくると，「科学的中立性・客観性を前提に成立していると信じられ」，往々にして「『正統な知』として理解され，その不確実性に関しては無自覚」になってしまう（鶴田，2014, p. 45）。「発達障害は脳機能のインペアメントだ」という言説が一人歩きし，権力性を帯びてくるのである。

　実際，2000年代以降，通常教育の場では，医学・心理学の専門家による巡

回相談が積極的に行われ，教師たちもまた，そうした専門家らの著述を参考にしたり，研修会を受講したり，はたまた義務的に受講させられたりする中で，医療的知識や支援の方法を習得しようと試みるようになった[7]（木村，2006）。例えば，関西圏の中学校教師である原田（2011）は，次のように述べている。

> 「『専門家』と呼ばれる人々は，特別支援教育の専門家であり，人間に起こる様々な現象を医学的・生物学的観点から解釈することを生業にしている専門家である場合が多い。そこには現象を社会的視座から読み解こうとする視点が入る余地はほとんどなく，現象は最初から医学的・生物学的に読み解かれるように方向づけられている。」(p. 93)

ただし，いくら医学・心理学的な専門性を身に着けたとしても，発達障害の原因の不確実性や曖昧さまでも払拭することはできない。鶴田（2014, p. 47）は，「あいまいであるからこそ，その場の状況と文脈に応じてさまざまな不可解な行為」を「発達障害に帰属させ，つながりを作り出すことを容易に可能とする」と述べる。つまり，それまでは逸脱行為やノーマルとみなされていた行為や事象まで，発達障害との関連で解釈されるようになってくるのである（木村，2006）。これによって，通常教育の場における問題行動・不適応行動を示す子どもの扱われ方も変わってくる。鶴田（2014）は，次のように述べる。

> 「『発達障害』というラベルが付与されることによって，それらの子どもが抱える『困難』や『できないこと』に関して，彼ら自身の『悪意』や『故意』を否定されることはもとより『責任』を担うことを免除された。また，それは同時に，発達障害のある児童生徒と関わりをもつことになる人びと（たとえば，保護者，そして教師）間の『しつけ』や『指導』における責任転嫁を停止させ，一定の範囲ではあるけれども彼らがそれまで負っていた『責任』を免除することとなった。しかしながら，それとひきかえに，発達障害のある児童生徒当人は，医療に依存することによる障害の克服義務を担うことになったのであり，保護者や教師もまた，『しつけ』

---

7) かく言う筆者も，しばしば発達障害に関する学校現場の研修会の講師を引き受けており，このような傾向に加担している1人として考えられる。

や『指導』ではなく『障害特性や個に配慮した支援』を行うという配慮義務を担うことになったのである。」(p. 45)

そもそも，発達障害概念が導入される通常教育の場は，第3章で述べたように，身体的均質性を前提とし，形式的平等主義や強い同調圧力，問題の個人化を特徴とする文化を有している。一旦，周囲の大人たちから「発達障害の子ども」としてまなざされるようになると，問題の個人化を背景にした善意から，当該の子どもに対して，個に応じた指導の必要性が強調されるようになり，場合によっては，通常教育の場での指導が困難と判断されて，外在する特別な教育の場へと押し出されていくことになる。

4. 周囲の大人たちが主導する知的障害教育の場への転入の選択

いくら通常教育の場から押し出されるといっても，今の時代，通常教育の場からの転出や特別な教育の場への転入が子どもに一方的に強制されるわけではない。学校からの提案が起点になることはあっても，結論に至るまでに，担任や校長をはじめとした教師陣と保護者，そして教育委員会との間で複数回にわたる相談の機会が持たれるのが一般的である[8]。

図4-2のとおり，実際に外在する特別な教育の場へ押し出されるのは子どもであるが，その身の振り方に強い影響力を持つのは，本人の周囲を取り巻く大人たちの判断であり，特に，保護者たる親の意思や選択である。

4.1 キーアクターとしての保護者の葛藤

すでに述べたように，発達障害は極めて曖昧な概念である。それを告知される保護者にしてみても，その曖昧さに悩まされる場合が多い。理由の一つは，堀家（2014b, p. 66）が指摘するとおり，「発達障害に関しては他の障害種別のように一見してわかるものというよりは家族という単位以外の別の集団に属した

---

8) 市区町村の教育相談センターや医療機関，児童相談所などの専門家もそのプロセスに参加する。

第4章　知的障害教育の場への流れ込みという社会的現象　　93

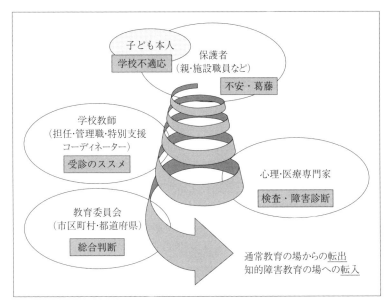

図4-2　横断にかかる諸アクターの関係

〔出典〕筆者作成

時にその"特異性"が指摘される性質を有する」ことにあるといえる。乳幼児期の子育てのプロセスにおいて他の家庭の子どもとの比較から多少の違和感があるのは事実だとしても、家庭における保護者との親密な関係の中だけで過ごす分にはあまり問題にならない場合も多い。

しかし、小学校の通常教育の場への入学後、担任教師から、対人関係をはじめとしたトラブルが絶えないことを伝えられるようになる。そして、授業参観などで子どものそうした姿を目の当たりにし保護者は愕然とする。その後も、度々トラブルの報告があり、次第に同級生の保護者との関係も悪化し、頭を抱えるようになる。山田（2008）は、保護者（親）の心理について、次のように述べる。

「親は、世間から、『あのような子どもの状態は、親のしつけができていないからだ』という視線や言葉を浴びせられる。それは、夫の父母である祖父母、子どもの

同級生の親，あるいは近所の人からなどのごく身近な人からである。こうした直接的な母親への言葉だけではなく，子どもへ投げかけられる言葉，嘲笑，苦情は，親にしてみれば自分へ向けられたものと同じであるか，またはそれ以上であろう。それは，親にとって自分への評価ともなり，自責の念にかられる。」(p. 112)

　周囲からのまなざしを受けて子どもと共に孤立し，「自分の子育ての失敗ではないか」と反省する作業は，激しい苦痛を伴う。そんなときに，「発達障害が原因ではないか」という声が学校関係者から舞い込んできたり，保護者自身が勘付いたりし，教師・保護者・専門家・教育委員会による相談が開始される。
　発達障害という言葉そのものは，随分と知られるようになってきていて，医療・心理・教育・福祉などの専門家だけが使用するものではなくなってきている。近年では，テレビや新聞などのメディアで毎日のように取り上げられているし，すでに多くの書店では発達障害関連の書籍のコーナーが常設されている。しかしながら，あくまでもネームの拡散であり，それが具体的にどういう中身の障害なのかについては，十分に理解されているとは言いがたい現状がある。そして，「障害」という名称がついているがゆえに，ネガティブな印象が付きまとう。津田 (2012, p. 109) は，次のように述べる。

　　「発達障がいが人ごとでない身近なことになれば，自分が発達障がい者ではないかということを恐れ，医者から心配しなくていいと言われれば胸をなで下ろし，逆に発達障がいのおそれがあると言われれば慌てふためいて，重たい十字架を背負う。」(p. 109)

　保護者は，学校などからの進言から，半信半疑のまま，子どもと共に児童精神科のクリニックに通院し，そこで子どもに WISC などの発達検査を受けさせることになる[9]。そして，検査結果から大小の発達の不均衡さが見出され，医師から，自閉スペクトラム症，アスペルガー症候群，LD，ADHD などの診断を受ける。専門家による見立てをきっかけに，保護者は，真剣に脳機能のイ

---

9) 近年，児童精神科のクリニックはよくも悪くもにぎわっており，なかなか予約がとれない。1, 2ヶ月，下手すれば半年先まで予約が取れない病院もめずらしくない。

ンペアメントとされる不可視の障害と向き合うことになる。

　津田（2012, p. 30）が指摘するとおり，「本人や家族にとって，障がい者と非障がい者を分かつ境界は意外と深い」。この時点での保護者（親）は，「諦めと願いの相剋」「失意と希望の相剋」「疲労と祈りの相剋」といった相矛盾する2つの感情を持つという（山田，2008）。すなわち，「わが子が引き起こす諸々の『問題』の原因が子育てにあるのではなく，病的な『障害』によるものであって欲しい，しかし，『障害』とは認めたくない」という心理的葛藤である。つまり，「障害であると認めれば，親自身は社会の圧力から解放される」が，「障害と認めることにより，将来的な不安や不利益が影のようにまとわりつく」ことになるのである（山田，2008, p. 103）。

　また，診断を受けたからといって，視覚的イメージで捉えづらい障害に対して，直ちに世間や身内の理解が得られるわけではない。ケースにもよるが，保護者（親）が発達障害という事態について，冷静に振り返って語れるようになるのは，診断を受けてからずっと先のことである（山田，2008）。

4.2　知的障害教育の場への転入増加の構造

　自閉スペクトラム症，LD，ADHDなどの発達障害と診断された子どもの親の頭を悩ませるのが進路選択の問題である。山口（2010, p. 308）は，発達障害のある子どもの保護者（親）たちがしばしば「障害に関連した福祉制度の割り振りの中に子どもが入り込めないこと，つまり，どの形態の教育機関でも子どもの特性に合っておらず，適切な指導や支援が受けられないことに対して困っていると語る」ことに注目し，「障害者にも定型発達者にも入り込めない発達障害の将来のありよう」を指摘している。

　しかしながら，現在の日本社会においては，通常教育の走路か特別な教育の走路かいずれかを走って行かなければ，将来の社会的自立・職業的自立を見通しづらい。結果的に，一部は通常教育の走路にとどまり[10]，一部は保護者と子どもの共同的企てとして，発達障害を軽度知的障害に読み替えることを試みながら，知的障害教育の場である特別支援学級や特別支援学校に横断していくこ

---

10) 好んで通常学級にとどまっているのではなく，IQ値が正常域（IQ85以上）にあるために知的障害教育の場への横断が選択肢に入ってこない子どもも少なくない。

とになる[11]。後者の走路の選択者の増加によって，知的障害教育の場の在籍者数が年々増加していることは，本章の冒頭で指摘したとおりである。

ここでいくつかの疑問が生まれてくる。

1つ目の疑問は，どうして発達障害から軽度知的障害への読み替えが可能なのかということである。これについては，双方の障害概念の曖昧さに解明のヒントがあるように考えられる。実は，発達障害が極めて曖昧な概念である一方で，軽度知的障害の方も，同程度に曖昧な概念なのである。

例えば，学校教育法施行令第22条の3に示される特別支援学校が対象とする知的障害の程度は次のようになっている。

表4-2　特別支援学校の就学基準における知的障害の程度

知的障害者	1	知的発達の遅滞があり，他人との意思疎通が困難で日常生活を営むのに頻繁に援助を必要とする程度のもの
	2	知的発達の遅滞の程度が前号に掲げる程度に達しないもののうち，社会生活への適応が著しく困難なもの

〔出典〕学校教育法施行令第22条の3をもとに筆者作成

ここには，基準となるIQ値が明示されていない。そもそも，「IQ値は断絶もなく連続的に分布していることから，正常と知的障害を区別する境界線は所詮は恣意によらざるを得ない」といえる（清水，2004, p. 90）。また，IQ値（知的発達の遅滞の程度）に目配りしつつも，社会生活への不適応度にも判定基準を置くことが明記されている。2の条項を踏まえれば，知的障害教育の対象はとても広いものとなる。

そして，発達障害からの障害名の読み替えを試み，専門家と受け入れ校・教育委員会の判定の結果，知的障害教育の対象として認められた「発達障害の子ども」については，転入学後は，「軽度知的障害の子ども」として扱われることになる[12]。高橋（1994, p. 40）は，知的障害における軽度概念を相対的概念と

---

11) 発達障害から軽度知的障害への読み替えの具体的な様相については，第6, 7章で事例をもとに提示する。

して捉えた上で，次のように述べる。

> 「『軽度』概念は戦前末期に成立するのであるが，その具体的な展開過程ついては，1950年代以降の『学業不振』児特殊学級から『精神薄弱』児教育への移行期，また60年代の重度・重症児の発達保障と教育実践との関係で，さらに70年代以降のAAMRなどの精神遅滞概念の見直しのなかで，そのつど『軽度』概念が再検討されている。」(p. 48)

　発達障害疑念と同様に，軽度知的障害概念も，時代の移り変わりの中で変遷している。ただし，いくら条項にIQ値の記載がないからといっても，知的発達の遅れが正常域とされるおおむねIQ90以上になると，社会生活への適応度がいくら低くても，知的障害教育の対象として見なされることが難しくなってくる。結局は，発達障害から軽度知的障害への読み替えが可能になる場合があるのは，IQ70〜90といった知的発達の遅れが境界域にある発達障害の子どもたちなのである。このように，発達障害と軽度知的障害という概念間の曖昧さにおいて，読み替えの余地が生まれているのである。そして，第3章の議論を踏まえれば，この障害名の読み替えによって，知的障害教育の場での受け止めが可能になり，一定数の発達障害の子どもたちが，日本の学校教育システム自体からの放り出しから守られているともいえる。

　もう1つの疑問は，どうして発達障害から軽度知的障害の読み替えに挑戦してまで知的障害教育の走路への横断を希望するのかということである。これについては，もちろん，排他性の強まりにより通常教育の場に居場所がないからということもあるだろうが，他にも，2つの構造上の問題が関係していると考えられる。

　1つは，後期中等教育段階における特別支援教育の問題である。義務教育である小・中学校段階とは異なり，高校段階においては，ほとんどの学校において，通級指導教室と特別支援学級が設置されていない[13]。つまり，高校段階

---

12) 知的障害特別支援学校では，教師間の打ち合わせなどで，「軽度の子」「重度の子」という言葉がインフォーマルな形で使用されている。

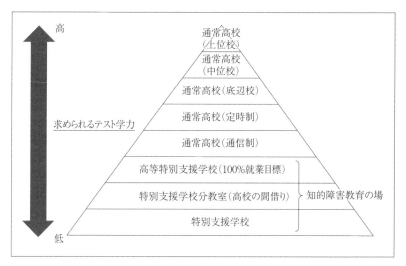

図 4-3　後期中等教育段階における障害児の就学先

〔出典〕遠藤（2011, pp. 5-6）をもとに筆者作成

の入口に近づくと，中学まで，通級指導教室を利用しながら通常教育の場に在籍したり，特別支援学級に在籍したりしていた発達障害の子どもたちが，通級指導教室を利用できないことを承知の上で通常教育の場（＝通常高校）に進学するか，知的障害特別支援学校に進学するかの選択を迫られるのである。

しかし，通常高校にも知的障害特別支援学校にも入学試験があるので，いずれか好きな方を自由意志で選択できるというものではない。ただし，高校段階では，通常高校も，知的障害特別支援学校も，各学校カテゴリーの中で多様化・階層化している状況がある。

図 4-3 に示されるとおり，上位に行くほど，相応のテスト学力が要求されることもあり，知的発達の遅れが境界域の子どもの場合，通常高校（底辺校）から特別支援学校の間のゾーンの学校種を進路先として検討する場合が多い。こ

---

13) 2015（平成 27）年 11 月以降，6 回にわたって文部科学省初等中等教育局特別支援教育課の「高等学校における特別支援教育の推進に関する調査研究協力者会議」が開催され，2016（平成 28）年 3 月 31 日に「高等学校における通級による指導の制度化及び充実方策について（報告）」が発表された。まだ提言段階であり，実体化には時間を要する。

の図の中で知的障害教育の場（知的障害特別支援学校）のカテゴリーに入るのは，高等特別支援学校と特別支援学校分教室と一般の特別支援学校である。なかでも，近年，高等特別支援学校と特別支援学校分教室の入試倍率がはね上がっており，知的障害教育の場といえども，簡単には合格できない。

　一方，一般の特別支援学校は，先に示した特別支援学校対象の知的障害程度の就学基準を満たしさえすればほとんどの学校で入学できる。自らのテスト学力のレベルを考慮しつつ，通常高校では通級指導教室も特別支援学級も利用できないということを踏まえることによって，現実的な選択肢として知的障害教育の場（知的障害特別支援学校）への流れ込みが加速しているといえる。こうした状況から，知的障害特別支援学校においては，小・中学部に比べて，高等部が肥大化し，施設の狭小化から，全国的に続々と新設されている。

　また，「いずれにしろ高校段階になれば知的障害特別支援学校に進学することになる」と考え，先回りの形で，小・中学校段階から知的障害教育の場への転入を希望する保護者もいる。早いうちに庇護性の高い教育空間に移ることができれば，第3章で述べたような，健常者集団による外部のまなざしにより子ども（や保護者）が心理的な傷を負うリスクを回避できるからである。

　さらに，前述の高校段階の特別支援教育の問題と絡まっているのが，通常高校での進路指導の問題である。

　従来の日本の通常高校（特に実業系）では，「職安の機能を取り込んだかたちで就職の斡旋をする仕組み」がとられ，「学校と企業のあいだに実績関係（毎年，学校が卒業生を提供し企業が受け入れる関係）というつながりが形成」されていた（大多和・山口，2007, p. 155）。しかし，1990年代初頭以降の経済不況を経て，市場競争を通しての効率化が目指されるようになり，「一部の地域・学校を除き，こうした実績関係がもたらす強固なパイプラインは，底辺校に限らず中位校においても維持できなくなっている」という（大多和・山口，2007, p. 155）。つまり，昨今の通常高校においては確実な就職を得ることが難しくなってきている。

　一方で，知的障害特別支援学校の高等部の方は，何とかパイプラインを維持しながら手堅い進路指導を続けている。知的障害教育の場が，戦後当初から社会的自立（職業的自立）に重きを置いた生活主義教育論を推進してきたからに

他ならない。ただし，知的障害特別支援学校が保持しているのは，あくまでも知的障害者としての社会的自立を念頭に置いたパイプラインであり，障害者手帳を用いた障害者枠での一般就労や，就労移行支援の事業所や作業所といった福祉就労である。

　本田・平井（2007, pp. 15-16）は，近年の「日本では，典型雇用と非典型雇用のあいだの賃金格差が他の先進諸国と比べても著しく，また典型雇用への参入口が新規学卒時に限定されがちであることから，いったん非典型雇用・失業・無業の状態に陥った若者は，ほぼ永続的に困窮状態に置かれる」と指摘する。こうした昨今の日本社会における雇用不安・進路不安を背景とし，「保護者の間に障害認定を受けた方が将来の安定に繋がるという観念が普及した」こともあって，知的障害特別支援学校への進学希望者が急増していると考えられる（遠藤，2011, p. 11）。

　こうした社会構造の把握や将来を見通した進路選択を行っているのは，多くの場合，子ども本人ではなく周囲の大人たちであり，特に最終判断に力を持っているのは，キーアクターとしての保護者である[14]。しかし，すでに見てきたように，構造上，進路選択と呼べるほどの選択肢がある中で自由に行われているものではないことは明らかである。発達障害の子どもの保護者たちは，置かれた制度的・構造的条件の中で，専門家などの第三者による「選抜・選別」の視点を予期的に織り込みながら，「身の程をわきまえた『選択』」を行っているのである[15]（星加，2015b, p. 15）。

---

[14] 星加（2015b, p. 15）は，子ども「本人の『選択』と保護者の『選択』が一枚岩であるとは限らない」とし，「本人が未成年である学校教育に関しては，本人の『選択』をそのまま尊重すればよいということにはならないから，多くの場合に保護者の『選択』が大きな意味を持つ」と述べる。

[15] バッグレイとウッズ（2014）が指摘するとおり，情報アクセスの面では，中産階級の保護者は労働者階級の保護者よりも公教育市場において有利な立場にあるが，どの学校が子どものニーズや保護者の思いに応えてくれるのかという面では，障害を有する子どもの保護者は，属する社会階層の違いに関係なく，等しく不利な立場に置かれている。

5. おわりに

　本章では,「発達障害の子ども」に着目しながら,通常教育の場から知的障害教育の場への流れ込みの社会的文脈について明らかにしてきた。

　具体的には,近年の通常教育の場における異質な他者への排他性の強まりで,発達障害の子どもが,通常教育の場に居場所を見出せないこと,中学卒業後,発達障害の子どもは,通級指導教室や特別支援学級などの個別抽出の形での補償教育を利用できないことを承知の上で,通常高校に進学するか,特別支援学校に進学するかの選択を迫られること,そして,昨今の通常高校においては,卒業後に,安定的な就職を得ることが難しくなってきている反面で,知的障害特別支援学校の高等部の方は,なんとか就職先とのパイプラインを維持しながら手堅い進路指導を続けていること(ただし,福祉就労を含む),といった3つの社会的文脈の絡まりが考えられた。

　実際に知的障害教育の場(走路)へと横断するのは子どもであるが,その身の振り方に強い影響力を持っているのは,本人の周囲を取り巻く大人たちの判断であり,特に保護者の意思や選択である。制度的・構造的条件と個々の家庭状況とが複雑に絡まりながら,現実的な選択として,小・中学校段階での先回りを含む知的障害教育の場(走路)への横断が加速していると考えられた。

　ただし,発達障害の子どもが,実際に知的障害教育の場(走路)に横断するためには,「知的障害の子ども」として認定される必要がある。具体的には,概念間の曖昧さを利用し,発達障害から軽度知的障害への読み替えを意図的に試みる必要があるのである。しかし,結局は,読み替えの可能性があるのは,IQ70〜90といった知的発達の遅れが境界域にある発達障害の子どもであり,IQ90以上の知的発達の遅れが正常域の発達障害の子どもについては,微妙なところである。診断を行う医師のさじかげんにもなってくる。

　とにもかくにも,誰でも彼でもが,知的障害教育の場(走路)に横断できるわけではない。つまり,知的障害教育の場へと転入するグレーゾーンの子どもとは,具体的には,通常教育の場では「発達障害の子ども」,転入先の知的障害教育の場では「軽度知的障害の子ども」にカテゴリー化されるようなIQ50〜90あたりの子どものことを指すのである。

第5章 知的障害教育の場へと転入した
グレーゾーンの子どもの学校経験を
つかむ方法

1. はじめに

　繰り返すようだが，近年，通常教育の場から知的障害教育の場へとグレーゾーンの子どもたちが流れ込んでいる[1]。その社会的文脈については，前章で考察したとおりで，通常教育の場の排他性の強まりを背景としつつ，進路選択の駆け引きと絡みながら，「流れ込み」という表現がしっくりくるほど，特定の制度的・構造的条件下での現実的な選択として，行われている。行政関係者や教師，保護者などの周囲の大人たちが，目の前のかけがえのない子どもの人生を心配して，現実の諸条件の中で奮闘している状況にある。

　しかしながら，今一つ，知的障害教育の場の外に見えてこないのが，当のグレーゾーンの子ども自身が，通常教育の場からの転出をどのように意味づけ，流れ込んだ先でどのように過ごしているのかという「生活者」としてのリアルな姿である。大人たちの奮闘の声や様子は，メディアや書籍などで一般の社会に届きやすいが，未成年である子どもたちの声や様子は届きにくい。また，当たり前の話であるが，子どものことをよく知っているからといって，保護者をはじめとする周囲の大人の経験が子どもの経験と同一だとは限らない (Garth and Aroni, 2003)。そこで，第Ⅱ部のこれからの章においては，転入先の知的障害教育の場との関わりの中での彼（女）らの学校経験に焦点化することにしたい。

　その具体的な作業としては，質的研究をベースとし，グレーゾーンの子ども

---

[1] 前章で見たように，グレーゾーンの子どもとは，法制上，通常教育の場では「発達障害者」として，知的障害教育の場では「軽度知的障害者」として扱われる子どもである。知的発達の遅れが軽度・境界域（IQ50～90程度）で，口語でのコミュニケーションに支障がなく，通常教育の場での在籍歴を有している子どもがカテゴリー化されている場合が多い。とはいえ，各校の教師の実地判断に強く依存するものなので，明確に定義分けすることはできない。つまり，カテゴリーの定義は曖昧なものにならざるをえない。

本人へのライフストーリー・インタビューを基軸にしつつ，個々の子どもが在籍する知的障害教育の場での参与観察と教師・保護者（親・施設職員など）への半構造化インタビューを併せて行い，それらから収集された諸データを突き合わせながら読み解いていく。さしあたり，本章では，このような方法論を採用する理由や分析視点について論じることにしたい。その上で，筆者が実際に行った調査の概要を提示することにする。

2. データ収集の方法

　ライフストーリー・インタビューや参与観察といった複数のデータ収集の方法を併せることによって，いったい何をつかむことができるのであろうか。

　ライフストーリー・インタビューとは，調査者が，ある特定の他者（調査協力者）に対し，彼（女）が生きてきた人生や過去の出来事の経験について「聴く」行為である。「ライフ（Life）」という言葉が表すとおり，話題にする内容は多岐にわたり，調査協力者の生活者としての生き様を包括的・多面的に把握することが目指される。したがって，ある程度，腰を据えて，じっくりと調査協力者の人生と向き合うことになる。

　その調査の基本になるのは，調査者と調査協力者の関係性であり，ライフストーリーは，調査者と調査協力者の相互行為の中で生み出される。桜井（2005b）は，「緊張のなかにも対話がはずみ，思わず聞き手自身が自らの生活史経験を振り返って語り手との二重写しの人生を経験する過程こそが，ライフストーリー・インタビュー実践の真骨頂である」（p. 18）とする一方で，その調査が，「相互の信頼関係をもとにしているだけに，逆にプライバシーを犯す危険，トラウマ経験など，さまざまな倫理的諸問題が常に伴っている」（p. 20）とも述べる。こうした「緊張」「信頼」「葛藤」といったダイナミックな関係性の中で実際の調査は進んでいく。人と人との出会いから出発するこの調査は，「実践」という言葉がしっくりくる営みである。

　この方法の強みは，何よりも，「誰にでもあてはまるような一般化や理論化からはこぼれ落ちてしまう主観的な現実やそこに含まれる豊かな意味を丹念にとらえる」ことができる点にある（西倉，2009, p. 84）。プラマー（1991）は，「殆

どの社会科学は、一般化を目指すことで、対象となる経験や社会的世界に秩序や合理性を押し付けてきた」(p. 102)が、「生活研究は、ほかでもなく主観的なものの領域を明らかにしようとする」(p. 24)と述べている。

　方法論としてのライフストーリーは、1920・1930年代のシカゴ学派を発端とし、1970年代終盤から1980年代にかけて再脚光を浴びてきたとされ、現在では、社会学や文化人類学、教育学、心理学、社会福祉学、歴史学、医学などの複数の学問の場で多様に活用されている（小林、2010）。その背景には、現象学的社会学、エスノメソドロジー、相互行為論、ナラティブ論、構築主義、自己物語論などの理論的展開があり、それらには、「人間の動向を数字で置き換えたり、大量にまとめて把握するのではなく、個別の人間を個性ある個人としてとらえようという志向」が見られる（小林、2010, p. 7）。

　こうした個人の「生」に着目する視点は、子どもを対象とする研究に対しても示唆的である。森（2014）は、大人による子どもの理解について、次のように述べる。

> 「『感情のデリカシー』と表現されるような、その子なりの感じる世界、その子なりに意味づけられた世界はある。身体性を伴う感覚的・感情的色彩の濃い内容だと思われるが、その表現を『客観的』視点のみから把握することは難しい。困難にいかに立ち向かうかという課題も含め、このような子どもの内面世界に注目し共感的な理解を深める。」(p. 42)

　このような特徴から、ライフストーリー・インタビューは、グレーゾーンの子どもの主観的な学校経験に迫ろうとする本書において、最適な方法であるといえる。

　また、この方法は、個人の生活史に注目するがゆえに、時間的推移を把握することができる。本書では、グレーゾーンの子どもの通常教育の場からの転出から知的障害教育の場への転入・適応・進路選択の過程を彼（女）ら1人ひとりの生活史の流れの中でつかみたいと考えており、その点でも適当である。

　他方で、子どもは、保護者（親・施設職員など）・教師の働きかけを含め、家庭や学校に関わる制度的・構造的条件に強く規定されながら生活している。

置かれた状況によっては，自らの処遇に抵抗の余地がほとんど与えられていない場合もある。したがって，子どもの学校経験は，制度的・構造的条件とともに把握される必要があるといえる。

　こうしたことを理由とし，本書では，グレーゾーンの子ども個々へのライフストーリー・インタビューを基軸としつつも，並行して，彼（女）らの在籍する知的障害教育の場において参与観察および教師・保護者などの関係者へのインタビューを実施する。

　参与観察は，調査者が，フィールドに何らかの形で関わりを持ちながら観察データを取るというスタイルのデータ収集法である。子どもにライフストーリー・インタビューのみを実施する場合には，家庭や塾などの学校外で調査を展開することが可能であり，場合によっては，学校関係者とまったく関わりを持たなくても展開することが可能である。先にも述べたように，インタビューの中では「学校生活の物語」も展開されるので，実際の学校に足を運ばずしても，学校生活に関するデータを収集することができる。一方で，参与観察に取り組もうとする場合には，当然のことながら，学校というフィールドに調査者としてエントリーする必要がある。また，調査協力者である子ども（あるいは保護者）だけでなく，学校の教職員や他の子ども，はたまた，その保護者たちからの許可の受託や信頼関係づくりなど，時間と手間のかかるプロセスが必要になる。しかし，そうした労力を費やしたとしても，学齢期の子どもの学校経験や学校での過程を探ろうとする場合には，インタビューの調査協力者が多くの時間を過ごす学校での参与観察から得られる発見や気づきは，想像以上に大きいものがある。

　例えば，能智（2011）は，別種のデータ収集法であるインタビューと観察を併せることの意義について，次のように述べている。

「語り手が現在の自分について語るような場合，その語りの内容を確認・チェックするための手がかりとして，語り手の日常場面での行動や語り手の作り上げている日常空間の観察情報を利用することができます。人はインタビューに答えるときに，勘違いで間違ったことを言うこともありますし，意図的に嘘をついたり，自分をよく見せようと話を誇張したりすることもあります。……ひとりの人間が単一のアイ

デンティティを持ち，自分を提示する方法も常に一貫しているといった考え方は，いささか単純にすぎます。人は状況に応じて様々な方法で自分を表現し，それは一見矛盾しているように見えることもありますが，そうした見かけ上の矛盾も含めてその人だと言ったほうがよいかもしれません。」(p. 109)

　「聴く」行為としてのインタビューに対し，参与観察は「見る」行為である。能智（2011, pp. 108-109）が指摘するとおり，「個人が自分を表現し得る多様な方法の中で，音声言語を介するものはほんの一部にすぎない」のであり，観察データは，調査協力者の「多面的な全体性を知るための資料として，インタビューデータとは異なる視点を研究者にもたらしてくれ」る。

　特に，学校というフィールドでは，定期的な参与観察によって，教師－生徒（子ども）間や生徒（子ども）－生徒（子ども）間の相互行為が見えてくる。教室は同じ目的をもつ人によって自主的につくられた集団ではなく，稲垣らが指摘するように「教師と生徒の間には，初めから役割の分化があり，パワーの違いもある」（稲垣・蓮尾，1985, p. 145）。教師は学校や教育制度の代表者であって，彼（女）らの働きかけは，生徒（子ども）を規定する制度的・構造的条件の一部にもなる。

　こうした制度的・構造的条件の現れの把握に関する認識が薄く，ライフストーリー・インタビューのみの子どもの学校経験の研究として，「個の物語」ばかりが強調されて描かれてしまう場合には，「良くても『ロマンチックな伝記』にとどまり，悪くすれば問題の所在を隠蔽することになりかねない」（堀，2014, p. 300）。他方で，知的障害教育の場の参与観察のみでは，グレーゾーンの子どもの主観的な世界や長期にわたる時間的推移に深く迫ることは難しいといえる。

　したがって，本書では，ライフストーリー・インタビューと学校での参与観察などの複数のデータ収集の方法を併せて用いることによって，グレーゾーンの子どもの置かれた制度的・構造的条件と，彼（女）個人の主観的な世界の両方をつかもうと試みるのである。また，両方をつかむことにより，制度的・構造的条件と個人の主観的な世界との絡み合いの中で生まれる意図せざる帰結をうかがい知ることもできる（恒吉，2008a）。

3. 分析視点――子どもの生活戦略と教師の職務戦略の応酬

　前述したように，本書では，グレーゾーンの子どもの通常教育の場からの転出，知的障害教育の場への転入・適応・進路選択の過程を描き出すことを通して，彼（女）らの学校経験，すなわち，知的障害教育の場での生活と関わっての彼（女）らの主観的な世界とそれを規定する制度的・構造的条件をつかむことを試みる。そして，その試みの中で筆者が分析にあたって特に着目したいと考えているのが，子どもの能動性である。

　先行研究を参照する限り，知的障害教育の場に通うグレーゾーンの子どもの能動性に関しては，2つの意味合いが想定される。1つは，教室における教師-生徒（子ども）の相互行為の中での「交渉的ストラテジー（negotiative strategies）」的な意味合いであり，もう1つは，閉鎖性や分離度の高い空間における「二次的調整（secondary adjustments）」的な意味合いである。

　前者の意味合いにおける「交渉的ストラテジー」は，ターナー（Turner, 1983, pp. 67-81）によって提起された概念で「固執（persistence）」「約束（promises）」「レトリカルな陳述（rhetorical statements）」「仲間の支持の動員（mobilising support from another party）」といった行為が例示される。教育の場を「せめぎ合いの場」として捉え，教師と生徒（子ども）の戦略の応酬という観点から分析しようとするものである。顕在的・潜在的にコントロールし，秩序を維持しようとする教師に対し，生徒（子ども）は，教師の戦略に対処しながら，自己の関心を最大限に実現していく（稲垣・蓮尾，1985, p. 145）。前節でも述べたような，制度化された権威を背景に持つ教師と生徒（子ども）の役割分化やパワーの違いがストラテジー論の前提となっている。知的障害教育の場においても，基本的に教師と生徒（子ども）の非対称性に変わりはなく，生徒（子ども）に想定される能動性である。

　他方，後者の意味合いにおける「二次的調整」は，ゴフマン（1985）のアサイラム（全制的施設）論において提起された概念である。「二次的調整」とは，「職員に真っ向から挑戦することはないが，被収容者には禁じられている満足を得させる，あるいは禁じられている手段によって許容されている満足を得させる実際的便法」（p. 57）であり，組織が「個人に対して自明としている役割

や自己から彼（＝被収容者）が距離を置く際に用いる様々な手立て」のことである（p. 201）。「身内化（fraternalization）」「状況からの引きこもり（situational withdrawal）」「妥協の限界線（intransigent line）」「植民地化（colonization）」「転向（conversion）」などの行為が例示される。

　第2, 3章で述べたように，知的障害教育の場は，「場の分離」を前提とし，閉鎖性を高めやすい場である。もちろん，一般社会から切断された隔離施設ではないため，アサイラム論で主張される「アイデンティティのための用具一式（アイデンティティ・キット）の一方的な剥奪」や「無力化の過程」がそのまま見られることはない。しかし，通常教育の場と相対して閉鎖的・分離的な現実が認められる以上，転入したグレーゾーンの子どもにおいて，類似の対処的な手立てが見られる可能性がある。

　ゴフマンの「二次的調整」の議論は，先に挙げた「交渉的ストラテジー」の議論に比べて，アイデンティティへの関心を強く含んでいる。例えば，『スティグマの社会学』で展開されたスティグマを負う人びとのアイデンティティ葛藤とその対処に関する議論と「二次的調整」の議論は連続している。本書で焦点をあてるグレーゾーンの子どもは，通常教育の場の文化から知的障害教育の場の文化へと移動してきた「越境者」「少数者（マイノリティ）」であり，アイデンティティに関する葛藤を抱えていることが予想される。この点でいうと，被収容者のアイデンティティの葛藤や管理に力点をおくゴフマンの「二次的調整」の議論は，本書に対して非常に示唆的である。

　これら先行研究の視点を参考にしつつ，本書では，子どもの能動性を，子どもなりの「生活戦略」という視点で見ていくことにしたい[2]。「生活戦略」とは，桜井（2005a）の提起する概念で，人々が置かれた状況の中で，状況をのりこえようとしてそれぞれ固有の立ち向かい方をするときに働かされる様々な創意工夫や知恵（悪知恵とでもいうようなものを含めて）のことを指す。つまり，

2）本書では，「戦略」という語を使用する。一般に軍事用語として用いられるその語を，子どもを対象とする研究で用いることに躊躇しないわけではない。例えば，「方略」という別の語を当てることもできるのだろうが，本書が着目する他者との対峙による緊張感や間合いの応酬といった関係性の様態は，「戦略」という語を用いる方がつかみやすいと考えられる。

「人びとは，日常生活において強力な社会的，文化的な規制（カテゴリー化もそのひとつ）を受けているが，このような規制を越えて自己概念を選び取り，行為を行う」（桜井，1996, p. 45）のであり，個人の「生活者」としての能動性をつかむための分析視点が「生活戦略」であるといえる。

この「生活戦略」概念は，ターナーの「交渉的ストラテジー」概念やゴフマンの「二次的調整」概念とほぼ同義であるが，戦略構想の文脈を限定された空間である学校（施設）内に限定しない点においてそれらとは異なっている。

近年，現代の子どもと「学校との関係は捉えにくい変容を遂げつつあり，より個人の主観的ロジックに従って複雑化」（ビアルケ，2004, p. 156）し，彼（女）の生活世界は，「大衆消費社会における若者文化としての意味あいを強め，メディアがさらに重要な意味」（伊藤，2002, p. 98）を持ってきていると指摘される。本書では，ライフストーリー・インタビューを通して，学校外での経験（メディア経験を含む）を含めて子どもの個性と創造性をつかむことを試みるために，より包括的に能動性をつかむことのできる分析視点である「生活戦略」概念を採用するのである。

ターナーやゴフマンの研究に見られたように，生徒（被収容者）の能動的行為は，制度化された権威を身にまとう教師（職員）との相互行為の中で把握される必要がある。教師の職務は，基本的には，教育関係法規や通達によって統制される学校という官僚制組織から与えられる（今津，1985, p. 180）。こうした理由から，本書では，子どもと教師の相互行為，すなわち，子どもの生活戦略と教師の職務上の戦略の応酬を分析視点として，知的障害教育の場へと転入したグレーゾーンの子どもの学校経験をつかもうとするのである。

4. 調査の概要

実際の調査においては，まず，フィールドワーク先となる知的障害教育の場を探すことからはじめた。

前述したとおり，子どもの通常教育の場からの転出，知的障害教育の場への転入・適応・進路選択という一連の流れをつかみたいという考えから，学齢期の後半にあたる中等教育段階に焦点を定めた。知的障害教育の場ということに

なると，前期中等教育段階では中学校特別支援学級と特別支援学校中学部，後期中等教育段階では高等特別支援学校と特別支援学校高等部がフィールドとして考えられる。自身の元特別支援学校教師としての経験から，後期中等教育段階は職場実習などの就労に向けた学習で忙しいため調査を受け入れる余裕がないだろうと推察し，本書においては，とりあえず，前期中等教育段階でフィールドワーク先を探すことにした[3]。

また，第3章で述べたように，特別支援学級にはおおむね10名以上の子どもが在籍する拠点校方式（固定制）の学級と1，2名の子どもが在籍する各校方式の学級があるが，「教育の分離」「場の分離」の特徴を有する知的障害教育の場として成立しているフィールドを求めたいという考えから，今回は拠点校方式（固定制）の学級に焦点化することにした。

具体的な作業としては，はじめに，自宅から定期的に通いやすい学校をインターネットでピックアップし，直接学校に電話をして調査内容の説明のための訪問の受け入れを打診した。しかし，その方法で協力を得られたのは国立大学附属の特別支援学校1校のみであった。その後は，知的障害教育に関する教育実践研究会や学会などで面識を持った現職教師を頼りながらフィールドを探し，いわゆる芋づる式サンプリングで5つの協力校を得た。最終的に，計6校（中学校2校，特別支援学校4校）で調査を実施することができた。

詳しくは，2011年4月〜2014年3月の期間で，6校10名の事例データを収集した。調査対象とするグレーゾーンの子どもに関しては，IQ値などでの限定はかけず，各校の教師たちによって普段から「グレーゾーン」と見なされている子どもを複数名ピックアップしてもらった[4]。その後，2ヶ月ほど定期

[3) 実際，調査の打診をしたある特別支援学校では，対応いただいた教師から，「高等部には，グレーゾーンの子がたくさんいるけど，彼らには仕事の勉強に集中させたいから，（調査の受け入れは）難しいですよ。中学部であればまだ可能性はあるかもしれないです」と告げられもした。

4) 教師に協力してくれる子どもの候補のピックアップをお願いした時点では，通常学級の在籍歴の有無までを条件として求めなかったため，結果的に，今回の調査には，在籍歴のない2名（ともになつめ支援学校中学部）が含まれることになった。ただし，そのうちの1名については，通常学級との交流経験を有していて，かなりの程度，通常学級の文化を内面化していたため，通常学級の在籍歴のある者と同等と見なし，第7章で事例として取り上げている。一方，他の1名については，本書では事例として取り上げなかった。

に介助員のような立場でボランティアとして参加する中で教師たちや子どもたちとの信頼関係づくりや観察を行い，ラポールの深まり具合から，候補を絞った。そして，各保護者に文書と面談を通して調査協力を依頼するとともに，本人にも調査内容と倫理面での約束について噛み砕いて説明し，両者から了解を得た[5]。表5-1に示すのが，今回，調査に協力してくれた子どものプロフィールである[6]。学校名はいずれも仮名である。診断名は保護者からの申告に基づいている。

調査は，1人ひとりの子どもへのライフストーリー・インタビュー（1名につき15回程度，1回1時間，隔週実施）を軸に据えつつ，学校生活の参与観察や教師・保護者（施設生の場合には施設職員）への半構造化インタビュー，校内資料や教師の実践記録などの収集を行った。子どもへのインタビューは，学校と保護者の了解のもと，放課後などの時間に空き教室で行うことが多かった。1対1で行うことが中心ではあったが，複数の調査協力者のいる学校では，時折，1対2，3の小集団で行うこともあった。

質問の軸は，これまでの生活経験（学校経験を中心に）に置き，主に小学校入学から現在までの転機や感情の浮き沈みとそれにまつわるエピソード，好きなことや嫌いなことなどについてたずねた。基本姿勢として「家庭背景」「いじめ」「障害」など彼（女）らを傷つける可能性のある言葉や話題は筆者からは出さないように努め，本人が自ら口にした場合にのみ言葉を選んで話題にした。

毎回，1回前の調査での相手の語りの内容や参与観察を踏まえてインタビューガイドを作成し，その日の主な質問項目を視覚的に提示した上で相手に語りかけた。さらに，イエス／ノーで答えることのできる「閉じられた質問」を多めに設定したり，能智（2011, p. 183）を参考にしながら，「ライフライン」を

---

[5] 例えば，質問の内容を聞いて答えたくないと思ったことについては答えなくても問題ないということや，嫌になってインタビュー自体をやめたいと思ったときにはいつでも中止にできるので申し出てほしい，ということなどを図示しながら説明した。

[6] 第6, 7章において事例として取り上げていない子どもについては，名前を「＊」で示す。なお，仮名に使用している「くん」「さん」の表記は，ジェンダー・バイアスの観点から現在筆者は使用をやめている。しかし，この気づき以前から蓄積していたデータとの齟齬を避けるために，本書ではやむを得ずこの表記を残している。

第5章　知的障害教育の場へと転入したグレーゾーンの子どもの学校経験をつかむ方法　113

表 5-1　調査に協力してくれた子どものプロフィール

〈中学校 知的障害特別支援学級（7組[7]）〉

名前	性別	家族（居住）	学校歴	転出理由	診断	療育手帳
Aくん	男	父・母・弟（自宅）	通常（小1～6)⇒四葉中7組（中1～3）	いじめ・学力不振	境界知能・てんかん	無
Bさん	女	父・母・兄（自宅）	通常（小1～6)⇒四葉中7組（中1～3）	学力不振	発達障害	無
*くん	男	母（自宅）	通常（小1)⇒特学（小2～6)⇒四葉中7組（中1～3）	いじめ・不登校・学力不振	境界知能, 適応障害, 不安障害	有（知的）
Cくん	男	父・母（自宅）	通常＋通級（小1～6)⇒椿中7組（中1～3）	いじめ（対人トラブル）・不登校	アスペルガー症候群	無
*くん	男	父・母・妹・妹（自宅）	通常（小1)⇒通常＋通級（小2～6)⇒椿中7組（中1～3）	いじめ・学力不振	アスペルガー症候群	有（知的）

〈知的障害特別支援学校 中学部〉

名前	性別	家族（居住）	学校歴	転出理由	診断	療育手帳
Dくん	男	父・母・弟・弟（自宅）	通常（小1)⇒特学（小2～6)⇒あんず支援学校中学部（中1～3）	いじめ・学力不振	軽度知的障害	有（知的）
Eくん	男	母（義父）（施設）	特学（小1～3)⇒なつめ支援学校小学部（小4～6)⇒なつめ支援学校中学部（中1～3）	学力不振・暴力	軽度知的障害	有（知的）
*くん	男	母・兄（施設）	なつめ支援学校小学部（小1～6)⇒なつめ支援学校中学部（中1～3）	転出・転入経験なし	軽度知的障害	有（知的）
Fくん	男	父・母・兄（自宅）	通常（小1～2)⇒特学（小3～小6)⇒すみれ支援学校中学部（中1～3）	いじめ・学力不振	広汎性発達障害	有（知的）
*くん	男	父・母（自宅）	通常（小1～6)⇒もみじ支援学校中学部（中1～3）	学力不振	広汎性発達障害	有（知的）

〔出典〕筆者作成　※通常＝通常学級，通級＝通級指導教室，特学＝特別支援学級

折れ線グラフで表現するようなワークシートを作成して使用したりもした。インタビューはICレコーダーで録音し，全発話についてトランスクリプトに起こした。

毎回，インタビューのはじめに，前回のトランスクリプト（文字・行間大きめ，本人に分かる漢字を使用）を調査協力者に示し，自分の語った内容に間違いがないかを確認してもらった。また，話題ごとに研究（学会発表や研究論文）への使用可否や教師や保護者への開示の可否を確認した。調査の終盤に，本人から開示の了解を得たデータをもとに，教師と保護者に半構造化インタビューを行った。参与観察については，ポケットノートに手書きでメモし，帰宅後にフィールドノーツにまとめた。

データの分析については，まず全収集データを丁寧に読み返し，特徴的と思われる箇所に，内容に即したコードを振った。次に，コードの集合体と対峙しながら何が描き出せそうかを考え，かつ先行研究と照らし合わせながら，前節で説明したような「子どもの生活戦略と教師の職務戦略の応酬」という分析視点を導いた[8]。そして，その視点から再び全収集データを読みなおし，複数のカテゴリーに分類した。それらを材料に文章化（本書第6，7章，および，堤，2013；2015a；2016）を行った[9]。

5. おわりに

本章では，まず，知的障害教育の場に転入した子どもの学校経験をつかむにあたって，本書で採用するデータ収集の方法や分析視点について論じた。その上で，筆者が実際に行った調査の概要を提示した。

---

7) 特別支援学級は，一般に，「7組」「E組」「なかよし組」などの名前が当てられている。本書では，特別支援学級に「7組」を当てる。
8) そもそも本書が「社会学の観点」を借用しているのも，ある意味で結果論である。収集された生のデータとじっくり向き合い，「転入したグレーゾーンの子どもの学校経験をどのように理論化することが可能か」という観点からの検討を経て，観点そのものを選択した。
9) 調査終了後も，多くの調査協力者と友人として関係を継続し，近況報告をし合ったり，研究の進捗状況を伝えたりしている。また，ある調査協力者については，後期中等教育段階への進学後，不登校状態に入ったため，本人のニーズに応じて支援的関わりを持った。

個人の生き様を包括的に捉え，主観的な現実や時間的推移をつかむことに強みを持つライフストーリー・インタビュー，特定のフィールドにおける相互行為をつかむことに強みを持つ参与観察，さらには，多声性を把握することができる関係者インタビューを併せることによって，調査協力者の生活経験とそれを方向づける制度的・構造的条件の両方をつかむことが可能になる。特に，本書では，家庭や学校に強く枠づけられながら生活している「子ども」という存在を主たる調査協力者とすることもあり，彼（女）らの人生を大人目線の「ロマンチックな伝記」に落とし込まないためにも，前述のような複数のデータ収集法を併せて用いる必要性があることを確認した。

　分析視点については，学校や福祉施設の内部過程に関する先行研究を参考にしながら，「子どもの生活戦略と教師の職務戦略の応酬」を採用した。「生活戦略」とは，置かれた制度的・構造的条件の中で，状況を乗り越えようとしてそれぞれ固有の立ち向かい方をするときに働かされる様々な創意工夫や知恵のことである。この視点を用いることによって，子どもと教師の役割分化やパワーの違いを背景に見逃されがちな，子どもの能動性をつかむことが可能になる。

　また，教師の職務は，基本的には，学校という官僚制組織から与えられる。「生活戦略」と「職務戦略」と言い分けているように，立場性に起因する子どもと教師それぞれの行使する戦略の質の違いも，前述の分析視点を用いることによって，鮮明に描き出すことができる。

　本書では，ライフストーリー・インタビューを通して把握される主観的現実を活かす形で，各事例の個別性と事例間の共通性の両方を提示したいと考えている。そのため，後に続く章では，第6，7章で各事例を丁寧に描き出し，第8章では事例の照らし合わせを通して，前述の分析視点を持って考察することにしたい[10]。

---

[10] 第3章で述べたように，知的障害教育の場としての共通性はありつつも，知的障害特別支援学級と知的障害特別支援学校の間には，はっきりとした制度的・構造的条件の違いがあるのも事実なので，事例を描き出す第6，7章では，章を分けて論じることにする。

第6章　知的障害教育の場への転入と適応の過程 Ⅰ
特別支援学級の事例

1. はじめに

　特別支援学級とは，通常の小・中学校内に設置される軽・中度の障害児（身体機能に軽・中度の欠損 impairment を有する子ども）を対象にした学級のことを指している。心身の発達に関わる補償教育の提供を公式の目的とする特別な教育の場である。対象は，「知的障害者」「肢体不自由者」「身体虚弱者」「弱視者」「難聴者」「その他障害のある者で，特別支援学級において教育を行うことが適当な者」とされている。

　次章で取り上げる特別支援学校と同様に，特別支援学級は，象徴的には「非障害者の世界」と「障害者の世界」の線引きの上に成立している教育空間である（土屋, 2009）。なかでも，知的障害の特別支援学級に関しては，第 1, 2 章で明らかにしたように，通常教育の場から「教育の分離」を前提にした生活主義・発達保障の教育を提供することが特例的に認められているという点で特徴が際立っている。

　前章でも述べたように，筆者は，知的障害教育の場へと転入したグレーゾーンの子どもの学校経験を探る目的で，2 つの公立中学校（四葉中，椿中）の固定制の知的障害特別支援学級（7 組）において約 1 年間（2012 年 4 月～ 2013 年 3 月，同時並行）のフィールドワークを実施した。具体的には，特定の子どもへのライフストーリー・インタビュー（隔週 1 回）を調査の軸に据えつつ，学校生活の参与観察や教師・保護者へのインタビュー，校内資料や教師の実践記録の収集を行った。

　インタビュー調査への協力をお願いする子どもの選定は，それぞれの 7 組の教師たちとの相談のもとで行い，本人と保護者への調査内容の説明や研究倫理面での約束事項の確認を経て，両者に「了解」をもらってから開始した。四葉中では 3 名，椿中では 2 名の調査協力者（全員が中学 3 年生）を得た。調査開

表6-1 本章で取り上げる事例

名前	性別	家族(居住)	学校歴	転出理由	診断	療育手帳
Aくん	男	父・母・弟(自宅)	通常（小1〜6）⇒四葉中7組（中1〜3）	いじめ・学力不振	境界知能・てんかん	無
Bさん	女	父・母・兄(自宅)	通常（小1〜6）⇒四葉中7組（中1〜3）	学力不振	発達障害	無
Cくん	男	父・母(自宅)	通常＋通級（小1〜6）⇒椿中7組（中1〜3）	いじめ（対人関係トラブル）・不登校	アスペルガー症候群	無

〔出典〕筆者作成　※通常＝通常学級，通級＝通級指導教室

始に先立って，いずれの7組にも，1，2ヶ月ほど，学習補助のボランティアに入り，教師たちや子どもたち（生徒たち）との信頼関係づくりにつとめた。椿中の7組においては，臨時の介助員として，修学旅行や移動教室などの宿泊行事に同行したりもした。

本章では，2校5名のうちの3名（四葉中のAくん・Bさん，椿中のCくん）の事例を取り上げ，1人ひとりの知的障害特別支援学級への転入と適応の過程について描き出す。この3名を取り上げる理由は，本書が分析視点とする「子どもの生活戦略と教師の職務戦略の応酬」に関して比較考察（詳細な比較考察は第8章）を行う際に興味深い材料を提供してくれるからである。さらには，転出理由，知的障害特別支援学級という場への意味づけ，進路選択についてバリエーションを提示できるように心がけた。

2. 四葉中学校7組の事例――AくんとBさん

AくんとBさんは，それぞれ市内の別々の小学校を卒業し，四葉中学校7組への進学時に初めて出会っている。まずは，個々の前史に触れることからはじめたい。

2.1 四葉中学校7組への進学に至る前史

(1) Aくんにとっての通常教育の場からの転出

〈Aくんのプロフィール〉

　Aくんは，地元の小学校通常学級（1〜6年）を経て，同じ市内にある四葉中学校の固定制知的障害特別支援学級（7組）に進学した人物である。通級指導教室を利用したことはない。彼の居住する市は拠点校方式を取っているため，全ての市立小・中学校に特別支援学級が設置されているわけではない。そのため，Aくんは，知的障害特別支援学級への進学のために，小学校時代の同級生の大半が進学した中学とは異なる学区にある四葉中学校に進学することになった。中学には電車で通学している。

　彼は，両親と弟との4人暮らしである。母親への信頼が厚く，かつ影響も受けやすく，母親の進言には基本的に素直に従う。Aくんの好きなことは野球で，自らプレイするのも観戦するのも大好きである。小学5年時に地元の軟式野球チームに入会し，中学に入ってからも所属を続けている。華奢な体型で運動能力は高いほうではないが，野球への情熱は人一倍ある。プロ野球について語っているときには本当に幸せそうな表情を浮かべる。

　発達検査上，知的発達の遅れは境界域（IQ70〜90程度）に位置し，視覚的な情報処理などにアンバランスさが見られる。てんかんがあるため，毎日服薬をしている。生活上での口語でのコミュニケーションに支障はなく，過去を振り返ってエピソードを語ることができる。知的障害や精神障害の療育手帳は保持していない。

　Aくんが，通常教育の場からの転出経緯について語ったのは，いじめとの関わりであった。

　　＊：どういう経緯で7組に来ることになったの？
　　Ａ：おれは，5, 6年のときにいじめられたんで，同じ中学校に行ってそれをまた同じ子たちにやられるのが恐いんで，まあ，違う中学にした方がいいのかなあと思って，四葉中に来ました。
　　＊：じゃあ，四葉中では，通常学級でも7組でもどっちでもよかったってこと？
　　Ａ：まあ，実は「通常学級の方がいい」って自分で言ってたけど，母さんに「なんで？」って聞き返されて。で，「なんとなく行きたい」って言ったら，母さん

に「なんとなくだったら、また同じことが起きるよ」って言われて、それで恐くなって、「やっぱり7組の方がいいのか」って感じだったんですよね。

〔Aくん、インタビュー、2012年11月15日〕

　Aくんや母親によれば、小学5年のころから日常的にいじめがあり、それは同級生や下級生からのからかいや仲間外れを中心にしたものであった。彼が、最も嫌だったいじめとして挙げたのが「置き去り」という言葉で表現されるもので、それは勉強にしろ、運動にしろ、能力的に何かできなかったときに、周囲から「あいつ、何やってんだ!?」という目線で凝視され晒され孤立させられる経験であった。Aくんにとって、通常教育の場から転出する理由は、何にもまして、いじめを受ける日常からの脱出であった。

　一方、転出を本人に進言した母親の方は、いじめ以前に、Aくんの勉強の遅れが気になっていた。2歳下の弟との比較から、Aくんが何かしらの障害を理由に勉強が悪気なくできないのではないかと疑いはじめ、本人とともに市の教育相談センターに相談に行ったこともあったという。つまり、母親にとってのAくんの転出理由には、いじめと勉強の遅れ（境界知能）の2つの理由があったのである。当のAくんも、勉強については苦手意識があり、授業中、「なんだよこれ、教科書投げつけたい」と思うことが1年の頃からあって、小学校での全ての授業が嫌いだったという。しかし、それは他者と比較しての「遅れ」という認識ではなく、個人的実感としての「苦手」であった。そして、Aくんの口からは、「勉強の苦手さ」が通常学級からの転出理由として語られることはなく、本人の中では、あくまでも、いじめの背後に隠れるものであった。

　いずれにしても、Aくんにとって、通常教育の場からの転出はポジティブな意味を持つ進路選択であった。

(2) Bさんにとっての通常教育の場からの転出

〈Bさんのプロフィール〉
　Bさんは、地元の小学校通常学級（1～6年）を経て、同じ市内にある四葉中学校の固定制知的障害特別支援学級（7組）に進学した人物である。通級指導教

第6章　知的障害教育の場への転入と適応の過程Ⅰ　　　　121

室を利用したことはない。Aくんの小学校とは異なり，Bさんの小学校には，特別支援学級の設置があった。一方で，Bさんの学区の中学にはその学級の設置がなかったため，中学進学にあたっては，小学校時代の同級生の大半が進学した中学とは異なる四葉中学校に進学することになった。中学には路線バスで通学している。

　彼女は，両親と兄との4人暮らしである。Bさんの好きなことは，スポーツ（サッカー，バスケットボール，キックボクシング），DVDでの映画鑑賞，読書（小説が中心），ペットの世話など多岐にわたる。サッカーについては，小学1年から地元のチームに入り（6年間，女子1人），中学に入ってからは，キッズ部門（就学前）のコーチをしている。体格は平均的で，運動能力に長けている。社交性が高く，趣味の広さから話題が豊富である。また，言葉遣いが丁寧で，周囲への気配りの利く「配慮の人」である。

　発達検査上，知的障害は境界域（IQ70～90程度）に位置し，視覚的な情報処理などにアンバランスさが見られる。服薬はしていない。生活の上での口語でのやりとりに支障はなく，過去を振り返ってエピソードを語ることができる。知的障害や精神障害の療育手帳は保持していない。

Bさんの語る通常教育の場からの転出経緯は，Aくんとは趣が異なる。

　　＊：どういう経緯で7組に来ることになったの？
　　B：勉強は，今まで塾とかでやってて，お兄ちゃんの中1の勉強とかを見てても理解してできそうだったんで，自分では通常学級に行くつもりだったんですけど，母が，「7組に行く？」って言ってきて。最初は「なんで私だけみんなと同じ学校に行っちゃいけないの？」って怒り気味で言ったんですけど，まあ検査結果を見せられて，あなたは，こういう障害があるんだよ，7組の方が，もっとスムーズに行けるからそっちの方がいいって。で，7組を見学して，見た瞬間，これはひどいな，無理だなと思い，3，4日たっても納得できなくて，それで泣くぐらいすごい悩んで。で，悩んでいるうちに，障害があるならこっちの方が合ってるのかなあ的な感じになって，ここしかないかなと思って，結果的に行くっていうことにして。

　　　　　　　　　　　　　　　〔Bさん，インタビュー，2012年11月15日〕

Bさんと母親によれば，通常学級での生活はほぼ順調で楽しく，ちやほやされる地位にあって，友だち関係も充実したものであった。インタビューでは，「映画」「海」「スイカ割り」とクラスの女子と一緒に体験した余暇の思い出を郷愁的に語ってくれた。また，運動会やマラソン大会をはじめ，運動面に関しては，学年でもトップクラスにあったという。したがって，Bさんは，当たり前のように，2歳上の兄が進学した学区内の中学校に同級生たちと共に進学するものだと考えていた。前述の語りのとおり，突如，その未来イメージは修正を迫られることになった。

　本人は多くを語らなかったが，Bさんに特別支援学級への転入話が持ち上がった背景には，「勉強の分からなさ」があったという。母親によれば，Bさんは，小学校高学年に入ると，「私は馬鹿だ，私は頭が悪い」と自らを激しく責め，小学6年のある日の算数の時間には授業内容が分からなくて号泣したことがあったという。そして，「苦しいんだろうなあ，このままではまずい」と母親が思い立ち，本人を連れて市の教育相談センターに相談に行ったのだという。

　そこで，発達検査を担当した臨床心理士から「特別支援学級も選択できるよ。通常学級にいるのもありだけど，挫折して病んでしまうと修復するのにすごく時間がかかるよ」との助言を受け，さらに，その後の大学病院への通院で発達障害の診断を受けたことで，大人の中で特別支援学級への転入の話が加速した。これは，Bさんの勉強の分からなさの素振りを敏感に感受した周囲の大人たちがそれを問題化していった過程であったといえる。

　そもそも，Bさんは，転入話が出てくる以前から，特別支援学級に対して「障害のある人が通うところ」というはっきりとしたイメージを持っていた。彼女は，給食などの校内交流の活動を通して，特別支援学級に在籍する同級生を障害者として外部から見る視点を内面化していたのである。そこに降ってきた母親や心理・医療専門家による特別支援学級への転入の進言は，結果的に，Bさんに健常者アイデンティティの剥奪と混乱をもたらした。

　確かに勉強の分からなさは感じていたものの，勉強への意欲は失っておらず，むしろ，勉強以上に，親しい友だちとの人間関係に通常学級在籍（学校に登校すること）の価値を見出していたBさんにとっては，通常教育の場からの転出は，ネガティブな意味を持つ進路選択であった。

2.2 進学先の四葉中学校 7 組の特徴

こうした 2 人が進学した四葉中学校（全校生徒は約 370 名）は，新旧の集合住宅を含む住宅街の一画に立地している．市内の公立中学は全 6 校（小学校は 11 校）で，四葉中は最も古い歴史を持つ中学である．市立中学で特別支援学級が設置されているのは四葉中のみで，いずれの中学にも通級指導教室は設置されていない（調査当時）．

市内唯一の中学校特別支援学級である 7 組は総勢 20 名（各学年約 7 名，男女比は 4 対 1）の在籍生徒数で，指導体制は教師 5 名と介助員 3 名（他，時間講師）である．行政レベルでの学級編成上は，知的障害特別支援学級（15 名）と自閉症・情緒障害特別支援学級（5 名）の 2 クラスに分けられているが，実質は，合同・混成で 1 つの学級を形成しており，在籍比率の高い知的障害特別支援学級の教育を基盤にした「7 組」として運営されている．

教育課程は教科別で，時間割上は通常学級と遜色ないが，中身はかなりの程度異なっている．7 組には，窪島（1991, p. 26）の指摘する「①年齢によって『学級』に編成されていない，②異年齢・異発達段階の学級で，共通作業が行われたり，個別作業，グループ別作業業が行われる，③統一的に行われる教科課程や時間割は存在しない，④意図的，計画的教育は努力されるが，『統一的な教科課程に基づく』という意味での教科教授や計画的な教育活動はかならずしも行われない」という特別支援学級の特徴がそのままに見られる．

発達検査上，生徒たちの知的障害の程度にはばらつきがあり，中度～境界域（IQ35～90 程度）の間に点在している．知的障害の程度と出身学級（小学校卒業時）との対応関係でいうと，約 3 分の 1 が A くんや B さんのように知的障害が軽度・境界域（IQ50～90 程度）の通常学級出身者で，あとのメンバーは，知的障害が中度（IQ35～50 程度）である．後者の中には，小学校入学以来，特別支援学級しか在籍経験のない者も含まれる．観察の限り，7 組では，生徒全員に口頭での指示が通り，全員と口語でのやりとりが可能で，特に自閉症的な特性の強い 1 名をのぞけば，ほとんどの生徒が一斉授業に離席なく参加できている．

四葉中は，1 階部分が 7 組，2 階以上が通常学級という分離型の校内配置になっており，普段，7 組の生徒と通常学級の生徒が顔を合わせる機会はほとん

校時＼曜日	月	火	水	木	金
	朝読書		朝礼	朝読書	
1	国語	理科	数学	数学	数学
2	技術	音楽	国語	国語	体育
3	技術	国語	家庭	英語	社会
4	美術	数学	家庭	音楽	音楽
昼	給食・昼休み・掃除				
5	美術	体育	体育	体育	国語
6	総合	総合		道徳	学活

図6-1　四葉中学校7組の時間割

〔出典〕学級要覧をもとに筆者作成

どない。通常学級の職員室（2階）とは別に，7組の職員室も1階に用意されている。

　7組の教師たち5名（男性3名，女性2名）は，特別支援学級の教育に誇りと熱意を持って取り組んでおり，生徒たち1人ひとりを受け止め，心を砕いて寄り添おうとしている。教師たちは総じて40歳以上のベテランで，特別支援教育の経験値が高く，チームワークもよい。教師たちとは対照的に，介助員3名は大学卒業間もない20代前半の「お兄さん」「お姉さん」で，教師たちの指導を補助する役割を担っている。

　7組の教育指導において大切にされているのは，「居場所づくり」の発想である。7組でいう「居場所づくり」とは実質的には通常学級との相対的関係を踏まえた避難の場（アジール）づくりである。学級経営方針に関する文書の冒頭には「まずは，クラスが安心できる『居場所』になるように」と記されてい

る。簡潔にいえば，教師たちの仕事は，通常学級からの脅威をシャットアウトする保護区の設営と管理運営である。四葉中においては，通常学級生徒と特別支援学級生徒との間には積極的な交流活動は行われておらず，7組は，通常学級と交流活動をしなくても学校生活全般が成立しうるような自律的な独立学級として存立している。学級経営方針には「交流は学級集団をできるだけ崩さない形で実施する」と書かれ，朝礼や学校行事などの不可避の交流においては，一番端に7組の陣地が確保され，教師たちや介助員たちは，保護者的な目線で，7組生徒と通常学級生徒との距離を注視している。労力を伴うそうした教師のワークによって，7組の隠れ家的性質が防衛されているともいえる。

　他方で，7組の内部では，生徒が一定数在籍している利点を活かして，通常学級と類似の形態で集団指導的な学級活動が行われている。また，7組では，通常学級と何ら変わらず，1人ひとりの机が等間隔に置かれ，全員が前方を向く，一斉教授型の座席配置がなされている。通常学級と類似の形態とはいっても，家庭に近い親密性に重きを置くという点では，中学校よりは小学校の通常学級に近い。つまり，7組では，小学校文化に近い学級づくりが「居場所づくり」として実践されている。

　第2章において，社会的自立を目標に掲げつつ，中等教育後の手仕事や体仕事を生業とする「生産人」生活を意識して，同質性のある集団社会的機能を積極的に活用した教育を展開することを知的障害教育の特徴の1つとして述べた。しかしながら，四葉中7組においては，同質性のある集団社会的機能は意識されつつも，社会的自立を目標にする視点は弱い。実際，知的障害教育に特徴的な「作業学習」といった授業は行われていない。むしろ，教師たちにおいては，社会的自立を意識した教育は，中学卒業後の後期中等教育段階で行うものと位置づけられ，7組はそこへの「つなぎ」を担う役割として認識されている。

2.3　四葉中学校7組への進学・適応・進路選択

　このような四葉中7組に進学したAくんとBさんは，どのような3年間を過ごしたのだろうか。

(1) Aくんにとっての進学・適応・進路選択

・勉強内容の簡単さへの葛藤

　Aくんは，7組に転入してすぐに違和感を覚えたという。それは，勉強内容に関するものである。

　　＊：7組に入学して勉強はどうだった？
　　A：入学する前は特別支援学級って知らなくて，7組に入ったら，勉強難しいのかな，文字式やるのかなって不安に思ってて。正直，7組は，通常クラスと勉強内容は同じで，ただ，場所が離れているだけと思っていました。入ってみたら，ものすごくレベルが低くて。足し算とか引き算とか。中1のはじめなんか本当に言っちゃ悪いですけど，「なめてんのか！」って感じでした。
　　＊：それで通常学級に移りたいと思った？
　　A：いや，まったく思わなかったですね。またいじめは嫌なんで。母さんに相談したら「7組は勉強しつつあり，今までできなかったことをできるようにする場所だよ」って説明されて。勉強の度合いを下げて，基礎を固めるというか。将来，大人になったら，基礎の方が大事かなと，納得して。

　　　　　　　　　　　　　　　　　　　　　〔Aくん，インタビュー，2012年12月13日〕

　出身小学校に特別支援学級が設置されていなかったAくんは，実のところ，7組がどういう教育の場なのか，ほとんど具体的なイメージを持たないままに転入してきていた。すなわち，当初のAくんにおいては，7組は，通常学級と離れた場所に位置しつつも，通常学級と同じ内容の勉強をする場所（教科教育を受ける場所）としてイメージされていた。

　結果的に，教師によって提供された勉強内容のあまりの簡単さに驚愕するとともに，「電車や仮面ライダーなどのガキっぽい話」に終始する小学校特別支援学級出身の中度知的障害の学級メンバーへの違和感も重なって，自らが足を踏み入れた学級の異質性や自分に向けられる7組教師からの特別な配慮のまなざしに気づかされることになった。そして，通常学級の生徒とは異なる生徒としての扱いを受けることに対して，「なめてんのか！」という言葉が発せられたのである。自分の勉強の苦手さを他者に直視され，特別な配慮を受けることは，気持ちのいい経験ではなかった。

提供される勉強内容について母親を通して教師たちに異議申し立てをしようとしたAくんは，逆に母親から説得を受けることになる。母親の説得には，「あなたの勉強の苦手さが直視されたのではなく，生きていくためには誰にとっても基礎学力が大事なのだ。だからネガティブに考える必要はない」というメッセージがこめられていた。母親に絶大な信頼を寄せる彼にとって，母親のメッセージは説得力を持つもので，彼は，7組という知的障害教育の場の性格を象徴する教科教育的な勉強内容へのこだわりの薄さを，「基礎固め」というポジティブ解釈への転換を通して受け入れていった。

そして，学年が上がるにつれて勉強内容に対する葛藤は薄れていった。ただし，自宅で宿題をやっているときに，弟から率直に「勉強簡単すぎじゃねえのか」といわれたことがあり，その時には7組に在籍していることを馬鹿にされた気持ちになって腹立たしかったという。

こうしてAくんの葛藤は母親とのやりとりの中で解消されたため，7組の教師たちに直接異議が申し立てられることはなく，教師たちも修正を迫られることはなかった。

・グレーゾーンの友人コミュニティへの参加

前述のような葛藤はありつつも，Aくんは，7組に転入したことによって，切実に求めていたいじめの心配のない安全・安心な隠れ家といじめを行わない友人を獲得できた。小学校時代のAくんの「友だち」は，都合がいいように利用されるといったいじめの関係性に基づくものであった。本人いわく，7組に転入したことで，人生で初めて，対等な関係性での友人を獲得できたという。

＊：7組に来て良かったなってことは？
A：いじめの心配がない友だちがたくさんできたことですね。
＊：学校外でも7組の友だちと遊んだりするの？
A：はい。誰かの家に集まってゲームしたり，この前は，4人で映画行きました。
＊：小学校のときの友だちとはどうだった？
A：小学校も毎日，友だちがおれんちに来てました。でも，母さんに「ただDSの充電しに来てるんじゃないか，だったら『来ないで』って言えばいいじゃないか」って言われて。でそう言ったら，「そんなこと言うんだったら，おまえ友

だちじゃねーよ」って言われて。なんでそれだけで「友だちじゃねーよ」なんだ？って思いましたね。

〔Aくん，インタビュー，2012年12月10日〕

　Aくんは，一緒に学校生活を送る中で，当初葛藤を抱いた「電車や仮面ライダーなどのガキっぽい話」に終始する特別支援学級出身の同級生たちに慣れてくるとともに，話題や興味関心の近い知的障害が軽度・境界域で通常学級出身者たちのコミュニティ（6，7名）に参加し，親しい人間関係を結んでいった。これは，グレーゾーンの友人コミュニティへの参加として解釈される。その友人たちとは，学校内だけでなく，学校外でも一緒に映画を見に行くなどの余暇を共有できた。また，この友人コミュニティの中で恋愛も経験した。

　こうしたコミュニティが，連帯を強めて教師相手に反乱を起こす（学級崩壊をもたらす）というような素振りはなく，また性的な関係性に発展する様子もなかったため，教師たちは，社会性の発達（発達保障）の観点から，彼（女）らのやりとりを対人関係の経験を積む良い機会として承認していた。

・教師による生徒の「思いつきの話題」の積極的受容

　また，Aくんは7組に転入したことで，学校で「思いつきの話題」をストレートに表出できる自由を獲得した。小学校時代の彼にとって，「思いつきの話題」は他者に馬鹿にされるきっかけを与えるものとして，我慢の対象であった。教師からも，状況にそぐわない話題は口にするべきではないとの注意を度々受けてきたという。

　一方，7組においては，「思いつきの話題」は，友人に馬鹿にされる心配がないだけでなく，教師には，本人の自己表現のきっかけになるもの，あるいは場を和ませるものとして積極的に受容された。これは，定時制高校や通信制高校などの支援的な要素を含む教育活動を行っている学校でも見られる，教師による生徒の教師不信を解消するような密着的人間関係づくりのための行動であると考えられる（伊藤，2010）。

　例えば，グループ別（教師1名，生徒4名）の数学の授業場面で，数学に関わらない話題（トマトの話，テレビドラマの話，美容院の話など）が複数の生

徒から次々と繰り出される様子が観察された．Aくんも，その日の授業内容である「小数」からの連想で野球の打率話題を口にしていた．同級生からは「Aは野球バカだ」とツッコまれ，教師から「Aくんは頭が野球のことでいっぱいなのね」と応答されていた．こうした周囲からのちょっとした応答は，Aくんを喜ばせるものであった．

　実際，日によっては，50分授業のうちの30分以上が「思いつきの話題」を起点にした雑談に費やされる時もあった．このような「思いつきの話題」が生徒たちによって自由に繰り出され，教師によって光を当てられる場面が，7組のそこかしこで観察された．

・**教師による外部脅威からの庇護**

　こうして7組に居場所を見出していったAくんにとって，学校生活の中での唯一のネックは，通常学級の生徒との交流活動であった．

> A：朝礼とかだと，隣が1年なんすね．その1年がチラチラこっちを見ているような気がして嫌ですね．小6のときにあったような『あいつ何やってんだろう』みたいなことを言われているような感じというか．いじめというか．とても嫌な気持ちになるので．
> ＊：チラチラ見られているときはどうしてるの？
> A：無視してます．違う方を見たりして．下向いたり．
> 〔Aくん，インタビュー，2012年12月13日〕

　Aくんは，交流活動時の通常学級生徒からのまなざしを小学校のときのいじめと重ねていた．「普通とは違う学級で，あいつ何やってるんだろう」というまなざしを感じるという．筆者が観察した朝礼の場面でも，Aくんは，とても緊張した面持ちで，できるだけ体を小さくして体操座りをし，通常学級の生徒たちの方には一切視線を向けず，その時間をやりすごそうとしていた．

　こうした緊張した様子は他の7組の生徒にも見られ，交流活動の場面では「思いつきの話題」は自主的・集団的に封印されていた．教師によれば，Aくんにおいて，その「まなざしの無視」の戦略が常時成功していたわけではない．例えば，中学2年の体育大会の練習中に，衝動的に目の前の通常学級の生徒を

蹴ってしまったことがあった。そのとき，Aくんは「小学校のときに俺をいじめていた子を思い出した」と語っていたという。このように，彼は，小学校時代のいじめのトラウマから，通常学級の生徒に対しては苦手意識を抱き続けていた。

　前項で述べたように，教師たちはこうした交流の場では，保護者的な目線で，7組生徒と通常学級生徒との距離を注視している。場合によっては，通常学級の生徒との間に自身の体を挟み込んで簡易の防御壁を築いたりもしていた。つまり，生徒と教師が暗黙のうちに共闘しながら，交流活動場面のやりすごしが試みられていた。

・高等特別支援学校への進学の選択

　Aくんは，「生徒たちに隠れ家を用意したい」と考える教師たちとパートナー関係を結ぶことで，7組に居場所を見出していった。教師にとって，Aくんは特別支援学級生徒のモデル・ケースであり，実際，担任の口からは「Aくんは7組が適当な子であった」と語られた。

　そして，Aくんは，中学3年になると，四葉中7組卒業後の進路として，高等特別支援学校を志望していく。

> A：中1のときに，7組の先輩がよく行く高校に野球部があるって聞いたんで，その野球部に入りたいと思って，その高校に行きたいと思いました。そのときからその桔梗高校（桔梗高等特別支援学校，本人は「高校」と呼ぶ）を目指して。その気持ちが強くなってきて，もう我慢できなくなってきましたね。
> ＊：野球部があることが一番の理由？
> A：あと，いじめがないこと。7組の先輩もたくさん行ってますし，いじめがないかなと。
> 〔Aくん，インタビュー，2013年1月10日〕

　上の語りにも見られるように，Aくんは，大好きな野球ができる環境があることとグレーゾーンの友人コミュニティの先輩たちの多くが進学していることを理由とし，自ら高等特別支援学校を志望するに至った。実は，本人は高等特別支援学校を「通常の高校」として認識していたのだが，教師や親は，そのこ

とは問題にはせず，順当な進路選択として高等特別支援学校の受験を奨励し，学校見学や試験対策などの機会を用意した。そして，無事に合格でき，本人としても，満足のいく形で中学3年間を終えた。

(2) Bさんにとっての進学・適応・進路選択

一方のBさんにとっての7組は，小学校時代に通常学級側から眺めていた特別支援学級のイメージどおりの場所であった。すなわち，本人の言葉でいえば，そこは幼稚で「ギャーギャー」うるさく，「しつこくて境目がない保育園」のような場所であった。器質的な障害（身体機能の欠損）の発覚ゆえに自分は7組に来たという認識を持つBさんの目には，7組の同級生たち全員が自分同様になにかしらの障害を持つ人たちとして映った。7組は，Bさんにとって，「ここに行くしか道はない」と半ば諦めの気持ちを抱きながら，不本意に転入してきた場であった。

・勉強内容の簡単さへの葛藤

そんな中で，Bさんが，転入後すぐに葛藤を覚えたのは，Aくんと同じく，勉強内容の簡単さであった。

＊：7組での勉強についてはどう？
B：言っちゃ悪いですけど，簡単で，つまんないなあって。足し算とか引き算とか，すごい退屈で。入学前は，小学6年生とか，小学5年生ぐらいかなあと思ってて，その時点でも，私は簡単すぎるなあと思っていたんですけど。入学したら，さらにレベルが下がっちゃって。7組も小学校のときみたいに勉強の場所であってほしいというか。
＊：もっと勉強したいってこと？
B：そういうわけじゃないけど，勉強は，大人になったときに役立つかなあと。そのためには，本当はもっと勉強した方がいいのにって気持ちがあって。でも，その機会がないから。あと，やっぱり，もう少し難しいのがやりたかったなっていうのがあって，そうでないと勉強がおもしろくないから。
〔Bさん，インタビュー，2013年1月10日〕

勉強の分からなさは自覚しているものの，勉強への意欲までは失っていなか

ったBさんにとって，障害者扱いされ，簡単すぎるものしか提供されない学級は，一層，自分の人生の可能性を制限し，自己を無力化していく場所のように感じられた。実際，Bさんは問題を解くスピードが周囲と比較して速く，授業中に長い時間待たされている様子が観察された。Bさんは，Aくんが積極的に評価していた，7組で認められる「思いつきの話題」を表出する自由に対し，「少なくとも授業中に関しては止めてもらいたい」と語った。「授業が進むのを雑談で中断されたくない」という思いからであった。

　Bさんは，勉強の内容への葛藤について教師陣に直接異議申し立てを行い，それを受けて教師は，漢字・計算ドリルの難易度について多少の調整を行った。しかし，授業時間の雰囲気は相変わらずで，市販のドリルを複写したものを使った教育内容や指導法に変化はなかった。勉強内容の難易度は不満・不安の一端に過ぎず，自分の人生の可能性が制限されていっている感覚が根本的な解決を迎えることはなかった。

・「ごまかし」「うさ晴らし」としての学校内外での運動への没頭

　そんなBさんが，勉強ができないからこそと没頭したのが，「通常学級の人たちにも負けない」と本人が豪語する運動であった。

　　＊：7組でよかったなと思うところはある？
　　B：通常クラスにはない行事とか，バスケットボール大会やマラソン大会があって，宿泊もそうだし，とにかく行事が多くって。そういうとこで，7組に来てよかったなあと思いましたね。入学してからも，もやもやしてたけど，運動に夢中になっているときとか。バスケットボール大会に向けてがんばっているときとかは，そういうもやもやはなく，夢中になってた感じで。運動は，別に普通の人と変わんないかなあって思いがあって。バスケとかサッカーとか走ったりするには普通だから。

〔Bさん，インタビュー，2013年1月10日〕

　7組には，通常学級とは比較にならない数の実技教科系（音楽・美術・体育）の行事が毎月のようにあり，特に運動行事の前になると，勉強の時間が削られ，体育の授業時間が増える。Bさんは，「簡単な勉強をするくらいなら，

体育の時間が増える方がいい」と語り、運動に没頭することで、勉強のこと、障害のことなどのもやもや感をごまかしていったという。好きな運動に没頭できる環境が7組にあったことは、Bさんにとっては幸運なことであった。

またこういった「ごまかし」「うさ晴らし」は、学校外での生活でも行われた。Bさんは、プロフィールで述べたように、放課後や週末にサッカーの小学校低学年チームでコーチをしたり、キックボクシングのジムで汗を流していた。そうした場では、「特別支援学級の人かどうかは関係ない」ため、余計なことを考えずに打ち込めるという。

・グレーゾーンの友人コミュニティへの参加

Bさんは、7組の中でマドンナ的存在であり、学級のほとんどの男子生徒は、好意の視線を向けていた。視線だけでなく、体当たりでぶつかっていく生徒、しつこめの関わりをする生徒もいた。

「配慮の人」で人当りのよいBさんは、基本的には、7組のメンバー全員と良好な関係を結びつつも、Aくんと同様に、自らの境遇に近い、知的障害が軽度・境界域で通常学級経験者たちで集うコミュニティに参加し、親しい人間関係を結んでいった。本人いわく、そのコミュニティへの参加は、7組の中での学力差や話題・趣味の違いを強く実感したことが関係していたという。彼女の言葉では「世界の違い」と表現されるものであった。すなわち、Bさんにとってのグレーゾーンの友人コミュニティへの参加は、特別支援学級出身の中度知的障害の同級生たちと自分との間に境界線を引く行為であった。

・同性の若手介助員との「つるみ」

しかし、グレーゾーンの友人コミュニティの中でも満たされないものがBさんにはあった。それは、同性の友だちとの「つるみ」である。7組はもともと女子生徒の数が極端に少なく、先に述べた親しい友人たちもほとんどが男子であった。

＊：救命講習の休み時間（通常学級と合同での行事）のとき、（通常学級の）女子が集まっているの、気になってみたいだね？

B：気になるわけじゃないけど，女子でつるむのうらやましいというか。
＊：小学校のときは，女子とつるんでた？
B：してたしてた。女子だけでおしゃべりしたりとか遊んだりとか。めちゃくちゃ楽しかった。
＊：7組ではないの？
B：7組は女子少ないし。一昨年，1人だけそういうのができる人がいて，やってたけど。中2・中3は，そういう人いなくて無理。だから，今は，介助員のZさんとおしゃべりする。趣味とかが一緒で，音楽とか韓国のやつとか，そういう話で盛り上がって。

〔Bさん，インタビュー，2013年3月5日〕

　Bさんの口からは，7組で小学校のときのような女子友だちとの「つるみ」が成立しないことへの不満が語られた。しかし，不満を吐露するだけではなく，Bさんは，女性の介助員との関係をうまく活用しながら，7組の中でなんとか「つるみ」的人間関係を構築しようと努力していた。

・交流活動場面での「まなざしの無視」の戦略と教師による庇護
　こうした自助努力によって7組の中になんとか居場所を見出していったBさんであるが，Aくんと同様に，通常学級との交流活動には苦手意識を抱いていた。

＊：Bさんは，通常学級との交流はどう？
B：まあ，嫌ですね。仕方ないかなあ的な感じはあるけど。でも，あんまり会いたくないというか，一緒に行動したくないっていうのはあります。まあ，変な目で見られたりとか，そういうのを自分で思っちゃったりして。あと，なんか，自分は他の人とは違うって思っているんで，なんかそういうなんか，一緒にいると，違いみたいなのを意識しちゃうんで，自分から遠ざかっていくというか，なんか，うーん，なんだろう。とにかく嫌なので。

〔Bさん，インタビュー，2012年11月15日〕

　通常学級からのまなざしを感受し，違いを意識するがゆえに，交流活動を嫌悪していることが語られた。そしてBさんにおいても，Aくんと同様の対処と

して，視線を合わせない，積極的には交流しないといった「まなざしの無視」の戦略が取られていた。そうしたBさんの心情を察し，やはり，教師たちは庇護の姿勢で持って，Bさんと通常学級生徒との距離に細心の注意を払っていた。

・高等特別支援学校への進学の選択

　Bさんが中学卒業後の進路を意識しはじめたのは，中学3年に入ってからのことである。

　　＊：たんぽぽ（特別支援学校）の見学は1人でいったの？
　　B：たんぽぽには，今の3年生や先生と一緒に見学に行きました。勉強とかを見たんですけど，まあちょっと，無理かなあと，簡単すぎて。中にいる人は，なんて言ったらいいんだろう，まあ。なんというか，ちょっとひどいなあと。ひどいというか，なんだろう。うーん，なんだろう。7組よりさらにひどくて。自分はちょっとないかなあと思いました。身体障害者の人が多かったりとか，自分がその場にいることがちょっと想像できない。別の世界というか。
　　＊：桔梗高校（高等特別支援学校）の見学では「別の世界」ではなかった？
　　B：まあ，7組と同じような感じで。たんぽぽよりかはまだありえると思いました。
　　　　　　　　　　　　　　　　　　〔Bさん，インタビュー，2012年12月13日〕

　Bさんによれば，もともと担任から提示された進路の選択肢が高等特別支援学校と特別支援学校高等部の2つしかなく，本人としては，「高等特別支援学校しか選びようがなかった」という。

　一方，担任教師と母親の方からは，Bさんがインタビューで語ったことは正確ではなく，前述の2つ以外の通常高校についても確かに本人に提示したことが語られた。さらに両者からは，Bさん自身が，学力に自信がなく，かつ障害と関わっての心的葛藤から，自ら通常高校を選択肢から除外したのではないかというような見解も語られた。いずれにしろ，Bさんもまた，高等特別支援学校に順当に合格し，Aくんと同じ進路に進むことになった。

　AくんとBさんは，同じ7組という学級環境で同級生として3年間を過ごし，転入直後には共に勉強内容の簡単さに葛藤を覚えていた。それにもかかわらず，

Aくんの場合には7組に自己を解放できる隠れ家的性質を見出し，Bさんの場合には，7組に自己を無力化する性質を見出していた。一方で，グレーゾーンの友人コミュニティへの参加や通常学級との交流活動場面での「まなざしの無視」などの戦略には，共通性が見られた。

こうした転入と適応の過程は，別の中学校の事例ではどうであろうか。今度は，AくんとBさんと同じく中学進学のタイミングで固定制の知的障害特別支援学級へと転入した椿中学校7組のCくんの事例について見ていくことにしたい。

3. 椿中学校7組の事例——Cくん

3.1 椿中学校7組への進学に至る前史

〈Cくんのプロフィール〉

　Cくんは，地元の小学校通常学級（1〜6年）を経て，同じ市内にある椿中学校の固定制知的障害特別支援学級（7組）に進学した人物である。小学校入学時から卒業まで継続して，週1回午前の時間に，校内の通級指導教室を利用している。AくんやBさんと同様であるが，Cくんの居住する市も拠点校方式をとっており，地元の中学に特別支援学級の設置がなかったため，学区を越境して，小学校の同級生たちのほとんどが進学した中学とは別の椿中学校に進学することになった。中学には徒歩で通学している（途中で椿中学の近くに引越した）。

　彼は，両親との3人暮らしである。母親への信頼が厚く，かつ影響も受けやすく，母親の進言には基本的に素直に従う。Cくんの好きなことは鉄道とPCゲームである。それらに関連する話題は豊富である。体つき，身長ともに平均的で，運動は得意ではない。嫌いなことは「ゲームのセーブデータを改造するような掟破りをするような人間とふれあうこと」で，ルールやマナーを破る人に対して厳しく接するところがある。幼児期から英語教室に通い，中学2年からは家庭教師による学習指導を受けている。

　発達検査上，知的障害は境界域（IQ70〜90程度）に位置し，知識量や語彙数の豊富さに比べ，思考が硬く，思い込みやこだわりが強い。衝動性が高く，刺激に過剰に反応する。他者感情の推測が苦手で視覚的な情報処理などにアンバランスさが見られる。6歳時にアスペルガー症候群の診断を受けている。服薬はしていない。生活の上での口語でのやりとりに支障はなく，過去を振り返ってエピソードを語ることができる。知的障害や精神障害の療育手帳は保持していない。

第6章　知的障害教育の場への転入と適応の過程　I　　　　137

　Cくんが，通常教育の場からの転出経緯について語ったのは，Aくんと同様に，いじめとの関わりであった。

　　＊：どういう経緯で7組に来ることになったの？
　　C：入った理由は，いじめですね。中学でもいじめられたら，もう不登校確実なのでそれを回避するために。多分，小学校のいじめがなかったら，7組自体知ることもなかったので，高確率で通常学級に行ってましたね。
　　＊：いじめはひどかったの？
　　C：小学校は，いじめの無法地帯でしたね。悪口とかからかいが中心ですけど。いじめのことを先生に通報することで，注意してくれることはあるんですけど，その日，もしくは，2・3日程度で，再来するっていうのが。あと，周りの関心が，ほとんど皆無。実際，僕がいじめを受けてそれを誰かが通報してくれたっていう事例が数えるほどのみ。
　　　　　　　　　　　　　　　〔Cくん，インタビュー，2012年10月15日〕

　Cくんや母親によれば，小学1年のころから日常的にいじめがあり，そのスタートは，通級指導教室に通っていることへの同級生によるからかいからであったという。その後，登下校時に上級生からランドセルをたたかれたり，石を投げつけられたりということが続いた。放課後の学童や習い事のサッカークラブでもいじめを受けたという。そして，小学3年の頃からはさらにいじめがエスカレートしたため，登校への意欲が減退し，欠席することが増えていったという。
　その状況は高学年になっても続いたが，通級指導教室の教師のアイデアで「グリーンカード・システム（嫌なことがあったら，1週間に2回まで通常学級を休める）」をはじめたことで，週1回の休みに留めることができ，完全に不登校状態に陥ることは回避できた。Cくんにとって，通常教育の場から転出する理由は，何にもまして，本人の言葉でいう「いじめの無法地帯」からの脱出であり，ポジティブな意味を持つ進路選択であった。
　一方，母親の方は，本人が語るいじめをアスペルガー症候群に起因する対人関係トラブルの1つとして捉えていた。プロフィールで述べたように，Cくんの場合には，就学前にアスペルガー症候群の診断を受けていたこともあって，

入学当初から教師や他の保護者に告知がなされ，通級指導教室の利用などの特別な教育的配慮を早くから受けてきた。

　それでも，学年が上がるにつれてアスペルガー症候群に起因すると思われる対人関係トラブル（いじめを含む）が目に見えて増加してきたことから，通常教育の場からの転出が進路の選択肢に入ってきたのである。アスペルガー症候群に関しては，小学校高学年の頃から特性面に関して本人にも告知がなされ，Cくん自身も「自分はアスペだから，対人関係が苦手」という形で認識している。ただし，Cくんは，母親が認識するようには，アスペルガー症候群と小学校時代のいじめを結びつけておらず，本人にとっては，あくまでもいじめを主たる要因とする通常教育の場からの転出であった。

　AくんやBさんと大きく異なるのは，Cくんの場合には，学力不振が転出理由になっていないことである。例えば，テストについては，低学年時は100点が多く，中学年・高学年においても最低でも50点以上はあり，母親からも「悪かったというイメージはない」と語られた。

3.2　進学先の椿中学校7組の特徴

　Cくんが進学した椿中学校（全校生徒は約300名）は，最寄り駅から徒歩30分圏の閑静な住宅街の一画に立地している。市内の公立中学は全3校（小学校は7校）で，中学で特別支援学級が設置されているのは椿中のみである（調査当時）。椿中は市内における小中一貫教育のモデル校で，通常学級の生徒はほぼ全員が隣接する小学校出身者で，7組のみ，市内の他の小学校出身者が在籍している。

　市内唯一の中学校特別支援学級（調査当時）である7組は総勢26名（各学年約8名，男女比は3対1）の在籍生徒数で，指導体制は教師6名と介助員2名（他，時間講師）である。行政レベルでの学級編成上は，知的障害特別支援学級が4クラス設置されていることになっているが，実質は，合同で「7組」として運営されている。学年混成である。

　先の四葉中7組の場合と同様で，教育課程は教科別のため見た目の時間割は通常学級と遜色ないが，あくまでも知的障害教育を基盤にした内容であるため，中身はかなりの程度異なっている。形態としては，グループ別学習（1グルー

第 6 章 知的障害教育の場への転入と適応の過程 Ⅰ　　　　139

校時＼曜日	月	火	水	木	金
1	道徳	国語／数学	美術／英語	国語／数学	理科／数学
2	数学／国語	音楽	美術／社会	家庭	理科／国語
3	技術	音楽	社会／美術	技術	数学／理科
4	／家庭	体育	英語／美術	音楽	国語／理科
昼	給食・昼休み・掃除				
5	体育	数学／作業	音楽	体育	体育
6	生活	作業／国語		総合	学活

図 6-2　椿中学校 7 組の時間割

〔出典〕学級要覧を元に筆者作成

プが 6 〜 13 名）と学級全体での学習がある。

　発達検査上，生徒たちの知的障害の程度にはばらつきがあり，半分が，C く
んのように知的障害が軽度・境界域（IQ50 〜 90 程度）の通常学級出身の生徒
で，半分が，知的障害が中度（IQ35 〜 50 程度）である。後者の中には，小学
校入学以来，特別支援学級しか在籍経験のない生徒も含まれている。観察の限
り，7 組では，生徒全員に口頭での指示が通り，全員と口語でのやりとりが可
能である。ほとんどの生徒が一斉授業に離席なく参加できている。一方で，1
名が情緒不安定で別教室に個別抽出されることが多く，4 名は不登校傾向にあ
る。

　椿中は，1 階奥が 7 組，2 階以上が通常学級という分離型の校内配置になっ
ており，朝礼や行事をのぞき，7 組の生徒と通常学級の生徒が顔を合わせる機
会はほとんどない。通常学級の職員室（2 階）とは別に，7 組の職員室が 1 階
に用意されている。

　7 組の教師たち 6 名（男性 4 名，女性 2 名）は，50 代の主任以外は，20 代，

30代で正規の教職経験が5年以下であり，平均するととても若い教師集団である。主任は，各種研修会に参加したり，現職のまま大学院博士課程に進学するなどしながら専門性を高め，特別支援学級の教育に誇りと熱意を持って取り組んでいる。

一方で，若手教師の5名は，特別支援教育全般に関する専門性が浅く，一般的な中学校教育の知識や技量をベースにしながら，日々手探りで7組の生徒たちに接している。教師陣の中には，校内人事の関係で本意ではなく特別支援学級の担任に配属になった教師も含まれ，彼（女）は，次の年度には通常学級の担任に戻ることを望んでいる。介助員2名は，共に子育てがひと段落した地元の主婦であり，持ち前の包容力や社交性をフルに生かして，教師たちの指導を補助する役割を担っている。

経験年数が高く特別支援教育に親しみのある教師集団によって運営され，「居場所づくり」という方針が共有されていた四葉中7組と比較すると，正直なところ，椿中7組の場合には一貫した方針のもとで取り組まれているという印象は薄い。特に若手教師たちにいえることだが，若者世代として，生徒たちとの価値観の近さと柔軟性を最大限に発揮しながら毎日を乗り切っている様子がある。よくも悪くも，あまり生徒の「障害」を意識して教育活動に従事している様子はない。

こうした状況にあって，主任教師は，要所要所で若手教師に医学・心理学的な障害特性に応じた対応をアドバイスしたり，テキストを紹介したり，研修会に誘ったりするなどしながら，教師集団の特別支援教育の専門性を高める努力をしている。少なくとも主任教師は，椿中7組の教師たちに近い教育観を有しており，「居場所づくり（隠れ家づくり）」を意識している。

四葉中7組と同様に，椿中7組においても，生徒が一定数在籍している利点を生かして，通常学級と類似の形態で，集団指導的な学級活動が行われている。つまり，7組の教室では，通常学級と同様に，1人ひとりの机が等間隔に置かれ，全員が前方を向く，一斉教授型の座席配置がなされている。主任教師の方針から，通常学級との交流活動は，朝礼や学校行事以外は，ほとんど行われていない。学級での雰囲気に波があり，黒板の前に立って担当する教師次第で，非常にリラックスした雰囲気になったり，ものすごく緊張感のある雰囲気にな

ったりする。ただし，不思議と，まったく統制のとれない状況には陥らない。

このような手探りの状況のため，教師間で，知的障害教育が何たるか自体共有されているとはいえず，社会的自立や発達保障を目標に据える意識は薄い。したがって，本来は生活主義教育を意識して組み立てられるはずの「作業学習」なども，技術科教育的な授業に留まりがちである。

3.3　椿中学校7組への進学・適応・進路選択

このような椿中7組に進学したCくんは，どのような3年間を過ごしたのだろうか。

・葛藤のない転入

実は，Cくんは，7組への転入に際して，ほとんど違和感を覚えていない。つまり，極めてスムーズに適応している。その大きな要因は，どうやら彼が小学校6年間，通級指導教室に通い，そこでポジティブな経験を積み重ねてきたことにある。

> ＊：7組に入る前は，どういう場所だと予想してた？
> C：入学前に7組で体験して，通級が毎日に拡大するような場所だと思ってました。通級の先輩も半分くらい行ってたし。実際入ったら，「小学校÷2＋通級」でしたね。小学校よりかはいじめがかなり減った上に，通級のような部分があるので。まあ，通級が拡大したような場というので間違いはないです。
> ＊：Cくんにとって，小学校のときの通級ってどういうところだったの？
> C：ものすごく，楽しかったですね。体育のサーキット運動とか，校外学習とか。あと，6年間だいたい，いじめからの逃げ場でした。
> 〔Cくん，インタビュー，2012年11月12日〕

Cくんの語りにもあるように，彼にとっての通級指導教室は，「いじめの無法地帯」で「休み時間に一緒に遊ぶ友だちがいない」通常学級生活において，唯一といってもよい楽しい時間であった。したがって，いじめがエスカレートして学校を休みがちになったときにも，通級する日だけは決して休まなかったという。そこで，様々な小学校から集う境遇の似た子どもたちと友人関係を結

び，一緒に遊び，通常学級での日常を生き抜く活力を得ていた。

　先にも述べたように，小学1年の時には，通級に通っていることをからかわれたりして「行く意味が分からなかった」というが，それによって通級にネガティブな印象を持つことはなく，むしろ，その後の通常学級生活の中での辛さの反動から「通級に行っていて助かった」と語られる。Cくんも母親も，通級指導教室の教師にとても信頼を置き，母親によれば，中学での7組への進学を考えはじめたのも，その教師に見学をすすめられたことがきっかけであったという。

　7組には，小学校の通級時代の先輩や同級生が複数進学していた上に，雰囲気も出身の通級とよく似ていた。つまり，通級指導教室への親しみがあったがゆえに，Cくんは7組に特に違和感を覚えなかったのである。通級指導教室も7組も，Cくんにとっては「隠れ家」として意味づけされる場所であった。

・通常学級敵対派（グレーゾーンの友人たち）との連帯

　7組には，Cくんと同じように，通常学級出身で，いじめによって心に深い傷を負って7組に進学してきた生徒たちが多数いた。

　そのうちの1人が，Yくんである。Yくんは，椿中に隣接する小学校（小中一貫教育の相手校）の通常学級の出身者である。Yくんの知的発達の遅れは境界域で，7組の中では学力的に高い層に位置し，CくんとYくんは，同じ学習グループで国語や数学などの小グループ授業を受けることが多かった。7組に転入して以来，CくんとYくんは，お互いを密かに意識するライバルであり，お互いに影響し合う仲のいい友人でもあった。そして，Yくんは，7組の他の生徒たちから慕われるリーダー的存在でもあった。

　Cくんとは異なり，Yくんの場合には，学級が異なるとはいえ，小学校時代に殴る蹴るなどの暴力を用いていじめてきた相手と同じ学区の中学校に進学してきていた。したがって，Yくんは，椿中の2・3階で学ぶ通常学級の元同級生たちに対して，強い苦手意識や敵対意識を抱いていた。Yくんは，7組を「（マンガの）『進撃の巨人』の街みたい」と表現し，「壁があって，外に巨人（＝通常学級の生徒）が住んでいて，おれらが中に住んでいて，ときどき侵入してこようとするから，ドーンと外側に押し出して。あと，内側の誰かが死ぬ

ぐらいなら，自分が死んだ方がいいというのもある。みんな生きているんだったら，自分が死んでも大丈夫。強力な仲間意識があるから」と語った。

　7組には，Yくんのこうした考えに同調する者が多く，Cくんもその1人である。筆者が7組を観察していたときに，たまたま同学年の通常学級の生徒たちがガヤガヤしながら7組の教室横の廊下を歩き抜けていった日があった。その物音に対し，Yくんは壁越しに「てめえら，調子にのんな。勝手に通るなよ。殺すぞ!!」と大きな声で怒鳴り，Cくんも「そうだそうだ，ふざけんな!!」と同調の怒声を上げた。Yくんを含む7組の生徒たちは，通常学級への敵対によって，強く連帯するとともに，互いにいじめの傷を癒しあっていた。

　先にも述べたとおり，こうしたグレーゾーンの生徒たちの心情に対して，主任教師は共感的であり，不可避の朝礼や学校行事をのぞき，積極的には通常学級との交流活動を設定しなかった。

　また，主任教師は，教育活動の中で，いじめによる心の傷を意識した特別授業を組んでいる。例えば，道徳の時間に，「7組に入ったころ」というテーマの授業を実施している。指導案によれば，ねらいは「①7組に転入する前後の自分の環境やその中で考えていたことを仲間とともに振り返る。②なぜ7組に入ったのか，なぜ7組をやめないのか，を考えて言葉に出してみる。③仲間の意見を聞きながら，同じ境遇の仲間であることを再確認する」ことにあり，「生徒が7組に転入した前後の心境の変化にスポットをあて，このクラスで得たもの，失いたくないものを仲間とともに考えさせることで，7組の仲間の大切さを引き出していきたい」というのが指導意図とされていた。

　こうした友人関係や教師の意図的な働きかけを通して，Cくんは，「いじめからの逃げ場」「通常学級に集団で対抗する場」として7組を意味づけ，学級に愛着を見出していった。

・通常教育の走路に戻るための家庭教師・塾の利用

　Cくんが，中学卒業後の進路を意識しはじめたのは，中学2年の夏ごろからである。前述したとおり，通級指導教室での経験をベースに，転入直後は，無理なく7組に適応したCくんであったが，進路を考えはじめたことがきっかけとなり，後発的に7組への葛藤が生まれてきた。それは，AくんやBさんにも

見られた，勉強内容の簡単さに関するものであった．

  C：(7組の) 他の人とは違って，僕の場合，中2の後半から普通高校（通常高校）目指しはじめたんですよ．そしたら，なんか，勉強している内容が，通常学級と比べて，こっち（7組）の方がレベルが低いのに気がついて．あと，内申がないことにも気づき，ものすごいハンデだと．
  ＊：通常学級に行っておけばよかったって思った？
  C：そうですね．受験勉強やってて，こっち（7組）に入ってきたことを後悔しはじめる．でも，通常学級に行ってしまった場合，いじめとかで結局不登校になるはめになる．で，結局，今まで，小学生時代僕のことをいじめてきたやつらへの恨みへとつながってくる．やつらが僕をこうしたんですよ．結構，受験勉強中に，なんか，自分の学力について嫌になってきまして，自殺願望高まってきてて．
             〔Cくん，インタビュー，2012年10月15日〕

 そもそも，Cくんが，中学卒業後の進路として通常高校（全日制の工業系）を目指すようになった理由は，第1に，大好きな鉄道の仕事（鉄道員や整備士）に就きたいため，第2に，IQ値的に知的障害の診断や手帳の取得が微妙で，高等特別支援学校や特別支援学校高等部の受験資格がとれない可能性があるため，第3に，7組の2学年上の先輩が工業系の通常高校に合格し進学したためであった．Cくんは，中学2年の夏から家庭教師をはじめ，中学3年に入ると塾も利用するようになり，彼の頭の中は受験一色に染まっていった．

 こうした塾や家庭教師といった学校外の教育サービスの利用は，主任教師の進言によるものであったという．その進言は，通常高校への挑戦はあくまでも家庭の責任で行われるべきもので，7組の教育の中では，受験のためのテスト学力の保障は行わない（行えない）ということの表明であった．通常高校への挑戦は，非常にハードルが高く，必ず成功するとも限らないので，主任教師は，母親に対し，「受験資格がないと決めつけずに，一応，高等特別支援学校にも出願してほしい」と伝えたという．

 こうして，7組での3年間の後半戦を受験勉強に費やすことになったCくんは，7組に新たな意味づけをしていく．

＊：7組はどんな場所？
C：完全に，僕っぽさが出たたとえではありますけど，「しせん」のような場所ですね。
＊：「しせん」って何？
C：鉄道の本線，支線の支線です。普通に本線から逸れて別の方向に行っちゃう感じの場所。姿形は一緒なんだけど，行先が違うみたいな。ただ鉄道の場合は，自然に合流したりもするんですが，7組の場合は，支線から本線に戻るってことは，家庭教師したりで，本当に大変で。
〔Cくん，インタビュー，2013年1月11日〕

　ここでいう本線は「小学校通常学級⇒中学校通常学級⇒通常高校」のキャリア・トラックのことを，支線は，本線の途中から分岐しての「中学校特別支援学級⇒高等特別支援学校・特別支援学校高等部」のキャリア・トラックのことを指している。Cくんは知的障害教育の走路から通常教育の走路に戻ることの難しさを鉄道路線にたとえて表現しているのである。そしてCくんは，中学3年の9月以降，徐々に7組に通学することや7組の授業にポジティブな意味を見出せなくなり，苛立ちや嫌悪感を周囲に見せるようになっていった。
　結局，Cくんは，初戦の第一志望の高校の受験に失敗し，落ち込みと極度のストレスの中で「自殺」といったネガティブな発言が増え心配されたが，なんとかその後に受験した第二志望の高校に合格し，筆者も含め関係者みなが安堵した。

4．おわりに

　本章では，2つの中学校の3名のグレーゾーンの子どもの事例を取り上げ，1人ひとりの知的障害特別支援学級への転入と適応の過程について描き出してきた。
　AくんとCくんは本人たちの認識の中では共にいじめを転出理由とし，知的障害教育の場に「自己の解放」を見出していた。一方で，中学卒業後の進路選択においては違いがあり，Aくんは知的障害教育の走路の継続，Cくんは通常

教育の走路への復帰を志向していた。Bさんの場合には，知的障害教育の場への不本意転入で，「自己の無力化」を見出していた。しかし，もはや通常教育の走路には戻れないと諦め，中学卒業後は，知的障害教育の走路へと進学した。3名においては，かなりの程度，通常教育の場の文化や健常者としての見方や基準が内面化されており，知的障害特別支援学級への転入・適応に伴っての大小のアイデンティティ葛藤および対処的な戦略が見られた。

　なかでも，通常学級（通常教育の場）との距離の近さに関わっての葛藤や対処が特徴的であった。すなわち，3名は，たとえ拠点校方式の固定制の特別支援学級の在籍であっても，朝礼や行事などでの通常教育の場のメンバーとの交流活動を完全に回避することはできず，通常教育の場の生徒たちからのまなざしに悩まされていた。

　対する7組の教師の方は，各校において，「居場所づくり（通常学級との相対的関係を踏まえた避難の場づくり）」を教育指導の基本方針に掲げていた。教師たちは，学級内に同質性のある集団社会を形成するとともに，学級外での通常学級の生徒と7組生徒の接触に細心の注意を払っていた。

　知的障害特別支援学級のさらなる特徴として，知的障害教育の基本原理である生活主義教育の要素の薄さ，すなわち，社会的自立（職業的自立）への目標意識の低さが見られた。社会的自立に向けた知的障害教育を提供するのは後期中等教育段階の高等特別支援学校や特別支援学校高等部の仕事であると認識され，特別支援学級では，その前段階の役割として，通常教育の場と知的障害特別支援学校の「つなぎ」や「橋渡し」を担うことが意識されていた。

　このように，知的障害特別支援学級の教師は，通常学級からの距離の近さも関係して，知的障害教育の場の設置目的である生活主義（あるいは発達保障）の教育よりも，学校教育システム上のもうひとつの役割である通常学級からの不適応者の受け止めに重点を置いている様子が見られた。そして，生徒の「居場所づくり」のために，教師集団で密着的人間関係の構築などの戦略を行使していた。

　このような知的障害特別支援学級に特徴的な側面は，次章の知的障害特別支援学校の事例と比較しながら見ていくことでさらに鮮明になることだろう。

第7章　知的障害教育の場への転入と適応の過程　Ⅱ
　　　　特別支援学校の事例

1. はじめに

　特別支援学校は，学校教育法第 72 条に規定された「視覚障害者，聴覚障害者，知的障害者，肢体不自由者又は病弱者（身体虚弱者を含む）に対して，幼稚園，小学校，中学校又は高等学校に準ずる教育を施すとともに，障害による学習上又は生活上の困難を克服し自立を図るために必要な知識技能を授けることを目的とする」学校である。

　前章で取り上げた特別支援学級とは，心身の発達に関わる補償教育の提供を公式の目的とする点において共通しているものの，通常学校から独立した組織として存立しているという点において大きく異なっている。また，特別支援学級に在籍する子どもに比べると，在籍生徒間の障害程度の幅が大きく，本書で注目するグレーゾーンの子どもから，重度・重複の障害を有する子どもや医療的ケアの必要な子どもまで在籍している。そして，知的障害特別支援学校は，知的障害特別支援学級の場合と同様に，通常学級からの「教育の分離」を前提にした生活主義・発達保障の教育を提供することが認められているという点で他の障害種の特別支援学校と異なっている。

　調査の目的や内容は，前章で示したものとほとんど変わらない。筆者は，知的障害教育の場へと転入したグレーゾーンの子どもの学校経験を探る目的で，国公立・私立の 4 つの知的障害特別支援学校（以下，あんず支援学校，なつめ支援学校，すみれ支援学校，もみじ支援学校）の中学部において約 2 年間（2012 年 4 月～ 2014 年 3 月，もみじ支援学校のみ 2011 年 4 月～ 2013 年 3 月）のフィールドワークを実施した。

　具体的には，特定の子どもへのライフストーリー・インタビューを調査の軸に据えつつ，学校生活の参与観察や教師・保護者へのインタビュー，校内資料や教師の実践記録などの収集を行った。インタビュー調査への協力をお願いす

表7-1 本章で取り上げる事例

名前	性別	家族（居住）	学校歴	転出理由	診断	療育手帳
Dくん	男	父・母・弟・弟（自宅）	通常（小1）⇒特学（小2〜6）⇒あんず支援学校中学部（中1〜3）	いじめ・学力不振	軽度知的障害	有（知的）
Eくん	男	母（義父）（施設）	特学（小1〜3）⇒なつめ支援学校小学部（小4〜6）⇒なつめ支援学校中学部（中1〜3）	学力不振・暴力	軽度知的障害	有（知的）
Fくん	男	父・母・兄（自宅）	通常（小1〜2）⇒特学（小3〜小6）⇒すみれ支援学校中学部（中1〜3）	いじめ・学力不振	広汎性発達障害	有（知的）

〔出典〕筆者作成 ※通常＝通常学級，特学＝特別支援学級

る子どもの選定は，それぞれの学校の教師たちとの相談のもとで行い，本人と保護者への調査内容の説明や研究倫理面での約束事項の確認を経て，両者に「了解」をもらってから調査を開始した。各学校1，2名の調査協力者（なつめ支援学校のみ2名で他は1名，全員が中学2〜3年の期間）を得た。

調査開始に先立って，いずれの学校にも，1，2ヶ月ほど，学習補助のボランティアに入り，教師たちや子どもたち（生徒たち）との信頼関係づくりにつとめた。

本章では，4校5名のうちの3名（Dくん，Eくん，Fくん）の事例を取り上げ，1人ひとりの知的障害特別支援学校への転入と適応の過程について描き出す。この3名を取り上げる理由も，前章で取り上げた3名と同様で，本書が分析視点とする「子どもの生活戦略と教師の職務戦略の応酬」に関して比較考察（詳細な比較考察は第8章）を行う際に興味深い材料を提供してくれるからである。さらには，転出理由，知的障害特別支援学校という場への意味づけ，進路選択についてバリエーションを提示できるように心がけた。

2. あんず支援学校中学部の事例——Dくん

2.1 あんず支援学校中学部への進学に至る前史

〈Dくんのプロフィール〉

　Dくんは，地元の小学校通常学級（1年）から同じ校内の知的障害特別支援学級（2〜6年）を経て，中学から知的障害特別支援学校であるあんず支援学校に進学した人物である。

　彼の居住する市は各校方式を取っており，ニーズに応じて，どの小・中学校にも特別支援学級を開設できる。その方式に伴い，各校の特別支援学級は，在籍者1, 2名と規模が小さく，交流授業（通常学級の授業に混ざる）の頻度が高い。知的障害特別支援学級といいつつも，教室の場所はあまり離れておらず，実態として，制度上の通級指導教室のような部分抽出の場として利用されている。Dくん自身においても，小学2年時に通常教育の場（走路）から知的障害教育の場（走路）に横断したという実感は薄い。小学校卒業後，同級生の中であんず支援学校中学部に進学したのは，Dくん1人であった。あんず支援学校にはスクールバスで通学している。

　彼は，両親と3歳以上年の離れた弟2人との5人暮らしである。両親（特に父親）への信頼が厚く，かつ影響も受けやすく，両親の進言には基本的に素直に従う。Dくんの好きなことは，野球観戦やテレビゲーム，おしゃべりである。その他，CD集めやアイロンビーズなど，両親や教師，仲のいい友だちから影響を受けてその時々のブームがある。体格は華奢な方で運動能力は高くなく，運動は得意ではない。嫌いなことは，絵を描くことである。

　発達検査上，WISC-Ⅲの全検査IQでは，知的障害は軽度域（IQ50〜70程度）に位置するものの，言語性IQと動作性IQの差が40近くあり，前者が80近くあることから，口語でやりとりしている分には，知的障害が境界域であるかのような印象を受ける。あんず支援学校の教師たちも，Dくんを「グレーゾーンの子ども」として見なしている。耳の奇形と斜視があり，視野の狭さや手先の不器用さ，不注意がある。斜視矯正のプリズムメガネを着用している。生活の上での口語でのやりとりに支障はなく，過去を振り返ってエピソードを語ることができる。知的障害の療育手帳を保持している。

・通常学級からの押し出し

　Ｄくんは，地元の保育園から地元の小学校に「みんなが行くから行く」という心持ちで入学した。入学後，学習面の遅れや教室からの飛び出し，手を出すなどの対人関係のトラブルが頻発したそうだが，当初は，そうした状況は，学校内の担任個人の把握に留められ，まったく親には伝えられなかった。両親で参加した夏休み近くの保護者面談で，ようやく担任から学校での不適応状況の開示があった。その際，注意欠如・多動症や学習障害の説明プリントの配付と特別支援学級への転籍の勧めがセットで行われた。両親いわく，あまりに唐突な進言に呆れつつ，不信感の高まりから，「そこまで言うのであれば，支援学級に変えて下さい」と伝えたという。

　小さい頃から知的発達の遅れや視野狭窄に関して通院していたため，入学の時点で，Ｄくんに特別な配慮が必要なことは入学の時点で学校に伝えてあった。それにもかかわらず，あらためて，伝えてあったものとは別の新たな障害（発達障害）の疑いと結びつける形で通常学級で「手に負えない」という通告を受けたことは，両親にとっては心外な出来事であった。

　その後，校長や教育委員会との面談を経て，小学２年の４月から校内の特別支援学級に転籍することになった。この頃について，Ｄくんの記憶の中に強烈に残っているのが，授業が嫌になって教室を飛び出そうとする瞬間に，担任教師に，無理やり引っ張られて制止され，同級生の眼前で怒られたことだという。ストレスの大きい毎日の中で，Ｄくんは，斜視矯正のメガネに自傷的に当たり，フレームを曲げたり折ったりしていた。この自傷的行動は，特別支援学級に移ってからも変わらず，小学校卒業まで続いた。

・いじめと勉強に迫られる日常からの脱出

　そんなＤくんが，あんず支援学校を小学校卒業後の進学先として選んだ理由として語ったのは，いじめと勉強との関わりであった。

　　＊：どうして小学校を卒業したらあんず支援（学校）に行きたいって思ったの？
　　Ｄ：小６のときに，（地元の）水仙中（の知的障害特別支援学級）とあんず支援で体験（入学）してあんずの方が良い感じがしたからね。水仙には，いじめっぽ

さがあったから。自分の目で見たし。
＊：何見たか話せる？
D：恐そうな人が靴を奪って隠していて。それ見て，自分が入ったら，自分の靴も隠されそうだな，またいじめられそうだなと思って。いじめがひどいのが予想できたので。あんずはいじめは全然なさそうだった。しゃべれない人とか車いすの人とかいるから。
＊：じゃあ，いじめを避けたいからあんず支援学校にしたんだね。
D：それだけじゃないよ，勉強も。水仙中は，難しい勉強なわけ。普通学級も見たけど，勉強できないやつは後回しにして，中学1年の難しい勉強する感じだったから。それで，（小学校の特別支援学級のときのように）また普通（通常学級）の授業に入らされるんだったら嫌だなと思って。勉強したくない。

〔Dくん，インタビュー，2012年9月19日〕

　Dくんは，小学校6年間，学年によらない複数の子どもたちから，「馬鹿」「耳餃子」「メガネ猿」などの暴言を受けたり，プリズムメガネを隠されたり，バケツの水を飲まされたりといったひどいいじめを経験している。特に，生まれつきの耳の奇形に対する悪口は本当にきつかったという。いじめの多くは，登下校中や，通常学級での交流授業の前後の休み時間に行われた。
　こうした日常において，2年生から特例として使用が許可された特別支援学級の教室はいじめからの逃げ場で，休み時間に1人で引きこもれる隠れ家であった。Dくんは，休み時間のみならず，通常学級の交流授業中にいじめの予感がした場合には，嫌になって逃げ出して特別支援学級の教室に走って帰るということを頻繁に行っていたという。
　しかし，高学年になると，特別支援学級の隠れ家的性質が薄まってしまう。高学年時の特別支援学級の担任が，交流授業から逃げ帰ってくるDくんに対して「帰ってきたらだめ！」と注意し，通常学級に戻すという対応を取ったためだという。父親によれば，その教師は，年配ではあったが特別支援学級を担当した経験が皆無で，「（通常学級の）みんなと一緒にしなさい」と同調を求める基本方針のもと，「本人のペースを認めなかった」という。また，保護者からの相談や要望に対しても親身に対応してくれなかったという。
　したがって，前述した小学校時代のいじめと「特別支援学級だからといって

専門性のある先生に担当してもらえるとは限らない」という教師への不信感から，その日常が中学でも続くことを避けるために，本人と両親の合意のもとで，通常学校からの転出が選択されたのである。

　もう1つの理由としてあげられた勉強についてであるが，すでに述べたように，学習面の遅れについては小学1年の頃に担任教師によって問題化されており，Dくん自身も相当に苦手意識を抱いていた。そもそも，小学2年時に特別支援学級に通うようになった理由について，Dくんは，「勉強が分からなかったから」と自分で意味づけている。転籍したとはいっても，小学校では，国語や算数の時間をのぞく教科では，交流授業という形で，よく分からないまま通常学級の一斉教授型の授業にお客様的に参加していた。小学校での特別支援学級が，実態として通級指導教室的に利用する場であったがゆえに，本人は，中学の特別支援学級に進学した場合にも，同じように通常学級の授業に入ることになるのではないかと不安に感じたのである。

　一方で，体験入学したあんず支援学校では，本人いわく，勉強らしい勉強は，「漢字と計算のプリントぐらい」で，「勉強にこだわらない」環境であった。こうした中学での難しい勉強への不安も，本人にとっては，あんず支援学校が選択された理由の1つになっていた。

　以上から，Dくんにとっての通常学校からの転出は，ポジティブな意味を持つものであった。

2.2　進学先のあんず支援学校中学部の特徴

　Dくんが進学したあんず支援学校は公立（都道府県立）の知的障害特別支援学校である。田畑に囲まれたのどかな場所に立地している。小学部・中学部・高等部とあり，全校生徒は約210名で，総勢約110名の教職員が勤務している。学区は広範囲にわたり，遠方の子どもは，車で1時間程度の距離から通ってきている。全学部のほとんどの子どもが，8時50分着のスクールバスで一斉に登校し，15時発のバスで一斉に下校する。

　中学部は総勢約40名（各学年約12〜15名，男女比は3対1）の在籍生徒数で，指導体制は教師20名（3分の2が正規教諭，3分の1が期間採用の常勤講師・助教諭）である。一般学級，重複学級，訪問学級とあり，Dくんが在籍

校時＼曜日	月	火	水	木	金
1	日常生活の指導	日常生活の指導	日常生活の指導	日常生活の指導	日常生活の指導
2	特別活動	自立活動	自立活動	自立活動	自立活動
3	作業学習	数学	合同音楽	国語	体育
4	作業学習	生活単元学習	生活単元学習	音楽	体育
昼	給食・昼休み・掃除				
5	家庭／美術	家庭／美術	国語	作業学習	生活単元学習
6	家庭／美術	家庭／美術	数学	作業学習	生活単元学習

図7-1　あんず支援学校中学部の時間割

〔出典〕学級掲示を元に筆者作成

する一般学級は1クラス5,6名で担任は2名である。

　教育課程は教科・領域を合わせた指導である「日常生活の指導」「生活単元学習」「作業学習」を要所に配置したオーソドックスな知的障害教育のカリキュラムである。また，個々の発達を保障するための時間である「自立活動」も十分に確保してある。教科の指導である国語，数学に関しては，学年横割りの3,4グループに編成の上で実施されるなど，形態としては，クラス単位の学習，グループ別学習，学部全体での学習の3タイプがある。作業学習では，作業種目として，農芸・手芸，窯芸，紙工・木工が用意されている。通常学校との交流活動については学区内の特定の学校と行事（年1,2回）でのみ行っている。日常的な交流はない。

　発達検査上，子どもたちの知的障害の程度には相当にばらつきがあり，一般学級には，知的障害が境界域（IQ70〜85程度）の者から重度（IQ測定不能〜30程度）の者まで在籍している。知的障害・肢体不自由・病弱の重複する子どもが在籍する重複学級と一般学級の交流が盛んで，音楽などの一部の授業

は合同で行われている。

　中学部の中で，教師たちに「グレーゾーンの子ども」として見なされているメンバーは，5，6名で，知的障害が軽度・境界域（IQ50～85程度）の生徒たちである。グレーゾーンの子どものうちの約半数は，あんず支援学校の学区内にある入所型の知的障害児施設から通学する子どもたちである。

　中学部の教師たちのほとんどが，特別支援学校での教師経験を3年以上持っている。年齢層としては，20代の若手から，定年間際のベテランの教師まで幅広い。正規採用の教諭に関しては，特別支援学校間を異動している者が多い。また，中学部だけでなく，他学部（小学部や高等部）の経験を持つ教師が多く，キャリア形成の視点を持ちながら，中学部の役割を意識して教育に当たっている。社会的自立と発達保障という知的障害教育の目標についての理解度も高い。愛情とともに，柔軟性，臨機応変性を持って，子どもに接している。

　時間割に見られるように，朝の時間帯は，クラス単位で行う「日常生活の指導」と「自立活動」で占められ，その他の時間でもクラスの時間は多く，かなりの程度，学習活動の構成は，クラスの裁量に任されている。したがって，各クラスには，担任教師のカラーが色濃く出ていて，多様性がある。それでいて，中学部全体としてアットホームさがあり，クラス間，学年間の垣根は低い。別のクラスや学年，場合によっては他学部の子どもがクラス活動の時間に急に飛び込んできても，無下に外に追い出したり，所属のクラスに連れ戻したりというような対応はとらない。

　中学部の教師たちは，全体の職員朝礼後に毎日必ず学部打ち合わせの時間（10分程度）を取り，1日の学習の流れや子どもの様子，配慮事項について確認している。また，中学部の打ち合わせ後から子どもたちのスクールバスの出迎えまでの5分程度の時間では，必要に応じて，他学部の教師とインフォーマルな打ち合わせを行っている。こうした打ち合わせによって，クラス間，学部間を越えた連携が可能になっている。

2.3　あんず支援学校中学部への進学・適応・進路選択

　このようなあんず支援学校中学部に進学したDくんは，どのような3年間を過ごしたのだろうか。

第7章 知的障害教育の場への転入と適応の過程 Ⅱ

・いじめと勉強から解放された隠遁生活

　入学後，Ｄくんは期待通りの生活を手に入れる。すなわち，いじめと勉強から解放された生活である。小学校時代のようないじめを受けることはなく，勉強も通常学級でのようないわゆる一斉教授型のものではない。多くの学習時間は，音楽・美術・体育や作業学習などの実技系である。ただし，手を使った作業が得意ではないので，Ｄくんは，あんず支援学校での勉強は「好きでも嫌いでもないが，面倒くさいものは結構ある」と語っている。いずれにしても，あんず支援学校はこれまで所属していた学校とは別種の「ゆっくりできる学校」として，本人によって高い評価を与えられている。

　ただし，観察する限り，客観的な尺度でいうと，Ｄくんのあんず支援学校での生活は，「ゆっくり」というものからは程遠く，むしろ忙しい。何に忙しいかというと，ルーティーン的な仕事，すなわち朝であれば，活動着への着替えや国語・数学のプリント学習，昼であれば給食当番と掃除，帰りであれば帰宅準備をできるだけ早く済まそうとすることに忙しいのである。

　それらをバタバタと済ませた上で，Ｄくんは，担任にしゃべりかけるか，担任が同級生を指導していたりして忙しそうな素振りを見せている場合には，走って教室の外に飛び出していく。行き先は，その時々で変わるのだが，担任の先生と同じレベルで，Ｄくんのおしゃべり，本人の言葉でいえば「ムダ話（特に内容のないどうでもいい話）」に付き合ってくれる教職員のところである。

・受容的な教職員との「ムダ話」

　先に述べたようにあんず支援学校には，総勢110名の教職員（スクールバスの運転手や添乗員を含めればさらに多い）が働いている。小学校の頃とは比較にならない数である。前述したとおり，Ｄくんは，中学部の校舎に限らず，自由に校内を歩き回って，馴染みの教職員たちに会いに行き，「ムダ話」をして楽しむ。例えば，以下の場面（3年時）である。

　　給食の時間，3年2組では，男女の担任2人（とゲストの私）が生徒6人の輪に入り，みんなで机をくっつけて食事をする。「いただきます」は全員一緒で，「ごちそうさま」は早く食べ終わった者から個々に行い，順に昼休みに入るというのが

ルールである。

　Dくんは、日直の「いただきます」という号令と同時に食べ物を口に詰め込み、5分も経たずに1人「ごちそうさま」をして食器を片付け、自分の机を戻し、急いではみがきをし、食事中の担任たちに「行ってきます」という言葉をかけて、教室を飛び出していった。日常の光景なのか、担任やクラスの同級生に動じる様子は一切ない。

　堤も給食を終え、彼を探しに出ると、中学部の1年1組の教室で見つけた。担任2人（男性と女性）とおしゃべりしていた。1年1組のクラスの生徒たちはすでにどこかに遊びに行ってしまったのか誰も教室にいない。

　1年1組の担任2人は、担任の子どもたちの連絡帳を手分けして書きつつ、Dくんの「先生、吉本新喜劇って知ってる？」といった話題ふりにそれぞれが器用に返答していた。また、担任の先生の方も、連絡帳の中身に関連して、「今日、音楽の時間に何の歌を歌ったんだっけ？」とDくんに問いかけたりしていた。

　しばらくして、担任の先生の1人が「D、手伝ってもらっていい？更衣室に掃除機があるから出してもらっていい？」と仕事を頼み、Dくんは快くその依頼に応じていた。10分ちょっと滞在した後、Dくんは、次は、保健室の方に走って向かった。

〔フィールドノーツ，2013年9月11日〕

　本人によれば、出かける頻度として多いのは、朝は自分の担任、昼は中学部の他クラスや小学部、保健室の教師、帰り間際は、スクールバスの添乗員や運転手だという。もちろん、訪ねた相手が忙しい状態にあるときには断られることもある。しかし、多くの教職員は、無下に拒絶するということはせず、断るにしても優しく受容的な態度をとっている。

　Dくんの持ち前の社交性の高さが幸いして、校内にはたくさんの知り合いの教職員がおり、足を運ぶ場所に困らない。Dくんは、こうした「ムダ話」を楽しむ工夫として、担任教師の許可のもと、時々、自宅からCDや野球グッズなどの話のネタを自主的に持参している。そうした持参物がある場合には、休み時間になると、それを持って一目散に目当ての教職員のもとに向かう。Dくんは、後で述べるグレーゾーンの友人たちとの「つるみ」以外は、教職員との「ムダ話」に休み時間の多くを費やしており、彼は、「先生たちと『ムダ話』をするために、学校に来ている」とまで言い切る。

　だからといって、「ムダ話」に熱中するあまり、授業の参加自体をボイコッ

トしたり，先に挙げたようなルーティーン的な仕事を放棄したりということはない。一応，「ムダ話」は，休み時間などの自由な時間で行うものというルールが本人の頭の中にしっかりあるようである。

以上から，いじめと勉強からの解放だけではなく，「ムダ話」への傾聴や話のネタの持参への寛容さを象徴とする受容的な雰囲気への高い評価が，先に取り上げた，彼の「あんず支援（学校）はゆっくり」という表現に表れていると考えられる。

・グレーゾーンの友人たちとの「つるみ」

Ｄくんが，あんず支援学校での生活において大切にしているものが教職員との「ムダ話」以外にも，もう１つある。それは，グレーゾーンの友人たちとの「つるみ」とでも言い表せるものである。

彼は，あんず支援学校中学部に入って，自身の人生の中で初めて「友だち」ができたと語る。小学校時代は「喧嘩したら喧嘩したまま」で仲良くならなかったし，「友だちができるのを諦めていた」が，あんず支援学校で初めて「喧嘩して仲良し」という対等な「友だち」ができたという。このことは，「新しい学校（あんず支援学校中学部）に行くときに，（友だちを）作りたいなあとは思っていたから，本当によかった」と情感いっぱいに語られた。

ただし，友人が自然にできたわけではない。そこには中学１年時の担任教師の教育的介入があった。例えば，Ｄくんは，昼休みに，半強制的に中学部のグレーゾーンの同級生たちと一緒におにごっこをやらされたという。その活動を通じてグレーゾーンの同級生同士の交流が進み，仲良くなり，気軽に「ムダ話」をする仲になったという。

中学部の同学年におけるグレーゾーンの生徒というのはＤくんをのぞくと３名（男２名，女１名）である。３名とも，Ｄくんと同様に，おしゃべりがスムーズにでき，走ったり投げたりなどの運動機能に障害はない。ただし，Ｄくんをのぞく３名はいずれも複雑な家庭環境に育った生徒たちで，うち２名は知的障害児施設に入所している。中学３年に入ると，思春期的な興味が芽生えはじめ，グレーゾーンの男女間で「付き合う，付き合わない」といったやりとりや教師の提案での交換日記が行われるようになった。

一方で，Dくんは，中重度の知的障害や重複障害の同級生を，自分たちと線引きし，「お世話が必要な人たち」として支援者的に接していた。例えば，自閉症的なこだわりのため渡り廊下に座り込んでしまう同級生に自主的に声をかけに行ったり，重複障害の同級生の車いすを積極的に押しに行ったりしていた。担任教師は，「Dには，『時間はかかるけど，本人にやらせて』ってあらかじめ言っておかないと，『あいつは，どうせ分からない』と言って，ついつい人のものをやってしまう」ところがあり，よく「おせっかいだから，先生役はやらないで」と伝えていると語った。

　一方で，もう1人の担任教師は，授業や集団活動で生徒集団のリーダーとして責任を持って中重度の知的障害や重複障害の同級生に接することができている部分については褒めてあげていると語った。授業や集団活動でのリーダー役には，多くの場合，グレーゾーンの生徒たちが推挙されていた。Dくんは友人たちとともに，先生役あるいはリーダー役を担う中で，自分たちのグレーゾーン・アイデンティティを形成していたと考えられる。

・平和を脅かす通常学校との交流

　このようなゆっくりした生活の中で，それが揺るがされるような出来事が，年に1，2回あるという。それは地域の通常学校との交流行事である。

　　D：交流がなければ，平和なんだけどね。
　　＊：交流って誰と何やるの？
　　D：近くの普通の学校と体育館でゲームやダンスをしたり，給食を一緒に食べたりする。
　　＊：何か嫌な出来事でもあったの？
　　D：中学部が交流したわけではないけど，小学部とうちの小学校（自分の出身の小学校）が給食で交流してて。で，給食準備（給食室に給食を取りに行く係）で小学部の廊下を通ったら，嫌なやつら（小学校時代にいじめてきた下級生）が小学部の教室に見えて。
　　＊：何か嫌なことされたの？
　　D：いや，されてないけど，「あいつ，水仙中に行かないで，こっちに来て馬鹿なんじゃない」って心の中で思われていると思ったから，嫌な気持ちになった。

わざわざ遠くの違う学校で，ゆっくり静かに休んでいるのだから，静かに過ごさせてくれよって感じ。

〔Dくん，インタビュー，2012年9月19日〕

　Dくんは，交流行事全般というよりも，出身の小学校で自分をいじめてきた下の学年の子たちとあんず支援学校で交流するのが嫌なようである。したがって，近くの中学校と中学部との交流活動に関しては「どうでもいい」と語った。他方，「行事でちょっと交流するぐらいでは絆は深まらないし，どうせすぐお別れするから意味ない，別にやらなくてもいいのでは」とも語った。いずれにしても，本人には，平和な隠遁生活を死守したいという思いがある。

・担任教師によるDくんの課題の見立てと進路指導
　優しい教職員やグレーゾーンの友人たちといった「ムダ話」「つるみ」相手が確保された環境で隠遁生活を過ごすDくんは，あんず支援学校に転入したことやそこでの学校生活に対して，ほとんど葛藤を覚えていない。
　一方で，中学2, 3年時の担任教師であるX先生（男性，40代）は，Dくんの現状に対し，次のような課題を見出す。

＊：先生の中でのDくんに対する教育方針は何ですか？
X：なんでも諦めずにチャレンジし続けてほしいっていうのはあるねぇ。今は作る作業であるとか，苦手なことについては，ちょっとできないと投げ出したりするから。おしゃべりが得意で甘え上手なので，近くの先生や親に「代わりにやってぇ」「手伝ってぇ」と頼んで済ませてしまうところがあるので。言語と手作業の能力的なアンバランスさが余計に拡大していっている気がする。
＊：意図的に苦手を避けているのですかね？
X：そうねぇ。手作業が苦手なのは仕方がないことかもしれないけど。要領がいいよね。言い方悪いけどずるさがある。だから，将来，福祉就労ではなく一般就労で働けても，慣れてきたら，随所にそういうずるい場面が出てきて，いろんなところをすり抜けて，それがばれた時に，大変だろうなぁと思う。

〔担任のX先生，インタビュー，2014年1月27日〕

担任のX先生は，近い将来の社会人生活，すなわち知的能力に過度に依存しない手や身体を生業とする将来の職業生活を見据えたときに，現在のDくんにおいて得意のおしゃべりを駆使して与えられた仕事に取り組むことを回避しようとする傾向があることに対して課題を見出している。

こうした見立てを前提にした上で，X先生は，Dくんと両親に，中学部卒業後に，そのままエスカレーターで同校の高等部に進学するのではなく，グレーゾーンの生徒たち（＝軽度知的障害の生徒たち）のための学校である高等特別支援学校に進学し，寄宿舎に入ることを勧めた。寄宿制の高等特別支援学校に入ると，「ピリッとした環境の中で，洗濯も整理整頓も自分でしないといけないし，よりたくさんの知的に軽い子たちと出会って，刺激をもらうことになり，本格的な作業学習をやることになる」という。X先生には，高等特別支援学校での勤務経験があり，Dくんの「社会的自立」に向けての成長のためには，親元を離れて，今よりももっとたくさんのグレーゾーンの生徒たちと同じ釜の飯を食って共同生活をし，自立心を育むことが必要だと考えていた。

・現状維持希望としての進路選択

担任教師の進言どおり，Dくんは，寄宿制の高等特別支援学校を受験したものの，残念ながら不合格に終わった。もともと，この受験は，本人の中では，「先生にすすめられるから，一応受けた方がいいかな」という考えで，是が非でも進学したいというモチベーションには支えられていなかった。先にも述べたとおり，Dくんにおいては，あんず支援学校に対する不満はほとんどなく，また初めてできた友だちであるグレーゾーンの友人たちはいずれもあんず支援学校の高等部に進学する予定だったので，むしろ，高等特別支援学校を受験する方に不安があった。また，親元を離れて自立的に生活することへの不安もあった。高等特別支援学校を見学したときに，作業学習の時間が多く本人いわく，「軍隊のよう」で，あんず支援学校のようなゆっくりさが感じられなかったことも心配であった。結果的に不合格に終わったことで，逆に安心したところもあったようである。

先のインタビューで担任教師が「福祉就労」「一般就労」という言葉を出していたが，Dくん本人は，将来の社会人生活について，ほとんど具体的なイ

メージを持っていない。彼は，将来のプランなく，「今楽しく生きていられているかどうか」という現在拠点型の発想のもとで生きている。したがって，インタビューでは，「あんず支援学校で今楽しいから，このまま行けたらいいかな」という率直な声も吐露された。このような経緯から，担任教師の見立てたDくんの課題は，あんず支援学校の高等部での指導に持ち越されることになった。そして，彼は友人らとともに高等部に進学した。

　ここまでDくんの事例を見てきたが，通常学校でいじめを受けた過去を持ち，知的障害教育の場に自己を解放できる隠れ家的性質を見出したという点でいうと，前章で取り上げた四葉中7組のAくんや椿中7組のCくんの事例と重なるものがある。また本人のとったグレーゾーンの友人たちとの「つるみ」といった行為についても共通性がある。
　一方で，教師の側が社会的自立をかなりの程度意識して教育活動を行っていたという点については，前章の知的障害特別支援学級の諸事例とは大きく異なっている。次に見ていくEくんは，Dくんとは反対で，知的障害教育の場にネガティブな意味づけをしている事例である。

3. なつめ支援学校中学部の事例——Eくん

3.1 なつめ支援学校中学部への進学に至る前史

〈Eくんのプロフィール〉
　Eくんは，乳児院と児童養護施設を経て，小学4年から，措置変更で異動した入所型の知的障害児施設のつつじ学園で生活している。物心ついたときにはすでに入所施設で生活していた。学校については，小学1年から3年までは情緒障害特別支援学級に通い，小学4年5月の施設異動と同時になつめ支援学校小学部に転入した。その後，同校の中学部に進学している。
　児童養護施設の所在した市は各校方式をとっていたため，小学1～3年時に在籍していた特別支援学級は，在籍者2，3名と規模が小さく，交流授業（通常学級の授業に混ざる）の頻度が高かった。養護施設の同級生がたくさん通常学級に在籍していたこともあり，通常教育の場とは異なる教育の場で学んでいるという

実感は薄かったという。彼において，通常教育の場（走路）から知的障害教育の場（走路）に横断したという実感は，なつめ支援学校小学部への転入とともにもたらされることになった。

彼には，同居していない母（と義父）がいる。施設入所の理由は養育困難である。つつじ学園への転園以降，2年に一度は母親宅に帰省しているが，本人自身は帰省を望んでいない。家族に会うことや自宅に帰ることに執着がなく，希望しないことが多い。Eくんは，「（頼めば買ってくれるので）ゲームソフトがほしい時だけ『帰りたい』って言う」とさっぱりと語った。普段の親の面会はほとんどない。Eくんの好きなことは，野球・ソフトボール（観るのもやるのも），テレビの報道番組やCDの視聴，ポータブルゲームである。体格は細めだが身長は高く，運動は得意である。嫌いなことは，つつじ学園（およびなつめ支援学校）の同級生であるWくんに暴力をふるわれることである。

発達検査上，知的障害は軽度域（IQ50〜70程度）に位置するものの，口語でやりとりしている分には，知的障害が境界域であるかのような印象を受ける。なつめ支援学校の教師たちも，Eくんを「グレーゾーンの子ども」として見なしている。些細なことで投げやりになるなどの心理的な脆さや，「ばか」「死ね」などの暴言，すれ違いざまに同級生をたたくなどの暴力が見られる。生活の上での口語でのやりとりに支障はなく，過去を振り返ってエピソードを語ることができる。知的障害の療育手帳を保持している。

・転園に伴うなつめ支援学校小学部への転入

プロフィールで述べたように，Eくんは，小学4年時の児童養護施設から知的障害児施設への措置変更に伴って，小学校情緒障害特別支援学級からなつめ支援学校小学部に転校している。彼は，このことについて，「なんでかは知らないけど，小4の5月に勝手につつじ（学園）に変わることになって，学校もなつめ（支援学校）に転校になって，聞いてなかったよ」と語った。さらには，「つつじ（学園）にもなつめ（支援学校）にも来たくて来たんじゃない」とも語られた。つつじ学園の職員によれば，Eくんの転園（および転校）の理由は，園内での他の子どもへの暴力といった不適応行動と学力不振（知的発達の遅れ）によるもので，すでに小学校低学年の頃から知的障害児施設の空席待ちの状況にあったという。ようやく小学4年時に空席が出たということであった。

つつじ学園では，学齢期の子どもについては，入所と同時になつめ支援学校

に転入することが暗黙のルールになっている[1]。職員の手が回らないという理由から，つつじ学園では，他校（例えば，通常学校の知的障害特別支援学級など）への通学を認めていない。入所している子どもは，男女各20名で，だいたい小学生から高校生の年齢である。Eくんをはじめ，一見では知的障害なのかと疑われるようなグレーゾーンの子どもが多い。つつじ学園では，1日の時程が厳格に決まり，インターネット環境はなく，地域との交流は皆無に等しい。施設は，普段は施錠されていて，外出には職員が引率する決まりになっている。つつじ学園からなつめ支援学校への登下校は学園生全員でスクールバスを利用することになっている。このような生活環境のため，つつじ学園の子どもには，外部社会・地域社会との接触がほとんどない。

・転入に伴う学校環境の変化への葛藤

先にも述べたとおり，Eくんは，つつじ学園への転園となつめ支援学校への転入を同時に経験し，非常に大きなショックを受けた。

> E：なつめ（支援学校）は車いすの人が来るようなところ。つつじ（学園）もだけど。なんで，おれが障害の人たちと暮らさないといけないのかなあと思って。障害とか病気の人ばっかり。違和感あるよ。今は強くなってる。ここは，勉強できない，あんま。小学校でもう習ったことを結構させられるから，勉強すぐ終わる。ひまで退屈。前の学校がいい。
> ＊：前の園とか学校はどうだったの？
> E：楽しかったあ。おれは勉強のペースが遅かったから，なかよし組（特別支援学級）だったけどね。でも，がんばって速くして，普通学級に入れるようになったし，よかった。なつめは，となりに普通学級がない。がんばっても，普通学級には行けない。
> ＊：他には？

---

[1] 近年，知的障害教育の場への転入増加と同様に，知的障害児施設に入所するグレーゾーンの子どもが増加している。そうした状況がある中でも，知的障害児施設に入所した子どもが通う学校種は，特別支援学校に限定されている場合が多い。G県内の全4施設職員に質問紙調査を行った川島（2010, p. 86）は，「学籍については，特別支援学校の入学児が多いのは当然であるにしても入所前は，特別支援学級に18.5％の児童が在籍していたが，これが0になっていることは，適正な進学が行われているのか，別途検討の必要がある」と指摘している。

E：歩いて1人で学校行けるし，前の園はお小遣い多いし，空手習えるし，友だちの家に遊びにも行ける。自転車もあるし。ここ（つつじ学園）にいてはできない。

〔Eくん，インタビュー，2012年9月13日〕

　上の語りに見られるとおり，Eくんは，以前の生活との比較から，なつめ支援学校を相対的に意味づけている。すなわち，なつめ支援学校を障害者のための学校，勉強のできない学校として意味づけ，つつじ学園となつめ支援学校に移ったことによる生活の自由度の低下に対して，不満を語った。

　そして，転入後の記憶として，しばしば語られたのが，つつじ学園およびなつめ支援学校の同級生であるWくんにターゲットにされて暴力を受けたことや理不尽に自分の所有物を壊されたこと（自分の所有物を守りきれないこと）であった。具体的には，Wくんから，指導員や教師に見えないところで殴られ，宝物である私物のDS（ポータブルゲーム）を破壊されたという。これは本人にとってとても悲しくて辛い出来事であった。

　そして，6年生になり，小学部の卒業が近づく中で，Eくんは，かすかな期待を持っていた。

E：中学に入るときに，もしかするとまた別のところに行くかもしれないって本気で思ってた。期待してたよ。本気で。
＊：どこに行くと思っていたの？
E：また前の園に戻れるかなと思っててね。それか，家に戻るかなと思って。
＊：家に戻っても，中学は変わらずなつめ支援学校だけど，よかったの？
E：それでもいい。だってゲームがずっとできるからねえ。あと，おれのゲームを壊す人は家にはいないから。おうちではお小遣いをいっぱいもらえるし。自由だ。でも，1番は，前の園に戻りたかったよ。

〔Eくん，インタビュー，2012年12月3日〕

　小学4年時の転園・転校が唐突に告げられたこともあり，いつ告知されるとも分からない大人の操作による施設異動や退所を，小学部卒業の節目ににわかに期待していたのである。しかし，残念ながら，その望みは叶わず，転園や転校が告げられることはなかった。したがって，Wくんを含む小学部の同級生と

ともに、そのまま、中学部に進学することになった。

3.2　進学先のなつめ支援学校中学部の特徴

　Eくんが転入したなつめ支援学校は公立（都道府県立）の知的障害特別支援学校である。市立病院などの集まる一角に立地している。小学部・中学部・高等部とあり、全校生徒は約260名で、総勢約150名の教職員が勤務している。学区は広範囲にわたり、遠方の子どもは、車で1時間程度の距離から通ってきている。子どもの多くはスクールバスで通学している。全学部のほとんどの子どもが、8時50分着のスクールバスで一斉に登校し、15時発のバスで一斉に下校する。なつめ支援学校には、通学保障のための寄宿舎も設置されている。

　中学部は総勢約60名（各学年約15～20名、男女比は3：1）の在籍生徒数で、指導体制は教師26名（3分の2が正規教諭、3分の1が期間採用の常勤講師）である。一般学級、重複学級、訪問学級とあり、Eくんが在籍する一般学級は4～6名1クラスで担任は2名である。

　教育課程は教科・領域を合わせた指導である「日常生活の指導」「生活単元学習」「作業学習」を要所に配置したオーソドックスな知的障害教育のカリキュラムである。教科の指導である国語、数学に関しては、学年横割りの3、4グループに編成の上で実施されるなど、形態としては、クラス単位の学習、グループ別学習、学部全体での学習の3タイプがある。作業学習では、作業種目として、窯業、木工、園芸が用意されている。通常学校との交流については学区内の特定の学校と行事（年1，2回）でのみ行っている。日常的な交流はない。

　発達検査上、生徒たちの知的障害の程度にはばらつきがあり、一般学級には、知的障害が境界域（IQ70～85程度）の者から重度（IQ測定不能～30程度）の者まで在籍している。知的障害・肢体不自由・病弱の重複する子どもが在籍する重複学級と一般学級の交流が盛んで、一部の授業は合同で行われている。中学部全体で、教師たちにグレーゾーンの子どもとして見なされているメンバーは9名で、知的障害は軽度・境界域（IQ50～85程度）にある。そのうちの大半が、つつじ学園から通う子どもたちである。

　中学部の教師たちのほとんどが、特別支援学校での教師経験を3年以上持っている。正規採用の教諭に関しては、特別支援学校間を異動している者が多い。

校時＼曜日	月	火	水	木	金
1	日常生活の指導	日常生活の指導	日常生活の指導	日常生活の指導	日常生活の指導
2	特別活動	作業学習	国語	音楽	数学
3	体育	作業学習	自立活動	クラブ	家庭
4	生活単元学習	国語	数学	生活単元学習	家庭
昼	給食・昼休み・掃除				
5	作業学習	音楽	美術	体育	生活単元学習
6	作業学習	生活単元学習	美術	体育	生活単元学習

図7-2　なつめ支援学校中学部の時間割

〔出典〕学級掲示を元に筆者作成

　また，中学部だけでなく，他学部（小学部や高等部）の経験を持つ者が多く，キャリア形成の視点を持ちながら，中学部の教育に当たっている。社会的自立と発達保障という知的障害教育の目標についての理解度も高い。愛情とともに，柔軟性，臨機応変性を持って，子どもに接している。

　中学部の教師たちは，全体の職員朝礼後に毎日必ず全員集まり，10分程度の時間を使って，1日の学習の流れや子どもの様子，配慮事項についての打ち合わせを行っている。また，中学部の打ち合わせ後から子どもたちのスクールバスの出迎えの5分程度の時間では，小学部や高等部の教師とも個別にインフォーマルな形で打ち合わせを行っている。こうした打ち合わせによって，クラス間，学部間を越えた連携が可能になっている。

3.3　なつめ支援学校中学部への進学・適応・進路選択

・グレーゾーンの友人との「つるみ」と脱出への渇望

　中学部に進学後も，Wくんからの暴力的ないじめと満足な勉強が提供されな

い状況が続く。また,「なんで,おれがこういう病気の人たちと一緒に勉強しないといけないのか」という思いも強くなっていった。その一方で,小学部卒業の節目に,施設異動や退所がなかったことで,「もう前の園に戻るのは諦めよう」という気持ちになったという。

そんな中で,中学部の入学時から新たに転入してきたVくんと出会う。彼は小学校通常学級で6年間を過ごし,いじめによる心理的な傷を抱えながらなつめ支援学校に進学してきていた。

*：なつめ支援学校ではどう？ 中学部に入って？
E：中学部は乱暴な感じ。Wが暴れるから。でも,Vがいるからね。つつじ（学園）とは違う。
*：Vくんって仲良し？
E：Vは,めちゃくちゃ仲いいよ。休み時間とか遊ぶ。ゲームとか,高校の話をしたりとかね。あいつは,立派。この学校で一番頭がいいし,一番話が合う。
*：Vくんもつつじ学園の人？
E：違う。家から通ってる。中学部から来た普通の人。
〔Eくん,インタビュー,2013年1月22日〕

Eくんの「普通の人」という表現には2つの意味が付されている。すなわち,「自宅から通っている人」という意味と,自分と同様に「障害がない人（＝グレーゾーンの人）」という意味である。Eくんは,なんでここにいるのか分からない「普通の人」であるVくんが入学してきたことにより,「一気に気が楽になった」と語る。そして,彼との「つるみ」を通して,自分の居場所をなつめ支援学校中学部に見出していった。同様に,Vくんの方も,Eくんとの交流を通して,いじめによる心の傷を癒していった。なつめ支援学校中学部では2人は知的能力が高い層にあったため,国語や数学などのグループ別の学習活動などでも一緒に学ぶ機会が多かった。

Eくんにとってvくんは,外部社会と学校を行き来する人であり,様々な新鮮な情報をもたらしてくれる存在である。学園でも学校でもWくんによる暴力を避けながらの日常生活の中で,「学園より学校の方がのびのびできる」とEくんは語った。

そして，Vくんから影響を受け，Eくんは，中学2年の12月ごろから，中学部卒業後の進路として，寄宿制の高等特別支援学校を受験することを考えはじめる。

 E：おれ，中学部終わったら，別の普通の高校に行きたいと思って。Vが受けるとこ。Vに会わなかったらその高校知らなかっただろうね。Vが寄宿舎もあるって言ってたから，つつじ学園も出られるし，もっと勉強できる。部活もできる。いい仕事にも就ける。Wから離れられる。脱出よ。
 ＊：そこの高校のことは，Vくんから聞いたってこと？
 E：あいつは，何回もお母さんとそこ（高等特別支援学校）に見学に行ってて詳しい。最近よく話すよ。あと，学校のインターネットでこそっと調べた。Vは受験の塾に行ってる。
 ＊：受験のためにEくんもがんばっているの？
 E：うん。国語の漢字をがんばってる。
 ＊：もう学校の先生とか，つつじ学園の先生とかに言った？
 E：いや……なんて言われるかな。そこ受験させてもらえないかもしれない。先生代わりに言って。
 ＊：じゃあ，これ終わったら（担任の）先生に一緒に言おう。
〔Eくん，インタビュー，2012年12月6日〕

それまでのEくんにとって，高等特別支援学校への受験，すなわち主体的な努力によって今の状況から脱出するということは考えてもみないことだった。「高等部に行くとそのまま（Wくんから暴力を受ける日々）が続くし，自由がない」という切実な気持ちからの一念発起であった。

彼の語りにあるように，Eくんは，中学部への進学以来，気になることがあると，学習目的を装いながら学校のパソコンルームに入って，インターネットで密かに情報収集していた。先に述べたように，つつじ学園では，パソコンおよびインターネットを使用できない。インターネットを通して，高等特別支援学校に寄宿舎があるということを確認するとともに，親と一緒に見学にいったVくんから，学校や寄宿舎の様子を詳しく聞いたという。高等特別支援学校はあくまでも軽度知的障害のある子どもを対象とした特別支援学校であり，通常学校ではない。しかし，Eくんにとっては，通常高校のようなイメージの学校

であり，そこへの進学を，通常学校の走路への復帰として認識していた。

　ただし，これまでの経緯から自分には進路選択権がないことを痛感しており，その進路が本当にとれるのかどうか，またそれを考えること自体，自分には許されていないのではないかという思いが胸の中にあった。また，Ｖくんの場合には，高等特別支援学校の受験のために塾に行かせてもらうなど家庭による手厚い応援体制がある一方で，Ｅくんの場合には，家庭の支援は期待できず，つつじ学園では，習い事以前に学園の外に出ること自体許されていなかった。高等特別支援学校の受験には，小学４年程度（目安）の教科教育の学力が問われることになっている。これまでのなつめ支援学校での学習内容で，その学力を身に着けることができているとは到底思えなかった。

　諸々のハードルが頭に思い浮かぶ中で，口に出せずにいたが，Ｅくんは，筆者とのインタビューをきっかけとして，挑戦の一歩を踏み出すことになった。すなわち，Ｅくんは，筆者が仲介する形で，自分の進路希望を担任教師に話し，また，担任教師から，つつじ学園の職員にその話が伝えられた。なつめ支援学校中学部から高等特別支援学校を受験すること自体は，的外れの発想ではなく，過去に進学実績があり，Ｅくんのことを気にかけるある教師からは，「（受験に）落ちたとしても，志を持って努力したというのは，絶対にいい意味で残ると思うし，彼自身が自分で環境を変えたいと思っているから，チャンスだと思います」という好意的な意見も聞かれた。こうした本人の声をきっかけに，学校の方でも受験に向けた学習支援が行われるようになり，彼が不満を抱いていた勉強内容のレベルの件もある程度解消されることになった。

　しかし，高等特別支援学校での生活はＥくんが考えるほど自由を謳歌するような生活ではなく，また，ある教師からは，Ｅくんの心理的脆さから「挫折してなつめ支援学校に戻ってくる可能性が高いのではないか」という意見も聞かれた。また，高等特別支援学校に進学し寄宿舎に入るといっても，週末や長期休暇中には家庭に帰省する必要があり，Ｅくんの場合には家庭に帰ることができないので，つつじ学園を引き続き利用せざるをえない。しかし，これまでなつめ支援学校以外に通学させたことのないつつじ学園にとっては前例のないことであった。そして，この件をつつじ学園から伝え聞いた母親から，「どうしてそんなに遠いところにわざわざ行かないといけないのか」という重みのある

一言が電話を通して本人の耳に直接届けられた。

　最終的には，本人の決断で，中学3年の5月の段階で，「出願しない」という結論に落ち着いた。そして，本人は，「どうせ高等部3年間我慢すれば自由になれるから，それまで耐えよう」という気持ちに変わったという。一方で，親友のVくんは，高等特別支援学校に無事に合格し，中学部卒業後は離れ離れになることになった。

・カリスマ教師との出会い

　脱出計画自体は頓挫することになったが，中学3年に入って，カリスマ性のある体育会系の男性教師が担任になったことが，Eくんの生活にポジティブな風を吹き込ませる。その教師は，もともとプロ野球を目指したような熱血漢である一方で，カウンセリングに関する修士号を保有する傾聴者でもあった。

　その教師は，Eくんの実態を踏まえて，主に次のような戦略的な働きかけを行った。すなわち，本人の満足のいくような勉強（漢字・計算ドリル）を提供すること，教師のパソコン仕事の補助を頼むこと，学級の中でリーダーシップを取らせること，毎日帰り際に個別面談を行い，本人の語りにしっかり耳を傾けること，週末に学園外のスポーツイベント（マラソン大会）に連れ出すこと，である。

　Eくんの志望していた高等特別支援学校での勤務経験があったこの担任教師は，実は結論が出る前から，「Eの場合には，なつめ支援学校に残ったままで，脱出を考える必要もないぐらい，今の生活を最大限に充実させ，適応を促進する方がよいのではないか」と考えていた。情緒的な不安定さのあるEくんには心の拠りどころが必要で，高等特別支援学校よりもむしろ，なつめ支援学校の方がその拠りどころを保障できると考えていたのである。

　担任教師の戦略は，Eくんの生活現実やニーズを丁寧に理解して考えられたものであったため，いずれの働きかけも本人を喜ばせるものであった。特に，本人にとっては，パソコン仕事の補助ができたことと，週末に学園外に連れ出してもらえたことが，うれしかったようである。前者では，パソコン仕事の補助の合間に堂々とインターネットができるようになり，思考の面で随分と自由度が拡がった。Eくんは担任教師についてインタビューで「こんなお父さんが

いてくれたらよかった」と語った。

　こうして，カリスマ性のある担任教師との1年間の生活の中でEくんは，なつめ支援学校での生活を幾分かポジティブに捉えることができるようになった。さらに，中学部卒業と同時に，暴力等を介して様々なトラブルがあった相手であるWくんが別の入所施設に転園することが決まり，随分と気持ちが楽になったようである。そして，Eくんは中学部の多くの同級生らとともに高等部に進学した。

　Eくんの事例は，なつめ支援学校（およびつつじ学園）に転入したことで自由が剥奪され，その葛藤の中で脱出やアイデンティティをめぐってもがくという過程であった。知的障害教育の場に自己を無力化する性質を見出すという点でいうと，前章で取り上げた四葉中7組のBさんの事例と重なるものがある。ただし，Bさんの場合には学校外という余白があり，そこを利用してごまかしやうさ晴らしをしていたが，Eくんの場合には，生活が全面的に統制されており，いわゆるアサイラム（全制的施設）の環境下にあったといえる。そうした環境においては，施設よりも，知的障害教育の場の方が，外部社会とつながることのできる可能性のある場所となっていた。

　次に取り上げるのは，Eくんに対するカリスマ教師の戦略（学園外への連れ出し）にも通じるもので，教師が積極的に学校外を利用しながらグレーゾーンの子どもに戦略的な働きかけを行っている事例である。

4. すみれ支援学校中学部の事例——Fくん

4.1　すみれ支援学校中学部への進学に至る前史

〈Fくんのプロフィール〉
　Fくんは，地元の小学校通常学級（1～2年）から別の小学校の知的障害特別支援学級（3～6年）を経て，中学から知的障害特別支援学校であるすみれ支援学校の中学部に進学した人物である。彼の居住する市は拠点校方式をとっているため，全ての市立小・中学校に特別支援学級が設置されているわけではない。そのため，Fくんは，知的障害特別支援学級への転入のために転校を経験した。す

> みれ支援学校は，国立大学附属の学校であるため，受験の末の合格を得て進学した。すみれ支援学校には電車で通学している。
>
> 彼は，両親と4歳上の兄との4人暮らしである。Fくんの好きなことは，アニメとゲームとバスケットボールで，嫌いなことは，勉強と「初めて会う人と話すこと」である。体つきはやせ型で身長は170cm以上ある。先に挙げたとおり，バスケットボールが好きで，「バスケがなかったら，人生終わってる」と語るほどに熱中している。すみれ支援学校中学部の中では，抜群に運動能力に長けている。
>
> 発達検査上，知的発達の遅れは境界域（IQ70〜90程度）に位置し，WISC-Ⅲの検査結果からは，言語理解と注意記憶の弱さ，視覚的なものの理解や操作が得意な一方で，聴覚的なものの処理の苦手さを読み取ることができる。小学1年時に広汎性発達障害の診断を受けている。生活上での口語でのコミュニケーションに支障はなく，過去を振り返ってエピソードを語ることができる。知的障害の療育手帳を保持している。

・通常学級からの押し出し

6歳の春，Fくんは，兄と同じ地元の市立小学校の通常学級に入学した。しかし，入学するやいなや，教室内外で学習面の遅れや対人関係のトラブルが顕在化したため，その夏には通院して広汎性発達障害の診断を受けている。テストが0点の日も多く，本人自身も「なんで運動はできるのに，こんなに勉強はできないんだ」と思っていたという。

一方で，担任教師と信頼関係が築けず，「いじめとか，見て見ぬふりしちゃう」し，「自分のことを見てくれない」と，自分への対応に不満を抱いていた。1年の冬に，父親が学校に相談に行ったところ，校長と担任教師と特別支援教育コーディネーターからいきなり「特別支援学級に移ってはどうですか」と進言されて戸惑い，一度は断ったそうである。しかし，すでに診断を受けていたこともあって，結局はその進言を受け入れ，兄の小学校卒業・中学進学のタイミングに合わせて，小学3年の春に，Fくんは，他校の知的障害特別支援学級へと転入することになった。

Fくんと母親の語りからすれば，はじめに在籍した小学校では教師・保護者・子ども共々，学習面や対人関係の問題の原因を個人に還元する傾向が強く，まなざしが冷たく，結果的にFくんは「不適応者」として，知的障害特別支援

学級に押し出される形になった。他方で，Fくん自身の中では，この転出経験は肯定的に意味づけられており，率直に「不良のような学校から離れることができて，うれしかった」と語られた。

・知的障害教育への馴染み

　転校した小学校の知的障害特別支援学級には，1学年3名ほど（全学年20名ほど）が在籍し，原則的には，通常学級との交流活動は運動会などの行事のみに限られていた。拠点校方式がとられていることもあって，一定数の在籍者があり独立学級（異年齢統合の形態ではあるが，通常学級との交流教育を前提としなくても集団指導が展開できる）の様相を呈していた。そして，その学級は，Fくんを含め，一見ではいったい何が障害なのか分からないようなグレーゾーンの子どもたちの集合体であった。

　通常学級の世界しか知らなかったFくんは，転入当初，時間割（科目）の違いや同学年の人数のあまりの少なさに戸惑ったという。Fくんは，そこで「普通（通常学級の子ども）とは少し違うけれどほとんど普通」の同級生と出会って友人関係を築き，彼（女）らとの相互行為を通して，通常学級については「普通に勉強ができる人が行くところ」，自分の通う特別支援学級については「普通に勉強ができない人が行くところ」と定義分けしていった。

　知的障害特別支援学級での生活は，彼の印象でいえば，「勉強はあまりせず運動三昧」であったという。苦手とする勉強はほぼドリル学習だけでそれ以上強いられることはなく，逆に，得意の運動の時間は通常学級以上に確保されていたため，自分にはぴったりの学級であったという。すでに述べたとおり，Fくんは，運動能力に長けており，この点に関しては，特別支援学級の中でも圧倒的な立場にあった。

　そんな彼は，小学5年のクラブ活動（特別活動）でバスケットボール競技と運命的な出会いを果たす。それからは，毎日，特別支援学級の仲間たちとバスケットボールの練習やゲームをすることを楽しみに登校し，ちょうどその頃，特例的に，体育の授業での通常学級との交流（体育の時間のみ，通常学級の授業に混ざる）をはじめてもいたので，授業時間の枠内だけではあるが，通常学級の児童たちともバスケットボールを楽しむようになっていった。本人いわく，

通常学級の集団の中でも上手い部類に入っていたという。彼にとって，特別支援学級での4年間は，前の小学校の通常学級での苦い2年間を払拭するものであった。

・知的障害教育の延長希望

　そんなFくんが，知的障害特別支援学校であるすみれ支援学校のことを知ったのは，小学5年生の頃である。在籍していた特別支援学級の1学年上にいたUくん（軽度知的障害）がすみれ支援学校に小学校卒業後の進路を決めたことで，そこが自らの進路の選択肢の1つとして浮上してきた。とはいっても，小学5年の時点から小学校卒業後の進路を真剣に考えていたのは両親の方であり，すみれ支援学校への進学が現実的な目標としてFくん自身の視野に入ってきたのは，小学6年の体験入学を経てからのことである。

　　＊：すみれ支援学校にはじめて行ったのはいつ？
　　F：（小学6年の）10月。朝早く起きて，車でお父さんとお母さんと体験に行って。
　　＊：体験入学はどうだった？
　　F：朝会とマラソンをした。マラソンは，T先輩が速くて抜かしたいと思った。でも，あとちょっとで抜けなくて。運動で飛び抜けた人がいるんだなあ，ここに入りたいって思った。でも，11月に山吹中（地元の中学校特別支援学級）の体験をして，そっちも楽しくていいなと思った。でも，（山吹中は）勉強しないといけなそうだったし，受験で合格したからすみれ支援（学校）にした。
　　　　　　　　　　　　　　　　　　〔Fくん，インタビュー，2013年1月16日〕

　小学校で多くの時間を過ごした特別支援学級においては，Fくんは運動面で終始他を圧倒しており，その学級の中では「競争によるわくわく」はあまり期待できなかった。そうした中で，すみれ支援学校の体験入学でのT先輩との出会いは，自分よりも運動能力の優れた人のいる刺激的な場としてFくんに大いに期待を抱かせるものであった。さらに，すみれ支援学校が小学校特別支援学級の特徴を引き継ぎ，「勉強はあまりせず運動三昧」を志向していたように感じられたことは非常に大きな魅力であった。この2つの理由から，彼は，すみれ支援学校への進学を真剣に考えはじめた。

第7章　知的障害教育の場への転入と適応の過程 Ⅱ　　　　　　　175

　Fくんは，高校卒業の「18歳までどうせどこかの学校に通わないといけない」のであれば，勉強中心の通常教育を避けて，すでに馴染んだ「勉強はあまりせず運動三昧」の知的障害教育を延長したいと考えていた。とはいえ，すみれ支援学校の入試倍率は高く，グレーゾーンの子どもで在籍できるのは若干名で，Fくんに開かれていたのは狭き門であった。結果的にその難関をクリアできたことは幸運であった。

4.2　進学先のすみれ支援学校中学部の特徴
　Fくんが進学したすみれ支援学校は国立大学附属の知的障害特別支援学校である。閑静な住宅街の中に立地している。小学部・中学部・高等部とあり，全校生徒は約60名で，総勢約50名の教職員が勤務している。小規模の学校である。グレーゾーンの子どもの流れ込みにより公立の特別支援学校が過密化・狭小化の状態にある中，すみれ支援学校は相対的に静かでゆったりした環境が際立つ学校である。

　各学部段階で入試があり，その倍率は高く，地域の特別支援学校の中で，エリート校の様相を呈している。誰もが入れる学校ではない。子どものほとんどは電車で通学している。子どもによっては保護者やヘルパーが移動介助を行っている。スクールバスの運行はない。全学部の子どもが，8時50分に登校し，15時30分までには下校する。

　中学部は総勢17名（各学年5〜6名，男女比は2対1）の在籍生徒数で，指導体制は教師10名（正規教諭，1名のみ非常勤講師）である。1学年1クラスで担任は2名である。

　教育課程は，生活主義教育の原理に根差したオーソドックスな知的障害教育である。「保護者とともに知的障害のある児童生徒の自立と社会参加をめざし，生活に即した学習や体験的な学習を通し，1人ひとりのもてる力を最大限に発現させることによって，社会の主体としてたくましく生活できる子どもを育てる」（学校要覧より抜粋）ことを教育目標としている。「生活単元学習」「作業学習」「日常生活の指導」などの教科・領域を合わせた指導を中心に教育課程を構成している。作業学習では，作業種目として，紙漉き，農園芸が用意されている。形態としては，クラス単位，学年縦割り，学部全体などがとられて

校時＼曜日	月	火	水	木	金
	日常生活 朝の会	日常生活 朝の会	日常生活 朝の会	日常生活 朝の会	日常生活 朝の会
1	そうじ 全体朝会	朝会 朝の運動	朝会 朝の運動	朝会 朝の運動	朝会 朝の運動
2	作業学習	生活単元学習	生活単元学習	生活単元学習	作業学習
3	作業学習	生活単元学習	生活単元学習	生活単元学習	作業学習
昼	給食・日常生活・昼休み				
4	生活単元学習	体育	クラブ	音楽	委員会
	日常生活 帰りの会	日常生活 帰りの会	日常生活 帰りの会	日常生活 帰りの会	日常生活 帰りの会

図7-3　すみれ支援学校中学部の時間割

〔出典〕学校要覧を元に筆者作成

いる。通常学校との日常的な交流活動はなく，交流行事もない。

　発達検査上，Fくんのような境界域（IQ70〜90程度）の知的障害の子どもは，中学部においては2，3名である。最も在籍比率が高いのは中軽度（IQ30〜70程度）の知的障害の子どもたちである。IQ値が測定不能の重度の知的障害の子どもや重複障害の子どもは在籍していない。教育熱心な家庭に育った子どもが多く，全員が自宅から通学している。つまり，あんず支援学校やなつめ支援学校のように，入所型の知的障害児施設から通学する子どもはいない。

　すみれ支援学校の教師たち（正規採用の教諭）は，公立学校との人事交流で異動してきている。もともと通常学校で働いていた者もいれば，特別支援学校で働いていた者もいる。前者については，特別支援学校での勤務自体初めてという教師たちであり，手探りの中で子どもたちに向かい合っている。他方で，すみれ支援学校に赴任するのが2度目，3度目という教師もいる。大学附属の学校のため，実践研究や教育実習生の受け入れなどが盛んに行われており，教師集団で実践の質や専門性を高めようという意識が高い。また，学部間での人

事異動が盛んに行われており，各学部の教育の理解度や，社会的自立と発達保障という知的障害教育の目標についての理解度も高い。実践内容の打ち合わせやケース検討，研修会などの機会が豊富に設定されており，教師間のチームワークがよく，フットワークも軽い。中学部全体に，とても落ち着いた雰囲気が漂っている。

4.3 すみれ支援学校中学部への進学・適応・進路選択
・入学後の期待外れ──集団スポーツが成立しない

入試という関門を突破して晴れてすみれ支援学校中学部に入学したFくんであったが，その直後に期待外れを経験する。

 ＊：入学してみて，すみれ支援学校はどうだった？
 F：なんかつまんないなあと思った。刺激ないし。T先輩は，高等部（1年）で入れ違いだったし，他に飛び抜けた人いなくて，はじめからぼくが一番。後悔したよ。ここ合ってないと思って。
 ＊：山吹中に行けばよかったってこと？
 F：うん。ここ（すみれ支援学校）は1人ひとりの差が大きいから。100％が満タンだとすると，むこう（山吹中）はみんなが50％（みなが平均的に上手）で，こっち（すみれ支援学校）だと75％〜80％の確率でできる人（上手にできる人）が1人。でも，全然できない人もいる。だから，こっち（すみれ支援学校）はバスケの試合もできない。でも，やっぱりこっち（すみれ支援学校）がいいかも。小学校のときよりももっとプリント（勉強）が減ったから。
            〔Fくん，インタビュー，2013年1月16日〕

T先輩と運動・スポーツで競争関係を持つことを期待して入学したにもかかわらず，その先輩は入れ違いで高等部に進学してしまっていた。T先輩のいない中学部を冷静に見渡してみると，そこは，特別支援学級の頃とは比較にならないほど能力差の大きい集団（その上，小学校の特別支援学級に引き続き自分の運動能力が一番高い集団）であることに気づかされた[2]。特に，Fくんが残念に思ったのは，中学部内の生徒同士で集団スポーツ（とりわけ試合形式のゲーム）の成立が難しいことであった。

先にも述べたように,「バスケがなかったら, 人生終わってる」と吐き捨てるFくんにとって, 人数的にも能力的にも集団スポーツが同級生の間で成立しない学校に入学してしまったことは大誤算であった。したがって, インタビューでは, もう一つの進路の選択肢としてあった山吹中学校特別支援学級（小学校特別支援学級の友人の多くが進学）に進学すればよかったかなとも吐露していた。

　一方で,「勉強はあまりせず運動三昧」という基本ラインまでもが覆されてしまったわけではなかった。特に, 勉強においては, 特別支援学級の時代と同様に, ドリル学習が中心で課題のレベルは低く, 課せられる時間も少なかった。予想どおり, 難しい勉強が強制されない学校に入学できたことには心底安堵したという。また, 運動での競争や集団スポーツは難しいものの, すみれ支援学校では, 朝のマラソンやサーキット・トレーニングなど, 体力増強の機会が毎日保障されていた。ただし, それはあくまでも個別訓練的な運動にとどまるものであった。

・グレーゾーンの友人コミュニティへの参加

　すみれ支援学校での学校生活に慣れてきた中学1年の夏ごろから, Fくんは, 個人の体力増強運動では一切手を抜かないが, 体育のスポーツ活動では, あからさまに本気を捨て, 見るからに配慮の人を演じるようになっていった。教師からの「差があるから, みんなができるゲームするからね」という生徒集団の能力差を前提にした言葉かけも, Fくんの力の制御行動を加速させた。

　　F：すみれ支援学校では, 体育（集団スポーツ）で本気を出すことはないね。本気出して仲間がいなくなったら嫌だし。特にRとS。孤独は嫌。学校にいるんだったら友だちといたい。
　　＊：本気出さないっていうのは, 周りのペースに合わせるってこと？
　　F：そう。合わせるのは, 結構ストレスだよ。「オレに勝てるのはオレだけだ」。

2）中学2年時に, Fくんの朝のマラソンを観察したときにも, 同級生から5週以上の差をつけ, 担任教師の疾走すらも寄せ付けず, 他を圧倒していた。また筆者が本気でバスケットボールを挑んでみたところ, 本人の言葉どおりに上手で, ほとんど歯がたたなかった。

第7章　知的障害教育の場への転入と適応の過程 Ⅱ

＊：あれっ，それ，最近マンガで読んだよ。(『黒子のバスケ』の) 青峰のセリフじゃない？
F：そう（うれしそうな表情），おれは青峰とまったく同じ状況にいる。本気になれなくて無気力で。
＊：黒バスの影響を受けて，力を制御しているの？
F：いや。力を制御してるのは前からだから。小6のときにバスケで圧倒的な力を見せつけて1度孤独になって。だから力制御してる。
〔Fくん，インタビュー，2013年2月8日〕

　この会話に登場するRくんとSくんは，Fくんが「相棒」と呼ぶ同学年の友人である。Rくんは軽度知的障害，Sくんは中度知的障害の生徒で，たどたどしさはあるものの口語でやりとりすることができ，Fくんの中では「ほとんど普通（＝グレーゾーン）」の友人たちである。
　観察の限りでは，Fくんと相棒たちとの間には権力的な上下関係が見られる。命令するFくんと，従順に言うことをきくRくん・Sくんという構図がある。それでも不思議と，RくんとSくんはFくんのことを兄のように慕い，どんなに突き放されても近寄っていく。Fくんの誤解されやすい少々攻撃的な言動も，RくんとSくんの前では問題にならない。時折，命令－従順の関係性だけでなく，お互いの健闘をたたえ合って「イェーイ」とハイタッチするような対等な関係性のときもある。女性の担任教師は，彼らを2年間見てきて，「FくんはRくんとSくんに助けられてるし，2人を『心の支え』にしているなと見ています」と好意的に語った。力の制御は，このようなすみれ支援学校での友人関係を守るための行動なのである。
　Fくんの発言には，彼が熱中して見ているテレビアニメ『黒子のバスケ』からの強い影響が見られる。周りに合わせることでストレスが溜まり，自分の悶々とした心境や境遇に悩んでいるときに，たまたま『黒子のバスケ』を見て，「まさにこれだ」と思えるような言葉に出会ったのだという。それが，登場人物の中で「バスケの天才」と称される青峰の「オレに勝てるのはオレだけだ」という言葉であった。そして，テレビアニメの中の青峰と同様に，Fくんもまた，同レベルの対戦相手がいないことに不満を漏らしながら，次第に，学校生活の様々な場面で「面倒くさい」「刺激がない」といったネガティブな発言を

頻繁に発し，次第に，無気力素振りを見せるようになっていった[3]。

観察やインタビューの限り，Ｆくんは，才能にあふれ悪ぶる青峰のキャラクターに心底憧れている側面があり，自分の心境や境遇に照らし合わせただけでなく，単純に彼の生活スタイルを真似しようとしていたとも解釈できる。もしくは，メディアからの強い影響によって，『黒子のバスケ』のストーリーを引用しながら，自分のすみれ支援学校で置かれた境遇を美化しようとしていたとも解釈できる。それによって，教師たちに対して，自分がすみれ支援学校の中学部生徒たちの中でバスケットボールの才能の面でずばぬけていることをアピールしようとしていたのかもしれない。

いずれにしても，メディアのことばの力を借りながら，Ｆくんは，自分の感情や不満を周囲に漏らしていた。いつしか，中学部卒業後は，すみれ支援学校の高等部には進学せず（ある意味で見限って），バスケットボール部のある高等特別支援学校を受験してみたいというような発言を口にするようにもなっていった[4]。

・教師による助手・リーダー役の後押し

教師たちは，Ｆくんが感じた期待外れの内容を，通常学校から特別支援学校に転入してきたグレーゾーンの子ども特有のもの（感じて当たり前のもの）として受容しつつも，力の制御によるストレスの溜めこみや時折Ｆくんが見せる無気力素振りについては不適応の萌芽として問題視していた。そして，助手・リーダーとしての役割期待とでも呼ぶことができるような働きかけでそれに対処していた。

まず助手役についていえば，例えば，以下の年１回の学習発表会の劇練習の場面に象徴的に現れている。

---

[3]「そもそもテレビアニメを見るから悪い影響を受け不適応行動に走るのだ」という考えから，一時期，Ｆくんがテレビを見ること自体を制限するというような戦略が家庭の中で行使された。しかし，彼はその戦略をかわし，母親に見つからないように手持ちのスマートフォンの動画サイトでテレビアニメを検索し，隠れて視聴を続けた。

[4] 受験には相応の勉強が必要で，正直なところ，それに取り組む覚悟や意欲はＦくん自身にはなかった。したがって，このほのめかしは，あくまでも，教師陣への不満として口にされたものとして考えられる。

第7章　知的障害教育の場への転入と適応の過程 Ⅱ

練習が休憩に入り，Fくんは，RくんとSくんと一緒に，劇の道具の竹刀を使ってチャンバラしている。そこに，担任のQ先生（男性，40代）から指示が飛ぶ。
　T：F，OとPの袴持ってきて？
　F：はい（大きな声での快い返事，すぐに取りに行く）
　T：よし，いい返事だ。
Fはすぐに袴を取ってきてQ先生に渡す。「OK，サンキュ」と返される。
　T：今度は，FとO，RとPのペアでイス並べて。
　F：はい。Oいくぞ。（発語のないOの腕を引っ張って連れていく）
まるで先生のように「それはこっち」「それはやってはダメなこと」とOに注意しながら，Q先生に頼まれた仕事をこなしていく。
〔フィールドノーツ，2014年1月23日〕

RくんとSくんは，先に説明したFくんの相棒で，OくんとPくんは，Fくんが「障害者」と語る重度知的障害の同級生たちのことである。教師は，グレーゾーンのFくんやRくんに，OくんとPくん（ときにSくんも）のケアを日常的に頼んでいる。Q先生だけでなく，他学級の教師からもFくんは同様の依頼を受けることが多い。そして，教師たちは，「関わり方が上手」や「気遣いができる」として，Fくんのケアぶりを積極的に褒めていた。Fくんは教師からのそうした役割期待に対して快く応じる中で，自分と中重度の知的障害の生徒との切り分けをより強固にしていった。教師の営為は，Fくんの「ほとんど普通」というアイデンティティ形成への同意の表明にもなっていた。

　＊：よく先生に仕事を頼まれるって言ってたけど，例えばどんな仕事？
　F：だいたい（他学年の）N先生から頼まれるのが，Mくんと遊んでっていうので，それ以外は，シュレッダーいったり，ボールを上に運んだり。先生のいないときは先生のかわりに指示する。指示するのは楽しい。
　＊：「ミニ先生」の仕事はよく頼まれるの？
　F：「ミニ先生」というかお世話。Rとかぼくとかの仕事。
〔Fくん，インタビュー，2013年3月11日〕

この語りに表れているように，助手役は，中重度の知的障害の生徒のケアだ

けでなく，Fくんが「雑用」「パシリ」と表現するような仕事にも及んでいた。こうした立場性を身体化したFくんは，次第に行動をエスカレートさせ，中重度の知的障害の同級生たちに「ミニ先生」的な指示や注意を行うようになっていった。しかし，この「ミニ先生」ぶりについては，教師は快く思っておらず，その都度，制止していた。あくまでも教師が求めているのは，教師への完全な同化ではなく，助手を超え出ないレベルでの部分的な同化なのである。

さらに，教師の助手役のグレーゾーンの生徒には，生徒集団のリーダー役を兼ねることも期待される。すみれ支援学校では，中学部に生徒会の副会長職が割り当てられており（会長職は高等部から出される），中学3年でその役職に着く人が中学部のリーダーと見なされるという慣習があるという。そしてFくんはそのポジションに着くように教師たちによって意図的に推挙された。

> ＊：副会長になってがんばっていることってある？
> F：副会長になったから，シャキッとしないとと思ってがんばってる。自分に憧れている子（中1の男子）もいるから。「真似する」ってL先生に言われたから，無気力を見せないようにしてる。見本だから。
> 〔Fくん，インタビュー，2013年6月12日〕

Fくんは，リーダーになることによって，教師からの「見本になって」という言葉に敏感になり，リーダーとして自らの行動を律するようになった。すなわち，教師たちが問題視する無気力素振りを意識的に我慢するようになった。

Fくんは，中学部のリーダーになったことで，主にすみれ支援学校の中学部・高等部に在籍するグレーゾーンの生徒で構成する全校的なリーダー・コミュニティ（生徒会）にも参加していくことになった。

> F：今は，後輩の中で誰が次の中学部のリーダー（副会長）にふさわしいか，高等部のKくんと一緒に考えてる。Jくんも中学部の元リーダー。T先輩もだよ。
> ＊：リーダーって，どんな人？
> F：リーダーは尊敬される。率いるというか。
> 〔Fくん，インタビュー，2013年6月12日〕

すみれ支援学校の中におけるグレーゾーンの生徒たちとの交流を深め，Ｆくんは，例えば，放課後などの学校外の時間帯に，リーダー同士で，携帯電話でやりとり（かわいい子の話など）をするようになったという。

こうした教師の中重度の知的障害者との線引きの後押しを通してＦくんの無気力素振りは少しずつ解消されていった。一方で，彼の中では満たされない気持ちも大きくなっていった。それが，同じ学部の中でバスケットボールのゲームができないことであり，先に述べた，力の制御行動である。

・教師による学校外の資源の活用

　教師たちの中でも，中学部主任のＩ先生（女性，Ｆくんの母親と同い年）は，Ｆくんが学校で最も信頼している人物であり，集団スポーツができないことに対するストレスに関しても，Ｆくんは，Ｉ先生によく相談に乗ってもらっていた。Ｉ先生はＦくんの不満に共感していて，「Ｆは（すみれ支援学校でのバスケットボールの面で）かなりセーブしてると思います。なので，はじまる前10分間とかは，先にＲ君と１対１とかやってるので自分も入って２対１とかで発散させられるようにしているつもりではいるんですけど。やっぱり友だち同士とかチームで本気な感じでやりたいんでしょうね」と語った。一方で，グレーゾーンの生徒の人数が少ないすみれ支援学校の中でどんなに工夫したとしても，同級生と対等な関係で集団スポーツを保障してあげることは現実的に不可能であるという見解も語られた。

　こうした現実的条件の中で，Ｉ先生がとったのは，教師個人のプライベートな学校外コネクションを使っての補充戦略である[5]。すなわち，Ｆくんが週末にバスケットボールへの欲求を学校外の資源を活用して充足できるような環境を整えることで，Ｆくんの平日の学校生活の中での力の制御に伴うストレスの解消を試みるという戦略であった。それは，先に述べた学校内での「線引きの後押し」を補充するような戦略であると考えることができる。

　　Ｉ：私，週末にタイガース（仮名）って障害者バスケのコーチをやっていますが，

5）この補充戦略は，日本の教師の「職務の無限定性」（山田，2013, p. 171）を象徴する行動であるともいえる。

うちは，Fよりも（障害が）さらに軽い人たち（IQ値の高い発達障害者を中心にしたチーム）なので，「いつでもおいで」って言ってるんですけど，ご家族の都合で難しいみたいで。送迎がいるから。お母さんに「高等部になったらね」といさめられていて，どうにか我慢しているようです。

〔中学部主任のI先生，インタビュー，2013年3月12日〕

　この語りに現れているように，当初は，週末の家族の送迎の問題があり，この戦略は行使されずにいた。すでに中学1年の秋には，本人や保護者に対して，I先生からタイガースの紹介が行われていたという。Fくん自身は，すぐにでも参加したかったが，母親から高等部進学後まで待つようにいわれ，それからずっと入会の日を心待ちにしてきた。
　一方で，Z先生の口からは「クラブのレベルは高い」と説明されていたものの，Fくんは「『障害者バスケ』だと，（すみれ支援学校での「期待外れ」のように）また力を制御することになるんじゃないか」と半信半疑でいた。こうしたやりすごしの日々が続いていたのだが，母親の心変わりで，急遽，入会のタイミングが前倒しになり，思いがけず，中学3年から参加できることになった。

　　＊：I先生言ってたけど，タイガースに入れたんだって？
　　F：そう。勝手に話が進んでて，いつの間にか。高校まで我慢続けずにすんだ。
　　＊：で，タイガースはどうだった？
　　F：レベルすごい。これだったら楽しめそうって思った。（知的障害者バスケの）元日本代表の人もいるよ。
　　＊：学校生活に変化あった？
　　F：今は，実力を上げるためにいろんなことやってる。シュートがよく入るように野球やったり，あと，マラソンを超本気で走ったりして，サーキットでは，砂袋を3回か2回で持ち上げるようにしてる。ここ（すみれ支援学校）は自主トレ場所。
　　＊：なんか，イキイキしているね。どうしちゃったの（笑）？　高校受験はどうなった？
　　F：もうすみれ支援学校で平気だよ。将来，おれも日本代表になりたい。

〔Fくん，インタビュー，2013年6月12日〕

校内では，教師の助手役，かつ生徒集団のリーダー役として活躍し，週末には，バスケットボールに没頭することができるようになったことで，Fくんにおける不適応の萌芽は摘まれていった。教師の望む適応の方向に邁進することになったのである。

また，タイガースにおいて，バスケットボールの技術の高さでも，生き方でも尊敬できるH先輩（23歳，境界域の知的障害，障害者枠でスターバックスカフェで働く）との出会いを果たし，知的障害の療育手帳を戦略的に使ってカフェなどへの一般就労を目指す方向性に対しても教師と合意に至った。そして，Fくんは，納得のもとで，すみれ支援学校の高等部に進学した。

5. おわりに

本章では，3つの特別支援学校中学部の3名のグレーゾーンの子どもの事例を取り上げ，1人ひとりの知的障害特別支援学校への転入と適応の過程について描き出した。

Dくんは，いじめ・学力不振を通常学校からの転出理由とし，知的障害特別支援学校に「自己の解放」を見出していた。Eくんの場合は，本人の認識の中では通常学校からの転出理由があやふやで，不本意転入した知的障害特別支援学校（および障害児施設）に「自己の無力化」を見出していた。Fくんは，知的障害特別支援学校に対して「自己の解放」や「自己の無力化」は見出さず，言ってみれば，可もなく不可もない評価をくだしながら，集団スポーツができないという1点に不満を抱いていた。いずれにしろ，前章の事例と同様に，この3名にも，知的障害特別支援学校への転入・適応をめぐる大小のアイデンティティ葛藤や対処的な戦略が見られた。

対する教師の方は，各学校において，生活主義教育と発達保障に基づくオーソドックスな知的障害教育を実践しようと試行錯誤していた。とりわけ，社会的自立への目標意識の高さが特徴的で，知的障害特別支援学校では小学部・中学部・高等部の一貫教育体制がとられ，かつ学部間の人事異動が積極的に行われていることから，中学部においても，知的障害者としての社会的自立を目指す意識は相当に高いものがあった。この点については，第6章で見た，固定制

の知的障害教育特別支援学級における「居場所づくり（通常学級との相対的関係を踏まえた避難所づくり）」中心の教育指導の方針とは対照的である[6]。

　知的障害特別支援学校は，生活主義教育論と発達保障論に基づく知的障害教育を実践するのに理想的な環境がある。こうした違いは，やはり，通常学級からの距離と関係しているのかもしれない。そして，特別支援学校の内部で職務に従事している限りにおいて，存立をめぐる外部からの批判の声（共生共育論など）はほとんど耳に入ってこない。

　特別支援学校は，通常学級からの地理的距離が遠く，学校経営的にも通常学校とは独立していることもあって，通常教育の場からの介入や接触の機会もかなりの程度限定されている。したがって，特別支援学級の事例とは異なり，子どもも教師も，通常教育の場のメンバーからのまなざしや脅威をほとんど意識する必要がなく，分離・庇護された環境下で学校生活に取り組めているのである。

---

6) 対照的とはいっても，あくまでも重点の置き方の違いであり，知的障害教育特別支援学級にも，知的障害特別支援学校にも，第3章で指摘した知的障害教育の場の二面性が見られることに変わりはない。

第8章 知的障害教育の場へと転入した
グレーゾーンの子どもの学校経験

教師との相互行為に着目して

1. はじめに

　ここまで，転入を経験したグレーゾーンの子どもの知的障害教育の場における内部過程，すなわち知的障害教育の場への転入と適応の過程に着目しながら，5校6名（2校の特別支援学級，3校の特別支援学校）の事例を見てきた。事例の背景や文脈は様々で，エピソードも多岐にわたっている。

　そうした1人ひとりの子どもの生の個別性を尊重しつつも，本章では，事例の照らし合わせを通して，相互の重なりや共通性について考察することにしたい。具体的には，知的障害教育の場におけるグレーゾーンの子どもの生活戦略と教師の職務戦略の応酬の様態について見ていくことにする。

2. 通常教育の場からの転出の文脈

　子どもたちが通常教育の場（走路）から知的障害教育の場（走路）への横断に至った理由は，総じて，いじめ，不登校，学力不振，暴力行動といった「不適応」として括られる事項との関わりからであり，「通常の学級の教育は子どもにとってもはや適切ではない，という『事実判断』」（窪島，1991, p. 25）によるものであった。そして，そうした不適応が，担任教師や医療関係者，保護者といった周囲の大人たちによって，器質的な障害（impairment）と結びつけられることで，転出が正当化されていた。

　例えば，AくんやBさんの場合，当該の子どもの学力不振が周囲の大人の「勉強の悪気ない遅れ」といった医療的まなざしによって個人問題化され，そこに心理・医療の専門家が介入することで確信が与えられ，通常教育の場からの転出へと話が運ばれていた。この点でいえば，グレーゾーンの子どもの転出は，社会や学校の医療化・心理主義化と無縁の話ではない（木村，2006）。

また，本来的に通常教育の場の授業・学級づくりの問題でもある学力問題が，個人の身体機能や能力の問題に矮小化されて転出が達成されることによって，当の通常教育の場の文化の不変性が維持される構造にあることも，2人の事例と密接に関係している（太田，1995）。この点は，学力不振を転出理由とするDくん，Eくん，Fくんの事例にも共通している。第3章で見たような，知的障害教育の場の通常学級から押し出される不適応の子どもたちを受け止める機能が，現実場面ではフル稼働の状況にあることが分かる。そして，第4章で見たように，確かに，あまり選択肢のない現実的な選択として横断が実行されている。

　一方で，通常教育の場での「不適応」と「押し出し」を共通の背景としつつも，転出・転入経験に対する個々の意味づけは対照的であった。すなわち，Aくん，Cくん，Dくん，Fくんはポジティブな意味づけをし，BさんとEくんはネガティブな意味づけをしていた。両グループの明確な違いを規定している重要なファクターは，通常教育の場での被いじめ経験の有無である。すなわち，主観的な次元でのいじめの辛さや切実さ，脱出したさが意味づけの対照性に関係していると考えられる。

　しかし，それだけではなく，周囲の大人が転出を進言し説得するプロセスにおいて，通常教育の場における友人関係が不調だった場合には，それを説得材料にできるために障害（身体機能の欠損）の話を持ち出さずに済み，Bさんの事例のように，友人関係が良好だった場合には，他に説得材料がないために障害の話を持ち出さざるをえないという事情が生じていたと考えられる。そもそも，Eくんの事例では，説得のプロセス自体が省略されていた。AくんとBさんは経歴としてはほとんど同じタイミングでの転出・転入で，同じ学級環境で中学生活を送ったわけであるが，それでも，知的障害教育の場に対し，Aくんは「自己の解放」を見出し，Bさんは「自己の無力化」を見出していた。

　したがって，知的障害教育の場の物理的環境よりもむしろ文脈が，在籍する子どもの知的障害教育の場への主観的意味づけを強く規定していると考えられる。

3. 転入後にグレーゾーンの子どもが覚える葛藤

前述のとおり，グレーゾーンの子どもの転出経験と知的障害教育の場への意味づけのポジティブさ／ネガティブさの対照性はありつつも，彼（女）らが知的障害教育の場との出会いを通して覚えた葛藤はかなりの点で共通している。その葛藤には，大きく3つを挙げることができる。

第1に，勉強が簡単なことへの葛藤である。ここでいう勉強とは，通常教育における教科の学習のことである。Aくんは「なめんなよ!!」という強い言葉で表現し，BさんやEくんは，人生の可能性が奪われていくように感受し，Cくんは，知的障害教育の場での授業が，高校受験への助力にならないことを悲劇として受け取っていた。しかしながら，第1章で見た，水増し教育から生活主義教育へという戦後初期の知的障害教育の歴史および論争を踏まえるならば，グレーゾーンの子どもたちがこうした葛藤を覚えるのは，ある意味，当然起こりうること（想定内のこと）であるといえるのかもしれない。元来，知的障害教育の場は，障害児教育史上，教科教育ではなく，近い将来の手仕事や体仕事を生業とする「生産人」生活を見越した教育を提供するために特別に設けられた教育空間であるからである。

こうした前提があるため，通常教育の走路への復帰を願うCくんに対して，復帰のための学力（受験に必要なテスト学力）が保障されることはなかったし，Bさんの勉強内容の簡単さ（＝教科教育を保障してほしい）への異議申し立てに対しては，授業内容の改善ではなく，漢字・計算ドリルの難易度の調整で済まされていた。森（2014）は次のように述べる。

「生活主義教育論が『水増し教育』批判のなかで教科教育に対し否定的な態度をとっていただけに，結果的に，知的障碍児の認識能力に働きかける教育への関心を，自らの実践の内から成立させる経路を閉ざす大きな要因になった」(p. 64)
「生活主義教育原理にもとづく『生活単元学習』や『遊びの指導』『作業学習』が支配的ななかで，……教科が問題になるのはせいぜい音楽，図工，体育に関わる内容についてであって，抽象的思考の必要な『知的教科』では，仮に部分的にできることがあったとしても，知的障碍児ではその日常生活への応用はむずかしいのでとりあげる意味がないとか，総合的学習の内容の一部を補うための『ドリル学習』とし

て位置づける程度にすべきである，というのが一般的理解になっている。」(p. 100)

　勉強が簡単であることは知的障害教育の場の教師にとってみれば，「そういう場なのだから，当たり前」なのである。
　ただし，彼（女）らは，単純に学習内容での知的好奇心の満たされなさを問題にしていたわけではない。提供された勉強内容を，自分の知的能力に対する査定が反映されたものとして捉え，教師たちから「勉強の苦手な子」としてまなざされていることを敏感に感じ取っていたのである。特に「障害（身体機能の欠損）が判明したから転入してきた」という認識を強く持っているBさんの目には，簡単な勉強内容が提供されることが，知的障害者扱いの象徴的な出来事に映った。
　第2に，中重度の知的障害のあるメンバーと同級生になることへの葛藤である。AくんやBさんは，ものすごく幼稚に見える同級生に戸惑い，Eくんは，障害や病気のある同級生（および同園生）と四六時中生活を共にしなければならなくなったことを嘆いていた。Bさんに典型的に見られたように，通常教育の場で一定の時間を過ごしたことのあるグレーゾーンの子どもは，健常者の立場からの見方や価値観を内面化しており，通常教育の場からの転出と知的障害教育の場への転入によって，健常者アイデンティティの揺らぎを経験する。このようなアイデンティティ葛藤に関して，ゴフマン（2003）は次のように述べる。

　　「誰を自分自身の同類として受け容れなくてはならないかを初めて知ったとき，少なくともある程度の両価的感情を感ずるのが普通である。というのは，これらの人びとは，明らかにスティグマをもち，［以前の］自分のように常人ではないばかりか，彼には自分の帰属させることができないと思われるような他のさまざまな属性がある。」(p. 69)

　転入したグレーゾーンの子どもは，中重度の知的障害のメンバーが自分の同類であることへの両価的感情の中で，葛藤を感じるのである。
　第3に，通常教育の場に在籍する健常とされる子どもからのまなざしに対す

る葛藤である。これは，特に，通常教育の場との交流の機会が多い特別支援学級の子どもに多く見られる。ゴフマン（2003, p. 37）は，「スティグマのある人の欠点が，われわれが彼のほうに（一般に視覚的）注意を向けただけですぐ感知される場合——つまり彼が信頼を失う事情のある人ではなく，すでに信頼を失った人である場合——，彼は常人の間にいると，自分のプライヴァシーはむきだしにされ，侵害されるままになると感じるのが普通であろう」と述べている。四葉中や椿中で見られたように，朝礼などの場面では，知的障害教育の場の子どもたちは集団として固まっている場合がほとんどで，通常教育の場の子どもたちから「特別支援学級の子ども」というカテゴリー化を受けやすいポジションに置かれる。知的障害教育の場に通うグレーゾーンの子どもは，「晒しものになる不快さ」（ゴフマン，2003, p. 37）を感じているのである。

また，「外部からのまなざしは，差別的な意図の有無にかかわらず，人びとに自己がなにものであるかを確認させる日常的な経験となる」（桜井，1996, p. 42）のであり，通常教育の場の子どもとの交流の機会は，両価的感情を刺激する。例えば，Aくんにとっては，普通とは違う学級に在籍していることを意識する機会になり，Bさんにとっては，障害があることや通常の子たちとは違うことを意識する機会になっていた。そして，両者は，知的障害特別支援学級に転入したことで，常時ではないにしても，学級の内における教師からの独特のまなざし，学級の外における通常学級生徒からの独特のまなざしという内外の二重の健常者のまなざしが意識される状況下に置かれていた。

以上の3つは，いずれも通常教育の場の文化に親しみを持つからこそ覚えるアイデンティティ葛藤であり，「横断者（越境者）」としてのジレンマである。こうした葛藤は，発達障害といった器質的な障害に由来するものではなく，転出・転入に伴ってのマジョリティからマイノリティへの社会的な地位・立場や環境の変動によって生じているものであると考えられる。

4. グレーゾーンの子どもの生活戦略

本書において「生活戦略」とは，人々が置かれた状況の中で，状況を乗り越えようとしてそれぞれ固有の立ち向かい方をするときに働かされる様々な創意

工夫や知恵のことを指している[1]。周囲の大人の判断に強く規定される転出・転入は，多くの子どもにとっては「過程」というよりも突き付けられる「結果」であり，肝心なのはそこでどう生きていくかである。先に挙げた3つの葛藤への対処を含め，知的障害教育の場で主体的に生きるためにグレーゾーンの子どもが行使している生活戦略には，大きく4つを挙げることができる[2]。

　第1に，勉強が簡単な状況への異議申し立てである。感情が込み上げてくる中で，Aくんは母親を介して，Bさんは直接教師に申し出ようとした。先にも述べたように，この異議申し立ては，自分の知的能力の査定に対するクレームであり，自らのアイデンティティに関わる重大事である。これに対し，教師は，漢字・計算ドリルの内容レベルの調整という個別対応で受け流し，交渉の席にはつかない。問題を個人化することによって，知的障害者扱いを前提とする知的障害教育の基本原理と自らの知的障害教育の場の教師としての職責を守るのである。

　こうした教師の対応に対し，転入したグレーゾーンの子どもは，Aくんのように「自分には基礎固めが必要」としてポジティブ解釈への転換を行ったり，Bさんのように，ドリルの難易度を上げてもらったことで譲歩するとともに，学校内外で運動に没頭することでうさ晴らししたりといった二次的な戦略を取る。もちろん，Cくんのように，知的障害教育の場には過度に期待せず，通常教育の走路に復帰するために，学校外の教育サービスで補充する戦略もある。しかし，この戦略を取るには，家庭によるバックアップ（金銭面を含む）が不可欠であり，子ども個人の生活戦略というよりも，家族戦略である。Eくんのような不安定で複雑な家族状況にある子どもは行使できない。このように，勉強が簡単な状況への異議申し立ては，教師から思い通りの対応を引き出しにくい戦略である。

　第2に，グレーゾーンのピア・グループ（当事者グループ）への参加である。

---

[1] 第5章で述べたように，本書における「生活戦略」概念は，桜井（2005a, p. 37）の提起する概念をモチーフにしている。
[2] 必ずしも，ここで挙げる生活戦略が，前節で挙げた葛藤に直接に対応する対処戦略として行使されているわけではない。よりよく生きるための生活戦略（知恵や工夫）には，学校生活内での葛藤を前提にしないものも含まれる。

転入したグレーゾーンの子どもは，中重度の知的障害のメンバーと同級生になることに葛藤を覚えつつも，他方で，通常教育の場では得られなかった真の同類を見つけたりもする。例えば，AくんやDくん，Fくんは，知的障害教育の場へと転入したことによって初めて対等な関係性に基づく「友だち」を獲得していた。また，Cくんは，参加したグレーゾーンの友人コミュニティの中でいじめによる心の傷を癒し合うという経験をしていた。ゴフマン（2003）は，こうした同類の絆に関して，次のように述べている。

> 「ある特定のスティグマをもつことが，どんなことなのかを経験していることから，同類のなかには彼に対人交渉のコツを伝授したり，一緒に嘆きを共にしてくれたりする者がいる。この嘆きを共にする同類に，彼は精神的支持を求め，まったく他の常人たちと変わらない人間として受け容れられ，くつろぎ，やすらいだ気分にひたることができる慰めを求める。」(p.43)

　特に，避難の場（アジール）を求めて転入し，「自己の解放」を見出すようなグレーゾーンの子どもたちには，知的障害教育の場は，自己の存在が承認されうるコミュニティとなっている。

　知的障害教育の場における当事者同士のピア・グループ的な関係性の構築は，自分が，通常教育の場の子どもたちと異なるだけでなく，知的障害教育の場の中での中重度の知的障害の子どもたちとも異なることを確認させ，自らを再定義していくきっかけにもなる。すなわち，「ほとんど健常者」アイデンティティとでも命名されるような自己定義を獲得していく[3]。

　例えば，当初，健常者アイデンティティを堅守しようとしていたAくんやFくんの場合には，友人たちの影響を受け，健常者から「ほとんど健常者」の方に足場を半歩ずらし，障害者アイデンティティを過剰気味に受容していたBさんの場合には，肯定的な「ほとんど健常者」アイデンティティを確立すること

[3) 本書でいうアイデンティティとは，桜井（1996, pp.44-45）の定義する「自己に意味を与え，解釈し，他者との関係の中で規定すること」という意味で使用する。エリクソンのいう統合性や斉一性を前提とせず，「人びとが状況の中で社会的行動の指針とするもの」として捉える。

で，障害の占める位置を相対的に低下させていった[4]。中重度の知的障害の子どもたちと自分たちとを線引きする中で，彼（女）らは，ときに，お世話や介助などの教師に近い立場の行動を取るようになる。こうした行動をとることで，ある面では，自分たちの「ほとんど健常者」としての立ち位置を確認していると考えられる。

　AくんやBさんは，週末や長期休暇に，グレーゾーンの友人コミュニティのメンバーと待ち合わせをしてカラオケや映画などに出かけていた。小学校時代の同級生や四葉中の見知った通常学級生徒と遭遇しない限り，学校外では特別支援学級生徒カテゴリーや障害者カテゴリーにしばられることはなかったという。2人は，「ほとんど健常者」アイデンティティを選択することで，学校内では障害者としてのカテゴリー化にひそかに抵抗し，学校外では，多様な自己を維持できるようになった。麦倉（2003, p. 189）は障害者のライフヒストリー研究を通して，ある固有の人間が「特殊学級や作業所といった福祉生徒の専門的組織の中で，自己を障害の枠内で定義されることによって，日常生活の経験が制度化され」「家族，地域の中での自分自身のアイデンティティから切り離されていく」プロセスを描き出したが，AくんやBさんの場合には，知的障害教育の場に在籍しつつも，「ほとんど健常者」アイデンティティを選択することによって，「家族，地域の中での自分自身のアイデンティティ」を防衛・維持していたといえる。

　ただし，こうしたグレーゾーンのピア・グループへの参加をもってしても，満たされないものが出てくる場合がある。例えば，Bさんのように友人コミュニティに同性メンバーが少ない場合や，Dくんのように友人以上に受容度の高い関わりを求めたい場合である。こうしたときには，二次的な戦略として，教職員との「つるみ」や「ムダ話」の戦略が取られる。いずれにしても，知的障害教育の場においては，グレーゾーンの子どもは，口頭でのコミュニケーションを取れるグレーゾーンの同類や教職員と近い人間関係を持つ傾向にあるので

---

[4] 星加（2002）は，障害者が自らのアイデンティティを肯定的なものにするための戦略として，①「障害」を軽視してその否定的な影響を減少させる，②否定的に意味付けられる「障害」を否定し克服しようとする，③「障害」を肯定的に意味付け直す，の3つを挙げている。Bさんの場合には，①の戦略が取られたと考えられる。

ある。

　第3に，朝礼などの通常教育の場との交流場面での「まなざしの無視」などによるやりすごしである。通常教育の場との交流は日常的なものではないため，物理的時間さえ経てば過ぎ去っていくものである。ゴフマン（2003, p. 38）は，「スティグマのある人と常人の両者が接触する社会的場面に参加するとき，スティグマのある人がすぐに直面するものがきまっていると，彼は先を見越して防衛的で萎縮した反応をする」と述べている。特別支援学級に通うAくんやBさん，Cくんに見られたことであるが，通常教育の場の子どもとの交流を通過儀礼だと割り切り，緊張した表情でやりすごしを試みている姿があった。

　一方で，交流活動の機会自体がほとんどない特別支援学校のグレーゾーンの子どもは，Dくんのように過去のいじめ相手と交流するという場合でない限りは，非日常のイベントとして交流活動を楽しみ，やりすごしの戦略を行使していなかった。

　第4に，知的障害教育の場の公式の設置目的とは異なる用途での利用である。例えば，Eくんにおける大人に気軽に質問できないことを調べる手段としての知的障害教育の場のネットカフェ的な利用[5]（ただし，カフェというほどリラックスしたものではない）や，Fくんにおける体力増強に焦点を合わせた知的障害教育の場のスポーツジム的な利用である。このような利用は，学校外の生活の充実のための利用であり，子どもの生活全体が見えていなければ教師はそうした行動の真意を理解することは難しい。

　以上のように，転入したグレーゾーンの子どもたちは受動的な存在ではなく，置かれた環境において，自分たちなりのやり方で，したたかに生きようとしている。そのやり方はお世辞にも器用なものとはいえず，彼（女）らなりの論理や文脈が理解されなければ，「不適応行動」「問題行動」というラベルが貼られ，否定的に解釈されかねない行動を含んでいる。そして，彼（女）らは，「今こ

---

5) Eくんの場合には，教師のパソコン仕事の補助を率先して引き受けることによって，教師の目が離れた隙にインターネット検索をしたりもしていた。ゴフマン（1985）は，こうした戦略に対し「割り当てられた仕事の利用（working an assignment）」という言葉を当てる。利用可能な仕事を引き受けることによって，当事者なりの方法でしたたかに利益を獲得するのである。

こ」の置かれた状況の中で創意工夫や知恵を働かせているのであって，必ずしも教師相手にすべての戦略を行使しているわけではない。

5. グレーゾーンの子どもに対峙する教師の職務戦略

グレーゾーンの子どもの生活戦略に対し，教師は，知的障害教育の場で教職に就く者として職務上の戦略を行使する[6]。それは，すべてを還元することはできないにしても，多くは知的障害教育の場の秩序維持に直接・間接に関わるものである。第1章で述べたように，知的障害教育では，社会的自立に向けた生活主義教育と発達保障という「理想の教育」を実践することが目指されている。しかし，秩序維持といった学校の日常を生き抜く課題とうまく付き合わなければ，「理想の教育」の実現に向けた戦略を行使することはできない（山田, 2013）。

そもそも，第3章で述べたように，受け止めの場である知的障害教育の場は，通常教育の場とは比較にならないくらい，在籍する子どもたちの発達差や認知特性の違いが非常に大きい集団教育の場である。すなわち，知的障害教育の場（特に知的障害特別支援学校）においては，教師は，障害程度の異なる，グレーゾーンの子どもと中・重度の知的障害の子どもとを学級・学部という同一集団の中で共存させなければならない職務（＝共同体化）を背負っている。もし共同体化に失敗する場合，特にグレーゾーンの子どもが「不適応行動」「問題行動」を頻発させて反乱を起こす場合には，担任教師は彼（女）の対応にかかりっきりにならざるをえず，中重度の知的障害の子どもたちに手が回らなくなってしまう。中重度の知的障害の子どもたちには身辺指導や移動介助が必要な場合も多く，このようなときには，担任教師だけでの学級運営が難しくなってしまう。グレーゾーンの子どもが通常教育の場から大量に流れ込んでくる近

---

[6] 言わずもがなであるが，現実の場面では，子どもの戦略と教師の戦略はダイナミックに入り混じった応酬の様相を呈しており，一定のルールに則ったものではない。本章では便宜的に，子どもの戦略はこれ，教師の戦略はこれと切り分けて論じているが，この書き方では，戦略の内容が分かりやすい反面で，応酬のプロセスが見えにくくなっている。こうした理由もあり，第6, 7章では，個別の応酬のプロセスを詳細に描き出したのである。

年にあって，知的障害教育の場の秩序維持は，まずもって，彼（女）らの学校適応にかかっているといっても過言ではない状況にある。

したがって，教師のとる職務上の戦略は，知的障害教育の場の「秩序維持＝適応促進」の戦略として理解される部分が大きい。こうした教師の適応促進戦略には，大きく6つを挙げることができる。

第1に，教師の多様性を前提にした子ども理解の共有とチームプレイである。知的障害教育に関する知識や経験値の差，校内人事（知的障害教育の場を担当すること）に対する不本意さの違いなどはあれども，特別支援学級においても，特別支援学校においても，全体の方針として，教師たちは在籍する子ども1人ひとりを理解しようと試み，それをフォーマル・インフォーマルな「打ち合わせ」の時間を通して共有しようとしていた。例えば，あんず支援学校やなつめ支援学校の教師たちは，全体の職員朝礼後に必ず学部打ち合わせの時間（10分程度）を設定するとともに，スクールバスの出迎え前の5分程度の時間では，他学部の教師たちと口頭での打ち合わせを行っていた。

また，特定の子どものケースを取り上げての会議が，放課後に定期的に開かれていた。学校に限らず多くの職場で一般的に見られるように大小の同僚関係のもつれが潜在しているのであるが，少なくとも子どもが登校している時間帯は，子ども理解の共有の努力をベースにしながら，チームワークを大切にしようとする志向性がいずれの学校でも見られた。

非常に印象的だったのが，教師たちが，第1章で取り上げた「生活主義教育論vs発達保障論」というような個々の「理想の教育」観の違いを超えて，あるいは棚上げにして，「子ども理解の共有とチームプレイ」を優先していたことである[7]。これは，吉田（2007，p.103）が指摘するような，「指導をめぐる意見や感覚の相違」があったとしても「システムを全職員の協力で維持している中での不和の表面化は，対生徒関係で生じるストレスをさらに耐え難いものにする可能性がある」ため，「本格的に学校の体制について議論してさまざまな

---

7) 本書の調査結果に基づけば，一部をのぞき，知的障害教育の現場に立つ多くの教師は，第1章で把握したような知的障害教育をめぐる対立構図や歴史的文脈を日常的に意識しながら過ごしているわけではないようである。個々人が，状況に応じて，それぞれに都合のいい形で，「水増し教育論」「生活主義教育論」「発達保障論」「教科教育論」「共生共育論」といった言説を部分的・折衷的に多用しているというのが実状のようである。

軋轢を抱え込む必要はない，という気持ちが働く」ということなのかもしれない。また，椿中7組で典型的に見られたように，若手をはじめとして，そもそも，生活主義教育論や発達保障論といった教育方針に関する主義主張を持たない（こだわりや関心の薄い）教師たちも少なくなかった。

　いずれにしろ，教師たちは，職務の遂行にあたって，子ども1人ひとりに対して集団で向き合っていた。つまり，知的障害教育の場のあちこちで見られた構図は「子ども個人（あるいは数名）の生活戦略と教師集団の適応促進戦略の応酬」であった。

　第2に，密着的人間関係の構築である。例えば，AくんやBさんの在籍する四葉中では「思いつきの話題」の積極的受容が行われ，Cくんの在籍する椿中ではユーモアが前面で使用され，Dくんの在籍するあんず支援学校では校内を歩き回っての「ムダ話」が許容されていた。いずれの知的障害教育の場でも，基本的に傾聴を大切にする姿勢がとられ，本人の自己表現を遮らないことに注意が払われていた。とりわけ，特別支援学校では，校内で働く教職員の多くがそうした受容的な態度をとり，アットホームな雰囲気が醸成されていた。

　密着的人間関係の構築は，定時制高校，通信制高校，高等専修学校，サポート校などの全日制ではない学校でも見られる教師の戦略であり，「教師は生徒の教師不信を解消」し，「生徒と同じ価値の世界にたつ振る舞いをするよう意識している」と考えられる（伊藤，2010, p. 16）。転入するグレーゾーンの子どもは，通常教育の場に在籍していた時代に教師と信頼関係を築くことができていなかった場合が多く，転入の時点では，教師という人間に対して不信感を抱いていることも少なくない。したがって，「指導や評価といった役割上の視点をまったくもたずに，ただ自己そのものを子どもの前に示す」ことで，固定化されているネガティブな教師像を崩し，緊張を和らげる意図があるのである（今津，1985, p. 178）。

　ただし，密着的人間関係の構築の目的は，教師不信の解消に留まるものではなく，最終的に目指しているものはさらに先にある。すなわち，教師は，それを通して，知的障害教育の場の提供する，社会的自立に向けた作業学習などの授業やソーシャルスキルトレーニングなどの自立活動（療育活動）への積極的な参加と運営への貢献を期待している。つまり，密着的人間関係の構築は，教

師が社会的自立に向けた生活主義教育や発達保障を効果的に促進するための措置の1つであるといえる。したがって，教師－子ども関係の役割分化やパワーの違いを密着的人間関係の構築によってカモフラージュしつつ，グレーゾーンの子どもとの対立・葛藤を回避し，顕在的・潜在的に知的障害者扱いを前提とする知的障害教育の場の教師としての制度的な役割を遂行しようとしていると考えられる。椿中7組の教師が「関係が切れてしまってはやりようがない」と語っていたが，知的障害教育の場を運営していくための大前提として，密着的人間関係を築いているのである。

　第3に，通常教育型の教科教育ニーズの受け流しである。これについてはすでに前節で取り上げた。グレーゾーンの子どもからの「教科の勉強ができない」という異議申し立てに対し，漢字・計算ドリルの内容レベルの調整でもって譲歩をはかるのである。この戦略によって，知的障害教育の基本原理を守ることができる。

　第4に，差異化の後押しである。この戦略は，知的障害教育の場の中でも，社会的自立をより強く意識する知的障害特別支援学校で多く見られる。知的障害特別支援学校では，高等部卒業後の進路として大学進学を想定していないため，子どもたちは，基本的に，障害者枠を利用しての一般就労（一般企業や特例子会社など）もしくは福祉就労（作業所や授産施設など）を目指すことになる。実際，小学部（小学校）から高等部に移行していくプロセスで，在籍する子どもたちは一般就労を目指すラインか，福祉就労を目指すラインかに振り分けられていく。教師は就労を意識した戦略を行使しながら，職務の一環として子どもの障害者化を進めていく。

　特に，障害者枠を使用しての一般就労を目指すことの多いグレーゾーンの子どもに対しては，健常者とも中重度の知的障害者とも異なる「軽度障害者化」が進められていく。在籍する子どもたちの障害程度の幅（能力差）を前提にした共同体化と彼（女）らの近い将来の就労を意識しての障害者化（軽度／中重度）を両立させるという職責のもとで，教師たちが行使する戦略が，グレーゾーンの子どもと中重度の知的障害の子どもの差異化の後押しなのである。例えば，グレーゾーンの子どもに対し，教師の助手役・子ども集団のリーダー役への推挙が行われる。在籍する子どもたちを意図的に差異化し，教師に近い立

場として振る舞うことを特別に許可することによって，彼（女）らを教師の統制下に置こうとするのである。教師による差異化の後押しは，「ほとんど健常者」アイデンティティを可能な限り保持しようとするグレーゾーンの子どもの心情をフォローする行為であり，彼（女）らに歓迎されやすい。

ただし，Fくんの在籍するすみれ支援学校で典型的に見られたように，グレーゾーンの子どもが教師の助手役・子ども集団のリーダー役を自主的にエスカレートさせていき，「ミニ先生」化することもめずらしくない。あくまでも教師が求めているのは，教師への完全な同化ではなく，助手を超え出ないレベルでの部分的な同化であるため，「ミニ先生」役については教師は制止を入れる。結局は，グレーゾーンの子どもが，教師の助手役，子ども集団のリーダー役という中間役職を担うことによって，能力差を前提にした共同体化と障害者化の両立という教師の職務が円滑に遂行されるのである。

実際には，グレーゾーンの子どもの形成する「ほとんど健常者」アイデンティティと教師の求める軽度障害者役割には微妙にズレがある。教師において，そのズレは，高等特別支援学校や特別支援学校高等部に進学し，同級生と影響し合いながら，社会的自立（職業的自立）に向けた作業学習や進路学習，インターンシップ型の現場実習を重ねていけば，自然に調整されていくものと考えられている。

矛盾するようだが，教師にとって悩ましい点は，知的障害特別支援学校の秩序維持のための差異化の後押しが，子ども間の序列化に結びつきやすいことである。先にも述べたように，差異化の後押しは進路分化と対応しており，それは，堀家（2010, p. 56）の言葉を借りれば，「『労働力となる障害児』と『労働力にならない障害児』との線引き」でもある。差異化の後押しはもともと市場の地位関係を反映した戦略でもあるがゆえに，当然，序列化と結びつきやすくなる。

この点は教師たちに非常にナイーブな問題として受け止められていて，学校外からの来訪者である保護者や来客の眼前では，可能な限り，形式的平等が志向され，子どもの序列の隠蔽が行われる。「教師は能力差を認めつつも，『機会均等的平等観』とでも言うべき日本の学校文化に親和的な平等観」（澤田, 2002, p. 143）を有しているのであり，こうした矛盾を前提としながら，教師は秩序

維持のために差異化の後押しの戦略を行使しているのである。

　第5に，通常教育の場の子どものまなざし（脅威）からの庇護である。この戦略は，知的障害教育の場の中でも，通常教育の場との交流の機会の多い知的障害特別支援学級の事例で多く見られる。例えば，AくんやBさんの在籍する四葉中では，7組の教師が，朝礼などの時間に，保護者的な目線で通常教育の場の子どもとの距離を注視し，体を入れて簡易の防御壁を作るような場面が観察された。こうした庇護的な関わりは，先にも述べたような通常教育の場の子どもとの交流をできるだけ避けたいと願う知的障害教育の場の子どもの意向に沿うものであるともいえる[8]。

　一方で，内部の子どもが庇護膜で守られているのは，学齢期の期間の中の学校内で過ごす一部の時間（教師が職務上の責任を持つ時間）であり，登下校時や放課後，週末・長期休暇，学齢期終了後までをカバーするものではない。また，教師の庇護的な関わりは，知的障害教育の場の閉鎖性を高める。鈴木（2015）が指摘するように，閉鎖性が高く内部がよく見えない状況では，外部の人間（子どもも教師も）の内部の人間に対する不安や恐れを煽る。閉鎖によって高められた外部からのステレオタイプ的なまなざしは，遅かれ早かれ内部の子どもたちに突き刺さることになる。

　第6に，学校外の社会的資源の活用である。これは，「密着的人間関係の構築」「教科教育ニーズの受け流し」「差異化の後押し」「通常教育の場の子どものまなざし（脅威）からの庇護」の戦略でもうまく収拾がつかない場合に行使される補充的な戦略である。例えば，Fくんの在籍するすみれ支援学校の主任教師は，グレーゾーンの子どもの人数が少ないすみれ支援学校の中で，どんなに工夫したとしても，同級生と対等な関係で集団スポーツを保障することは現実的に不可能であるという認識から，教師個人のプライベートな学校外コネクションを使うことを選択していた。すなわち，Fくんがバスケットボールへの欲求を学校外の社会的資源を活用して充足できるような環境を整えることで，彼の平日の学校生活の中での適応促進を試みていた。

---

[8] 他方で，四葉中7組では，「中学生にもなって……」と保護者的な付き添いを恥ずかしいと受け取っているメンバーもいた。

Eくんの在籍するなつめ支援学校においても，担任教師が同様の意図で学校外のスポーツイベント（マラソン大会）に連れ出すということを行っていた。また，Dくんの事例のように，教師によって今いる知的障害教育の場が本人に必ずしも最適な教育環境であるとはいえないと判断される場合には，他の学校（高等特別支援学校）への進学が進言されていた。高等特別支援学校も知的障害特別支援学校の1つであることを考えれば，こうした外部の知的障害教育の場への進路指導も，広い意味で，学校外の資源を活用して知的障害教育の走路への適応を促進する戦略として数えられる。

以上のように，知的障害教育の場の教師たちは，グレーゾーンの子どもと正面から対立することを避け，本人のニーズを受け止める努力をしながら，社会的自立と発達保障に向けた協力関係を円満に結ぶ方向性で，知的障害教育の走路への適応促進の戦略を行使している。そのプロセスの中で，通常教育の場では到底認められないような事柄が数多く許容され，ネガティブな教師イメージの乗り越えが試みられている。さらに，もともと中重度の知的障害の子どもを想定して設計されている知的障害特別支援学校では，学校外の資源をも活用しながら，グレーゾーンの子どもたちの適応を促進している。教師たちのチームプレイによる複数の戦略の同時行使の結果，グレーゾーンの子どもは知的障害教育の場（走路）への適応を強力に助長されるのである。

前述したとおり，子どもの視線や構えおよび行使される戦略は，必ずしも常時教師に向けられているとは限らない。一方で，教師の方は，職責上，意識的に子どもに対して集中的に目と耳を向けている。

6. グレーゾーンの子どもの適応が帰結するところ

話を戻すようだが，グレーゾーンの子どもの知的障害教育の場への転入の起点は，メインストリームである通常教育の場（走路）からの押し出しにある。津田（2006, p. 41）が「配慮と排除のプロジェクト」と表現するように，日本の学校教育システムでは，「特別な支援」を受けることと「抽出」がセットになっており，メインストリーム（中心社会）においては「小学校，中学校，高等学校と学校段階が上がるにつれて，障害のある仲間の姿は急激に減っていく」

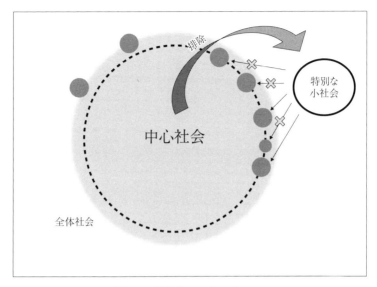

図 8-1　周縁化のメカニズム

〔出典〕筆者作成

（堀家，2011, p. 256）。

　筆者の考える近代社会（福祉国家）の周縁化のメカニズムを図 8-1 に示したが，知的障害教育の場はこの中で特別な小社会に位置し，中心社会からの不適応者に対して，排除しつつ全体社会の周縁部に生きる場を与える装置の 1 つとして機能している[9]（津田，2012）。特別支援学校高等部を卒業後，障害程度などの理由で中心社会の周縁への配置がかなわない場合には，コロニーや入所施設などの成人用の特別な小社会で引き続き生活できるシステムとなっている。

　すぎむら（2014, p. 200）は，倉本・星加・土屋との対談の中で，特別支援学校（高等特別支援学校を含む）が「先生のいうことをよくきくかわいい障害者を育てるということに重きがおかれて」いること，そして「その後の就職を考えると現状では『かわいい障害者像』は捨てられない」かもしれないことを指

---

[9] 第 1 章で述べたとおり，このような指摘は，元来，知的障害教育の場の存立そのものに対して厳しい批判の目を向けてきた共生共育論においてなされてきたことである。

摘している。なんとか中心社会の周縁に参加できるように，教師と協力関係を構築しながら，特別な小社会の中で個々人が努力しているのである。ただし，中心社会の周縁であろうと，特別な小社会であろうと，全体社会の周縁であることに変わりはない。本章で述べているグレーゾーンの子どもの生活戦略と教師の適応促進戦略の応酬もまた，こうした近代社会（福祉国家）の周縁化のメカニズムに強く規定されながら行われていると考えられる。

　先にグレーゾーンの子どもたちの知的障害教育の場への主観的意味づけとして「自己の解放」と「自己の無力化」の見出しが見られることを指摘したが，そもそも知的障害教育の場は，近代社会（福祉国家）の周縁化のメカニズムのもとで，機能的に，「あるときには保護や包摂，別のときには隔離や排除の位相を示す」ような二面性を持っている（内藤，2011, p. 45）。

　しかしながら，往々にして知的障害教育に熱意を燃やす教師たちは，自らの存在証明との関わりもあり，知的障害教育の場のアジール的機能（保護や包摂）を前面に出してその場を肯定する一方で，自己の存在否定につながりかねない，アサイラム的機能（隔離や排除）について意識化することは積極的には行わない[10]。そうした教師たちからは，しばしば「グレーゾーンの子どもは知的障害教育の場へと転入してようやく自己肯定感を得られる」といったモデル・ストーリーが聞かれる（鶴田，2006）。この観点からすると，知的障害教育の場を避難の場とし，「自己の解放」を見出したAくんやDくんは模範事例であるといえる。

　他方で，知的障害教育の場の無力化機能を敏感に察知しているBさんのような事例に対しては，「障害受容がうまくいっていない」「通常教育の場の方がよかったのではないか」という評価が与えられ，問題にされてしまう。だからといって，通常教育の走路に復帰させるというのはハードルが高く非現実的であるため，教師は，「転入してきた以上は…」といずれにしても受け入れ，知的障害教育の走路になんとか適応するように試行錯誤を重ねる。

　本書で見てきた事例がそうであったように，グレーゾーンの子どもには，語

---

[10] 知的障害教育の場の内部にいながら，自分たちも加担しているアサイラム的機能を直視して批判し，統合派として共生共育論を展開した1970，1980年代の八王子養護学校の教師たちは，希有な例である。

りに「具体的な将来の描写や目指す自己像などのテーマがあまり登場せず，将来が現在の動機づけとはなりにくい」ことを特徴とするような現在起点タイプの進路意識を持つ者が多いように考えられる（杉原，2007, p. 50）。これは，将来の目標や理想を基準に現在やるべきことを考える将来起点タイプや過去を基準にして将来を語る過去起点タイプとは対照的なタイプである。酒井（2007, pp. 232-234）が指摘するとおり，現在起点タイプの進路意識を有する子どもは，「そもそも短期的な展望しか持たなかったり，展望を有していても現在の問題に関心が向けられてその先に向けて動き出せない」場合が多く，格差社会の到来の中で，個人の器質的要因に留まらない，政治的要因，経済的要因，学校要因，家庭要因といった多様な要因の影響を受け，「進路未定のまま卒業し，フリーターになっていく可能性を抱えている」といえる。そうした彼（女）らには，闇雲に個を強調して，自立や主体性を称揚するのではなく，「幼児教育における『環境を通した保育』」のような子どもの「将来に配慮して堅実な進路を『自主的に』選択させるための，用意周到な環境設計」が重要になるという（酒井，2007, p. 237）。

こうした指摘からすると，知的障害教育の場の集団社会的機能を活用した社会的自立に向けた生活主義教育は，現在起点タイプの進路意識を持ちかつ複雑な家族状況にある者が多いグレーゾーンの子どもに適しているといえるのかもしれない。第2章で見たように，元々，生活主義教育は，手仕事や体仕事を生業とする「生産人」を他律的に育てるという方向性と自律化を促進するという方向性とを可能な限り矛盾なく調和させ，子ども本人のモチベーションを「生産人としての自覚」や「生活の自立」に一本化させようとしてきた[11]。これは先の酒井の進言と重なっている。したがって，グレーゾーンの子どもは，知的障害教育の場へと転入して，その走路に適応し，教師と協力関係を構築することによって，順調にいけば中心社会の周縁に生きる場を獲得することになり，フリーターや引きこもりに陥る危険性を回避することができるのである。

とはいえ，周縁に生きる場を獲得するとはいっても，障害者枠での一般就労

---

11) 生活主義教育を提起した三木安正は，幼児教育や保育心理学の研究者でもあり，「環境を通した保育」を基盤に知的障害教育を構想していた。

は狭き門で，知的障害特別支援学校の8割近くの子どもの進路は，労働基準法や最低賃金法などで保障されない福祉就労であり，月の賃金はおおむね5万円以下である。一般就労の場合にも，パートなどの非正規雇用が中心であり，収入は不安定である。したがって，知的障害教育の場を卒業したグレーゾーンの子どもたちが，就労によって中心社会に健常者と対等な関係性で参加できる見込みは薄い。「フリーターや引きこもりになるよりまし」とはいっても，フリーター・引きこもりと障害者枠での一般就労・福祉就労は，中心社会からの排除状態への滞留である点で共通している。

近年，社会格差がますます拡大する中で，障害者を含む不適応者の中心社会の周縁部や外部のゾーンへの滞留が長期化し，そこから帰還することがますます困難になっているとの指摘もある（内藤, 2011, p. 45）。知的障害教育の場における障害者化の実践は，貧困・失業問題と地続きなのである（Erevelles, 2005, p. 77）。

7. おわりに

本章では，第6, 7章で取り上げた6名の事例に対して横断的分析を行い，知的障害教育の場へと転入したグレーゾーンの子どもの学校経験とそれを方向づける制度的・構造的条件について明らかにした。その際，知的障害教育の場におけるグレーゾーンの子どもの生活戦略と教師の職務戦略の応酬に着目した。

個々の文脈に規定されて，彼（女）らの転出経験や知的障害教育の場への主観的意味づけには「自己の解放」「自己の無力化」といった違いが見られつつも，転入による葛藤についてはかなりの程度の共通性が見られた。すなわち，「学業達成に対する教師の関心の薄さへの葛藤」，「中重度の知的障害のメンバーと同級生になることへの葛藤」，「通常教育の場の子どものまなざしへの葛藤」である。これらは，いずれも通常教育の場の文化に親しみを持つからこその葛藤であり，「横断者」としてのジレンマであった。

だからといって，通常教育の場（走路）に戻るという選択肢はなく，こうした状況の中で，彼（女）らは，「『勉強が簡単』『勉強ができない』状況への異議申し立て」，「グレーゾーンのピア・グループへの参加」，「通常教育の場との

交流場面のやりすごし」,「知的障害教育の場の公式の設置目的とは異なる用途での利用」という4つの生活戦略を行使していた。

一方，教師の方は，1人ひとりのグレーゾーンの子どもに対峙しながら，知的障害教育の場で教職に就く者としての職務上の戦略，すなわち「秩序維持＝適応促進」の戦略を行使していた。具体的には，「教師の多様性を前提にした子ども理解の共有とチームプレイ」，「密着的人間関係の構築」，「学業（教科教育）ニーズの受け流し」，「グレーゾーンの子どもと中重度の知的障害の子どもの差異化の後押し」，「通常教育の場の子どものまなざし（脅威）からの庇護」，「学校外の社会的資源の活用」という6つの適応促進戦略である。教師たちは，個々の「理想の教育」観の違いを超えて，あるいは棚上げにして，「子ども理解の共有とチームプレイ」を優先し，子ども1人ひとりに対して集団で向き合っていた。つまり，知的障害教育の場のあちこちで見られたのは「子ども個人（あるいは数名）の生活戦略と教師集団の適応促進戦略の応酬」である。

教師たちは，グレーゾーンの子どもと正面から対立することを避け，本人のニーズを受け止める努力をしながら，知的障害者としての社会的自立と発達保障に向けた協力関係を円満に結ぶことを目指す傾向にあった。そして，教師たちによる複数の戦略の同時行使の結果，グレーゾーンの子どもは知的障害教育の場（走路）への適応を強力に助長されていた。

このようなプロセスは，近代社会の周縁化のメカニズムの俎上で行われ，知的障害教育の場を卒業する子どもには，中心社会の周縁部に生きる場が与えられる。知的障害教育の場におけるグレーゾーンの子どもと教師の相互行為や協力関係の構築は，そうしたマクロな社会構造に強く規定されながら行われているのである。したがって，知的障害教育の場へと転入したグレーゾーンの子どもの周縁化の問題の要因を，現場での個々の教師の立ち振る舞いや意識の持ち方に還元できないことはいうまでもない。

序章や第1章で見たように，2006（平成18）年に国連障害者権利条約が採択され，国際的にはインクルーブな社会（包摂社会）やインクルーシブ教育を模索する時代に入ってきている。具体的には，近代社会（福祉国家）の周縁化のメカニズムを変革し，中心社会の外部に設置していた特別な小社会を可能な限り中心に移動させ，壁を薄くしていき，一旦排除という手続きを取らずに社

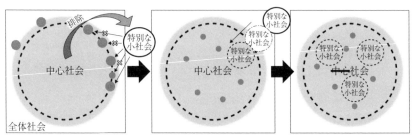

図 8-2 脱周縁化・脱中心化のプロセス

〔出典〕筆者作成

会に包摂できるように組み直すような脱周縁化・脱中心化の方向性であると考えられる[12]。したがって，インクルーシブ教育は，教育の場を統合するかどうかという話ではなく，社会の脱周縁化・脱中心化のプロセスの一環として考えていく必要がある。ただし，こうした改革のためには，中心社会のマジョリティである健常者の認識変容や通常教育の場の改革[13]，雇用システムの改革を欠かすことができず，一筋縄にはいかない。

こうした綺麗ごとではすまない現実を前にしても，悲観主義や宿命論を超えて，未来志向で改革の希望や可能性を語ることはできないのだろうか。また，周縁化のメカニズムに対抗し，インクルーシブな社会をつくるという方向性で，つまり，インクルーシブ教育へのボトムアップの転換に向けて，通常教育の場や知的障害教育の場における実践の中身を再構築することはできないのだろうか。この点に関しては，これまで議論してきたことを踏まえながら，終章で考察することにしたい。

---

12) 詳しくは終章で述べるが，特別な小社会（知的障害教育の場）が，一部の人間にとって，緊急性の高い逃げ場であるとともに，自助グループ的な役割を担っている以上，たとえ中心社会の内部に移動できた後でも，特別な小社会を全て完全に解体すべきではないと筆者は考える。ただし，現在のままの特別な小社会を維持・保存することには反対であるし，そもそも，現在のままでは，中心社会の内部に移動させること自体不可能であろう。

13) 第3章で示したように，現状では，通常教育の場と知的障害教育の場は協働・分業の関係にある。

終 章 日本におけるインクルーシブ教育への道筋と着手点

1. インクルーシブ教育への道筋

　本書では，インクルーシブ教育の展開を目指す国際的動向と少子化にもかかわらず「分離」を前提とする知的障害教育の場への転入者が増加している国内状況の乖離を問題にした上で，知的障害教育の場へと流れ込むグレーゾーンの子どもたちの学校経験とそれを方向づける制度的・構造的条件について実証的に解明することを試みてきた。終章では，これまでの議論を踏まえながら，日本におけるインクルーシブな社会に向けた学校教育（＝インクルーシブ教育）への道筋と着手点について考察を行うことにしたい。

　前章で述べたとおり，知的障害教育の場の各所で見られたのは，置かれた状況の中でなんとか主体的に生きようする子ども個人の生活戦略と，近代的職業人としての教師集団の適応促進戦略とのダイナミックな応酬であった。教師たちは，個々の「理想の教育」観の違いを超えて，あるいは棚上げにして，チームプレイによる複数の戦略の同時行使に取り組んでいた。それによって，通常教育の場から流れ込んだグレーゾーンの子どもは，知的障害教育の場（走路）への適応を強力に助長されていた。「場の分離」と「知的障害者扱い」を前提として取り組まれる教師たちの適応促進の行為は，長年知的障害教育の場に対して批判の目を向けてきた共生共育論が指摘するとおり，よくも悪くも，近代社会（福祉国家）の周縁化のメカニズムの重要な一端を担ってきたといえる。

　そのため，インクルーシブ教育への転換は，社会における周縁化のメカニズムの改革の一環として，計画的に取り組まれる必要がある。具体的には，図9-1に示すように，外部に安全弁として設置していた知的障害教育の場を，物理的に縮小しながら，通常教育の場の内部に移動させ，壁を薄くしていき，一旦排除という手続きを取らずに包摂できるように組みなおしていく（＝学校教育システムにおける脱周縁化・脱中心化）というプロセスが考えられる。第4章で

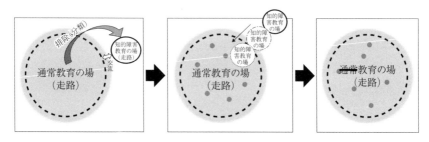

図9-1　学校教育システムにおける脱周縁化・脱中心化のプロセス
〔出典〕筆者作成

用いた，走路（キャリア・トラック）という概念を持ち出して，時間軸で考えるならば，学校は，「将来の社会の縮図」として捉えることができる。つまり，インクルーシブ教育への転換は，将来の社会を見据えて，現行のエクスクルーシブな学校を，インクルーシブな学校に変革していく試みであるということができる。

　第1章で述べたとおり，1970年代の「分離か統合か」をめぐる知的障害教育（生活主義教育論・発達保障論）と共生共育論との間の対立は，インクルーシブ教育への道筋をめぐる「日本型インクルーシブ教育論 vs 共生共育論」として外装を変えながら，2010年代に至ってもなお継続されている。しかし，先に述べた，脱周縁化・脱中心化という観点から考えるとき，いずれの論にも問題点を指摘することができる。

　日本型インクルーシブ教育論の場合には，知的障害教育の場は，一層，個人・家族還元的な対処の専門性を高めて，センター的機能を強化することや通常教育の場と知的障害教育の場の間の流動性・交流性を高めることが目指される。しかし，これは，これまでの分離型システム（＝周縁化のメカニズム）を保存しながら，「インクルーシブ教育」という看板を掲げるという矛盾含みの改革の道筋であるといわざるをえない。当然，この方向性を推進した先に，インクルーシブな社会の到来を見通すことは難しい。

　他方，共生共育論の場合には，知的障害教育の場を廃止し，フル・インクルーシブ教育を目指す方向性であり，これは，脱周縁化・脱中心化と重なる主張ではある。しかし，通常教育の場と知的障害教育の場が相対的関係性のもと

で協働・分業し，それぞれが自らの存立や文化を防衛し維持する仕組みを備えている日本の現状においては，この主張は，いまだ現実離れした理想論の域にあるといわざるをえない。

　第3章で述べたように，知的障害教育の場をはじめとした特別な教育の場が，通常教育の場から押し出される不適応の子どもを受け止める機能を十全に果たすことによって，通常教育の場の文化の存続が支えられている。そして，第2章で述べたように，知的障害教育の場の方も，生活主義教育論と発達保障論という原理面での二面性を有することによって，外部からの批判を柔軟に受け流しできるため，自身の場の文化を堅守することができている。耐衝撃性を保有する両文化に対しては，周縁化のメカニズムのさらなる解明や批判の声を強めるのみでは，実質的な変化を望むことは難しい。だからといって，日本型インクルーシブ教育論のように，周縁化のメカニズムに気づかず，あるいは，取り合わず，国際的動向へのとりあえずの対処として，「インクルーシブ教育」の看板だけを掲げていても，内実との矛盾が深まるばかりである。

　そもそも，生活主義教育論と発達保障論を基礎に置く知的障害教育は，第2章で述べたように，「場の分離」の正当化にあたって，「通常教育の場では充足できない知的障害者に『最適な教育』『理想の教育』を行うために特別な教育の場が必要なのだ」というロジックを使用してきた。これは，通常教育との統合的環境の中で，生活主義教育論・発達保障論が「理想の教育」とするものが満たされる目途が立たなければ，知的障害教育の場（＝場の分離）を廃止することはできないという主張を含んでいる。つまり，周縁化のメカニズムの批判とセットで，通常教育のオルタナティブな教育の実践像が提出されなければ，知的障害教育の場の維持を前提とする日本型インクルーシブ教育論（生活主義教育論・発達保障論）を揺るがすことは難しいといえる。この点でいうと，これまでの共生共育論では，社会学的な観点からの周縁化のメカニズムの解明とその批判に重点が置かれており，日本型インクルーシブ教育論に再考を迫るような，通常教育のオルタナティブな教育の実践像を提出することは，まだまだこれからの課題として残されている。

　また，インクルーシブ教育への転換に向けては，通常教育のオルタナティブな教育の実践像のみを考えれば事足りるというわけではない。第6章から第8

章で見てきたように，教師や子どもをはじめとして，現在進行形で知的障害教育の場で学校生活を営んでいる人間が大勢いる以上，廃止を目指すにしても，縮小を目指すにしても，知的障害教育のオルタナティブな教育の実践像とともに，それらのプロセスを構想していく努力を欠かすことができない。そうでなければ，知的障害教育の場の廃止や縮小の主張は，行政からのトップダウンの施策を待つよりほかなくなる。

　そこで考えられるのが，インクルーシブ教育への転換に向けて，「通常教育の場の文化と知的障害教育の場の文化の相互作用的な変容」を推進していくという改革の方向性，すなわち，インクルーシブ教育への転換という目標を共有して，通常の教育の場も知的障害教育の場もどちらも変革していくという道筋である[1]。これは，日本型インクルーシブ教育論の「分離型システムの保存」でも，共生共育論の「実現性の低い改革の方向性の固持」でもなく，実現性の高い分離型システムの改革（＝脱周縁化・脱中心化）をボトムアップで地道に実行していこうという「第三の道筋」である。

　具体的には，身体機能の欠損にかかわらず，必要に応じて支援・配慮付きで，誰もが通常教育の場に在籍できる（学びを保障され，居場所を見出すことができる）ことを基本とし，知的障害教育の場については，ニーズに応じて，選択可能な教育資源へと再定位していくことを目指していく。この改革の過渡期は，日本型インクルーシブ教育論が構想するような，多様な学びの場が連続する形態に近くなると予想されるが，図9-1で示したように，段階的に，通常教育の場の在籍者の割合が増え，知的障害教育の場が物理的に縮小し，その場が通常教育の場の領域内に移動してくる将来が見込まれる[2]。

　「場の文化の変容」に着目して，真にインクルーシブ教育への転換を目指そうとすれば，長期的な視野で，地道に取り組んでいく方向性を選ばざるをえず，

---

1) ここでいう「場の文化」とは，場の雰囲気や空気を生み出す独特の生活様式のことを指している。
2) 本書では，知的障害教育の場の物理的な縮小と中心移動の先に廃止を想定するのかどうかについては，「プロセスの中で見極める」という余白を残した結論を提示するに留めておきたい。なぜなら，廃止を想定するかどうかによって，インクルーシブ教育への道筋が変わることはなく，また，縮小のプロセスが，時代の変化と絡み合う中で，新たにどのような具体的な課題が出てくるか現時点では未知数だからである。

現実離れした急進的な道筋やトップダウンの道筋を選択することはできない。このような「第三の道筋」の想定のもと，続く節では，第6，7章で取り上げた6名の子どもたちの事例と第8章で解明した知的障害教育の場の日常世界を手がかりに，通常教育の場と知的障害教育の場のそれぞれの文化の変容に向けての着手点について論じることにしたい。

2. 通常教育の場の文化の変容に向けての着手点

　日本の通常教育の場は，第3章で述べたとおり，身体的均質性を前提とし，形式的平等主義や強い同調圧力，問題の個人化を特徴とするような文化を有している。そして，この文化は，周縁化のメカニズムに親和的で，差異や異質性を有する子ども（不適応を示す子ども）を外部に押し出す性質を備えている。さらに，近年，「作業の単純化と無駄の排除」といった学校という組織の合理化への要求の強まりや，学校間の学力競争を例とするような市場原理に基づく新自由主義的教育政策の拡大，社会や教育現場の医療化の加速などから，通常教育の場は，ますます排他性を強めていると考えられる。

　実際，第6，7章で取り上げた6名も，その多くが，学力不振や対人関係トラブル（いじめ・暴力・不登校など）といった不適応の状況と障害名の付与とが結びついたことによって，通常教育の場からの転出を余儀なくされていた。なかには，Bさんの事例のように，学力不振による娘の悩みを敏感に感受し，臨床心理士からの助言を受けて，「よかれ」と思って転出を勧める母親と，学力不振は自覚しつつも学習意欲を失っておらず，かつ学習面以上に友人関係に通常教育の場に在籍する意味を見出していた本人との間に離齬が生じてしまったケースも見られた。Bさんは，母親から転出への説得材料として発達障害を告知され，最終的には，心の痛みや葛藤を引きずりながら，通常教育の場を後にしていた。第4章で述べたように，現状の社会では，多くの場合，通常教育の場を後にするということは，通常教育の走路（キャリア・トラック）を離れることを意味している。

　こうしたリアリティのある事例を踏まえるならば，インクルーシブな社会に向けた通常教育を展開するためには，やはり，「場の文化の変容」という視点

を強く持ちながら，学校と各学級において，これまでの「同質化／差異の一元化」から，「差異・異質性の尊重」への転換に向けての具体的な方策を講じていかなければならないといえる。これは，排他性をゆるめ，通常教育の場の包摂力を高める方向性である。

インクルーシブ教育を意識するのであれば，いわゆる特別支援教育（障害児教育）の専門家がしばしば言明するような，知的障害教育の場などで培われた障害の個人モデルの知見を「プラスa」として通常教育の場に導入すればいい，当該の子どもの傍らに個別に寄り添う特別支援教育支援員を配置すればいい，通級指導教室・特別支援学級と連携すればいい，といった対処で済むような話ではない。これらは，伝統的な日本の通常教育の場の文化の1つの要素である「問題の個人化」に則った発想であり，排他性をゆるめることには直接的には寄与しないと考えられるからである。

学校の改革——インクルーシブな学校づくり

差異・異質性の尊重を基調とするインクルーシブ教育の展開に向けて，通常教育の場の文化を変容させるために最も理に適った方法は，地域社会を巻き込みつつ学校全体を改革することである。日本の公立学校でこうした改革を実行しようとする場合には，教育委員会や管理職のイニシアティブが不可欠になる。文化庁芸術祭賞大賞など数々の賞を受賞したドキュメンタリー映画『みんなの学校』でも，大阪府の大阪市立大空小学校の学校全体の改革の様子が描かれ，特に学校長の熱意と奮闘ぶりが印象的であった（木村，2015）。神奈川県の茅ヶ崎市立浜之郷小学校などでの展開で知られる協同的学び（協同学習）を軸にした「学びの共同体」ムーブメントも，同僚性の変革を含む学校全体の改革が土台にされていた（大瀬・佐藤，2000）。

一方で，大きな課題となるのは，人事異動など流動性の高い公立学校の組織において，改革を主導した管理職が退いた後の「場の文化の揺り戻し」である。例えば，従来の通常教育の場の文化しか経験したことのない教師たちが他校から異動してくることによって改革の意欲が薄れ，年々形骸化してくることは容易に想像できる。通常教育の場の文化を変容させることを念頭に学校の改革を実施するためには，「持続可能な改革プラン」の構築と伝承が必要不可欠であ

る。管理職以外の教職員がどのくらい改革意図や理念を理解して主体的に取り組んでいるか，また，学校に比べれば流動性の低い地域社会の巻き込みが実質的なものになっているかが問われてくる。

　繰り返すようだが，学校の改革が実質的なものになっているかは，通常教育の場の文化が，少しずつでも差異・異質性の尊重の方へと変容してきているかどうかによるのであり，よりミクロな学級レベルでの関係性の変革なしには語れない。この点でいうと，確かに学校全体で改革に取り組まないとインクルーシブ教育の展開は難しいのは事実であるが，教育委員会や学校長がイニシアティブをとらない場合でも，学級レベルで，ボトムアップの改革として，地道に通常教育の場の文化の変容を試みていくことは可能である。

学級の改革Ⅰ——インクルーシブな学級づくり
　インクルーシブ教育への転換に向けて，インクルーシブな学級づくりを考え実践することは，正面からの真剣勝負である。いうまでもなく，学級は，通常教育の場の文化の維持・変容に直接的に関わっているからである。

　第3章で述べたように，日本には，戦前の複線型をあらため，戦後，分岐を義務教育後まで先送りし，単線型の学校系統を形成することによって，あえて親密な人間関係に根差した集団主義的教育を立ち上げたという歴史的文脈がある。集団性を活かした教育自体に抗い，抜本的にくつがえそうとすることは，現実的に難しさがあるし，それによって失われてしまう強みもある。したがって，インクルーシブ教育への改革の方向性としては，日本の通常教育の場が大切にしてきた「社会性・集団性・共同性を育成する意図的な仕組み」を活かしながら，「これまで『異質的なもの』としてしか見られてこなかったような要素を積極的にとり入れ，学校や教室をさまざまな異質性が出会い，ぶつかり合うことによって新しいものを産みだす」（志水，1999, p. 198）ような，多文化主義の学級をつくっていくことが考えられる[3]。これは，言い換えれば，親密な人間関係における情感的なつながり（ケアし合う共同体）を土台にしながら，学級を構成する1人ひとりのメンバー（教師を含む）の学級づくりへのアクティブな参加を促していくという方向性である[4]。ここでいう情感的なつながりとは，生のかけがえのなさや人間存在の不完全さの実感による人権感覚を基礎

に，相手の「弱さ」から生まれる要求を引き受ける応答性によって結ばれる関係性のことを指している（佐藤，2005）。

　第6，7章で取り上げた6名のうち，実に4名が，通常教育の場からの転出理由として，同じ学校の同級生等からのいじめを挙げていた。例えば，Cくんは，自身の「弱さ（引け目）」と関わって，耳の奇形について「耳餃子」とからかわれたり，斜視矯正のためのプリズムメガネを奪われて隠されたりしていた。情感的なつながりを学級づくりの土台にするというのは，なにも，Cくんの「弱さ（引け目）」に対して，他の学級メンバーが，「わたしが支えなければ」と責任感を抱き，ケアする優しさを持つべきということをいっているのではない。こうした発想は，非対称的な関係性を変えることにはならず，Cくんの立場を，「いじめられる側」から「ケアされる側」にスライドさせて，固定化してしまうことになる。そうではなく，情感的なつながりとは，誰もが他者の支えをあてにしなければ生きていけない「弱さ」を持っていることを共通の前提とし，相手の「弱さ」を否定したり攻撃したりすることを止め，むしろ，「弱さ」を，他者と対等につながる資源にしていくことを指しているのである（中西，2015）。

　ただし，多文化色が濃く個人主義の土壌に生きる欧米とは文脈が異なり，アジア系の顔が子どもの多く占め，単一文化色の強い日本においては，先に述べた，多文化主義という欧米発の概念は，上滑りしかねない[5]。まずは，これま

---

3) 川本（2008, p. 13）は，花崎皋平の思想に依りながら「求められる共生は『差異あるもの，異質なものへの社会的に平等な，文化的に非排他的な，日常生活での関係』」にほかならず，『今日の〈共生〉の第一の課題は，多数者が少数者の文化や生活習慣を排除したり，同化吸収するのではなく，多文化主義に立脚する市民・民衆関係をつくり出すことにある』」と述べている。こうした市民社会に望まれる共生は，同様の形態で，社会の縮図である学校や各学級においても求められる。

4) 親密な人間関係とは同調的な人間関係のことではない。学級づくりへのアクティブな参加のためには，子どもたちに「自分たちで学級の文化を創造する自由度」や「集団への同調が強要されない自由度（一人でいることも許容される関係性）」が保障されていなければならない（白松，2017, p. 93）。

5) 北村（2016, p. 218）は，「多様な背景を持つ人々が共生できる社会を実現するためには，幼児期から多文化理解を深めるような経験を積み重ねることが不可欠である」と述べている。日本においてインクルーシブな社会に向けて通常教育の場でどうするかという議論は，就学前の幼児教育・保育のあり方との関わりの中で考えていくことが必要である。

での日本の通常教育の場において見過ごされたり，個性に矮小化されたりしてきた文化的差異を意図的に際立たせていくような多文化教育的実践に取り組んでいくことが必要である。すなわち，教師間や子ども間，保護者間において，身体，ジェンダー，セクシュアリティ，エスニシティなどの潜在的・不可視的な多様性への感受性や想像力を磨きながら，既存の通常教育の場の文化では後景に追いやられていた「生活現実のコンテクストから必然的に生まれる差異」（平田ほか，2013, p. 57）への理解と想像力を高めていくのである。その差異には，学級を構成する1人ひとりのメンバーの「弱さ」についての相互理解も含まれる。

そして，学級において1人ひとりの差異・異質性を尊重しようとすることによって必然的に生まれる葛藤を取り上げて対話することを通して，教師と子ども，あるいは保護者には，学級の中の「平等＝同じに扱う」「特別扱い＝えこひいき（差別）」の観念を民主的に組み替えていくことが望まれる[6]。学級として「弱さ」を肯定する文化を育んでいくことで，「弱さ」を理由に特定の個人を外部に排除する力がゆるんでくる。

学級の改革Ⅱ——インクルーシブな授業づくり

授業づくりを変えることは，学級の改革の中核をなす。教師の授業のやり方が，子どもの自主的な学級活動での振舞いに強い影響を持つことは指摘するまでもない。「場の文化の変容」を意識するのであれば，学級の改革の起爆剤となるような「障害平等教育」「ジェンダー平等教育」といった単発的・非日常的な特別授業を構想するだけでなく，日常の授業の中で地道に取り組んでいくことができるようなオルタナティブな教育の実践像を構想する必要がある。さしあたり，インクルーシブな授業づくりには，3つの基本的なポイントを指摘することができる。

第一に，子どもの生活現実につながるストーリーを重視し，教科内容の世界と切り結ぶことである。自分の生活現実とシンクロする授業であれば，Aく

---

[6] 葛藤は，「相互の否定的刺激が否定し返すことで中和し切れず，信念の構造にまで作用して，それを揺さぶ」り，「それまでの自明化した信念構造や行為形式を変化せしめる力」を秘めている（岡田，2014, p. 54）。

んやFくんのように，抽象的な教科内容に対して学習意欲を低下させ，授業に失望している子どもも，参加を促進される。また，授業をきっかけに，自己の生活や内面へと注意を払って，それを冷静に省察するといった自己教育的な展開も期待できる。

その一方で，子どもの生活現実を扱うことは，心的トラウマを呼び起こすなどのリスクを伴うため，さじかげんが重要である。授業においては，私情に共感してもらうためではなく，教科内容の世界の理解を深める材料として扱われるべきで，教師は，特定の子どものプライバシーに侵入しすぎないように最大限の注意を払う必要がある。

何より，子どもの生活現実を重視することのインクルーシブ教育と関わっての最大の利点は，授業を通して無理のない形で共有される個々の差異・異質性についてである。子どもの生活現実と教科内容の世界を切り結ぶ学習を通して，「差異の承認」としての合意と不合意が行われ，学級に差異・異質性を尊重する多文化主義的な色調がつくられることが期待できるのである（平田ほか，2013）。

第二に，協同学習の導入である。協同学習とは，対話的なコミュニケーションを通して，共通あるいは共有の課題に従事する探究的な学習のことである。ただ単にグループに分けて学習させることを意味するのではないし，子どもたちを特定の方向へと導くことを目指すわけではない。個人主義的な一斉教授型の授業に代替する方法として，多様な考えを響き合わせ，相互に触発し，探究し合いながら，統一した見解や価値を構築していくような対話のプロセスを大切にする学習である。

しかしながら，なかには，話し合いなどの言語活動を中心にした授業展開に参加することに対して，困難さや強い抵抗感を示す子どももいる。そのため，協同学習場面の対話的コミュニケーションを抽象的・論理的なレベルに限定するのではなく，感覚的・感情的なレベルでの交流も含めて促していくという工夫が大切である（新井，2013）。この感覚的・感情的なレベルの交流では，授業で登場するワードの連想からくるような「思いつきの話題」も認められ，1つのアイデアとして正当に取り扱われる。第6章で取り上げたAくんは，小学校の通常学級時代を回顧して，「思いつきの話題」は同級生に馬鹿にされるき

っかけを与えるものとして我慢の対象であり，教師からも，状況にそぐわない話題は口にするべきではないとの注意を度々受けてきたと語っていた。こうしたAくんのような子どもにとって「思いつきの話題」が授業で正当な取り扱いを受けることは，学級の一員として，自分自身の存在を認められるということを意味する。さらには，対話的コミュニケーションの通訳的な立場で，特別支援教育支援員といった個別支援者が子どもと子どもの間に入り，適宜，子どもに感覚的情報を提供したり，橋渡し役を担ったりするといった工夫も考えられる（すぎむら，2010）。

協同学習は，アメリカでは，ピア・チュータリングといったピア媒介法の1つとして，1980年代半ばから，障害のある子どもと障害のない子どもが同じ教室で学ぶ場面の有効な教育方法として活用されてきた。協同学習による授業では，一斉教授型の授業に比べて，授業中に教師が子どもの様子をじっくり観察する時間を多く確保することができ，机間巡視しながら個別の支援を行ったり，「つぶやき」や「思いつきの話題」を拾ったりすることもできる。他者とのつながりの中で学習することは，障害のある子どもの学業に対する動機づけを強めるとも指摘されている（吉利，2007）。そして，協同学習では，いじめの関係や一方的なケア関係など，固定化した人間関係をゆるやかにしながら，共生的な人間関係へと再構築できる可能性もある。

第三に，子ども1人ひとりの脳の神経回路の違い（認知特性，感覚過敏，知覚異常）に応じて，学級環境や，教材づくり，課題提起・教材提示の仕方などを工夫することである。こうした工夫は，通常教育の場に先立って，知的障害教育の場において様々試みられてきた。

例えば，授業の視覚化（実物や写真，絵カード等を活用）や動作化（描画・造形・劇化など）を挙げることができる。視覚化・動作化は，一般的に，教師の発信する情報伝達の工夫として用いられているが，それらは，教科内容の世界のイメージを現前させ，臨場感をもたせ，情動を触発し，感覚的・感情的なレベルの交流を活発化させるための工夫としても捉えることもできる（新井，2013）。

ここまで，学校づくり，学級づくり（学級・授業づくり）に分けて議論して

きたが，これらを重層的なものとして捉えて，相互に実践していく中で，通常教育の場の文化が変容し，排他性がゆるんでくることが見込まれる。

3. 知的障害教育の場の文化の変容に向けての着手点

　知的障害教育の場は，第3章で述べたとおり，通級指導教室，日本語教室，適応指導教室などの，他の外在する特別な教育の場とともに，日本の学校教育システムにおける安全弁の役割を担っている。そのため，その場のあり方は，通常教育の場の様態に大きく左右される。そして，メインストリームである通常教育の場の改革に先んじて，知的障害教育の場を廃止・縮小しようとすることは，よほどのトップダウンの改革が断行されない限り難しいし，危険でもある。「理想の教育＝インクルーシブ教育」の名目のもと，知的障害教育の場にたどり着いて初めて学校という世界に居場所を見出した，Aくん，Cくん，Dくんのような子どもたちを再び放り出すようなことがあってはならない。

　だからといって，インクルーシブ教育を模索する時代にあって，安全弁や受け止めの役割を前面に出すことで「場の分離」を正当化し，周縁化のメカニズムの維持に猛進するというのも時代錯誤であろう。現実として，BさんやEくんのように，知的障害教育の場に「自己の無力化」を見出している子どもも在籍しているからである。子どもの多様性と長く分離型システムを採用してきた日本の歴史的文脈を踏まえるならば，繰り返しになるが，「維持か廃止か」という二項対立的な議論ではなく，インクルーシブな社会に向けて知的障害教育の場では何ができるのか，どのように知的障害教育の場の文化の変容に取り組んでいけばよいのか，という内部改革の視点を持つことが肝要である。

　具体的な改革プロセスとしては，通常教育の場（走路）と知的障害教育の場（走路）の円滑な行き来が可能になるように就学・転学システムを改めつつ，現行の知的障害教育の場における生活主義教育論や発達保障論に基づいた「適応促進の教育」一辺倒の状況に風穴を開ける。そして，その穴に周縁化のメカニズムを少しずつずらしていくようなオルタナティブな教育を挿し込んで，場の文化の変容をねらっていくというような方向性が考えられるだろう[7]。

　ただし，前節の通常教育の場の文化の変容に関してもいえることだが，机上

で設計した規範主義的なオルタナティブな教育を現場に持ち込んでも馴染みにくく，定着の可能性は高く望めない。したがって，第8章で解明した知的障害教育の場の日常世界を構成する諸要素を手がかりにしながら，現場の教師が，過度の無理なく取り組めるものを構想する必要がある。

インクルーシブな社会に向けたオルタナティブな教育の鍵概念として挙げられるのが，エンパワメント（Empowerment）である[8]。エンパワメントとは，「価値を剥奪される傾向にある人たちが，他者とのコミュニケーションによって自己肯定感を高め，他者からの承認を得ることによって，自分たちの力や文化に対して自信を持ち，社会や文化に対して影響力をもつようになっていく」ことである（津田，2012, p. 38）。

知的障害教育の場における「エンパワメントの教育」の構想にあたっては，社会教育分野で先進的に取り組まれてきたセルフアドボカシー活動が実践のモデルを提供してくれる[9]。津田（2006）によれば，セルフアドボカシーは，「自己の気持ち，欲求，思想などをグループあるいは個人として発信することによって，自らの人権を守り，自らの生活を変えてゆく活動」（pp. 61-62）で，「本人どうしの関係性の形成や共通課題の認識を獲得すること，知的障害のある人たち以外の人々との関係性変容や承認に向けて働きかけること，そして知的障害のある人たち本人が意思を決定・表明し，行為すること」（p. 165）といった

---

7) すぎむら（2014, p. 200）は，倉本，星加，土屋との対談の中で，現在の社会状況において，「その後の就職を考えると現状では『かわいい障害者像』は捨てられない」かもしれないと述べている。改革については，「適応促進（生活主義教育／発達保障）か，エンパワメントか」という二者択一の議論をするのではなく，知的障害教育の場における両者の併存を前提に考えていく必要がある。

8) 例えば，津田（2006, p. 10）は，「障害のある人たちの教育は，適応のための教育，エンパワメントとしての教育，障害理解のための教育などを複合的に組織化することで，障害のある人たちの『完全参加と平等』の実現をめざすものとして考えることができる」と述べている。

9) セルフアドボカシー活動と類似の活動である精神障害者の当事者研究（例えば，北海道浦河市の「べてるの家」の実践）や東京大学先端科学技術研究センター・日本財団の「異才発掘プロジェクト ROCKET」もまた，グレーゾーンの子どもたちを対象にした「エンパワメントの教育」の実践モデルになりうる。例えば，河野（2015, p. 226）は，「当事者同士が，とくに同じ『苦労』を持った当事者同士によって，あるいは，同じ『苦労』をしてきた先輩と後輩によって当事者研究を行う機会を教育の中に導入すべき」と主張している。

内容を有している[10]。知的障害者が，自らの権利を擁護することを目的として，本人たちの声と手によって組織化される活動である。

　この教育実践の出発点は，本人が自己の現実や自らの経験と問合いをおいて向き合う作業にあり，そこでは，当事者の既有の経験知や世界観が尊重されるとともに，当事者同士の対話を通して，それを越え出ていくことが助長される[11]。この活動では，意味付与する支援者と意味付与される本人という非対称な関係性の変革が望まれ，支援者は，「本人個々人の問題解決の援助者であるというよりも，むしろ本人とともに社会的課題に取り組む協力者」であることが求められる（津田，2006, p. 161）。そして，あくまでも結果としてであるが，こうした活動を通して，情感的なつながり（ケアし合う共同体）が，無理のない相互の自然体のやりとりの中で生み出される。

　しかしながら，「大人と子ども」「教師と生徒」「健常者と障害者」といった非対称な関係性で彩られる学校現場において，インフォーマルな要素の強い社会教育の実践をモデル化し，そのまま制度的実践の場である知的障害教育の場に持ち込んで展開しようとすることは現実的に無理がある。少なくとも，教師において，他の時間の知的障害者扱いを前提とする生活主義・発達保障の教育実践における子どもとの関係性の両立困難，すなわち複数の役割期待の間の葛藤が現れてくる可能性が高い（今津，1985）。

---

10) 知的障害者のセルフアドボカシー活動には，言語でのコミュニケーションに困難を抱く参加者もいる。したがって，代替的コミュニケーションの方法が積極的に用いられている（津田，2006, pp. 210-211）。
11) これは，「エンパワメント」という概念に強い影響を与えたブラジルの教育実践・理論家であるフレイレ（Paulo Freire）の『被抑圧者の教育学』（1979）における意識化の実践と通底している。フレイレ（2001, p. 119）は，「民衆知を尊重し，それをこえていくこと」の重要性を主張した。ただし，フレイレやその思想を引き継いだジルー（Henry Giroux）の「エンパワメントの教育」は，支配的イデオロギーを批判的に読み，それを他者と共有する中で，互いの自己内部の多様な差異カテゴリーを自由にずらして関係性の変革を行うというような，高次の論理的コミュニケーションとして構想されている（堤，2011, p. 225）。すなわち，批判的意識の能力や自己の様態を理解する力，他者との対話の際に自己内部の多様な差異カテゴリーをずらす力など，対話的教育実践を成り立たせるために欠かせないいくつかの能力を前提にしている。グレーゾーンの子どもたちとこのような実践を行う場合には，本人たちの有する能力や発達特性と照らして，実践の構成や教材等を工夫する必要がある。

ただし，第8章で解明した知的障害教育の場の日常世界を踏まえる限り，前述のような「エンパワメントの教育」が知的障害教育の場（なかでもグレーゾーンの子どもの教育）でまったく展開が不可能であるとはいい切れない。そもそも，知的障害教育の場は，通常教育の場と比べればインフォーマルな要素が強く，社会教育の場にも近い。そして，グレーゾーンの子どもによる4つの生活戦略のうちの「グレーゾーンのピア・グループへの参加」と，教師たちによる6つの適応促進戦略のうちの「教師の多様性を前提にした子ども理解の共有とチームプレイ」は，「エンパワメントの教育」の実践のために活用可能である。つまり，グレーゾーンの子ども同士で情感的につながってのピア・グループの形成は，当事者同士の協働・対話のプロセスを大切にする「エンパワメントの教育」の実践基盤を提供してくれる。

　さらに，自己の現実や経験と向き合うような「エンパワメントの教育」を実践しようとする場合には，教師には，個々の子どもの内面世界，発達状況，学校状況，家庭状況，地域状況，そしてマクロな社会状況などを共同的に把握することが求められるため，教師たちによる「子ども理解の共有とチームプレイ」という日常的行為も，大いに活用できる[12]。適応促進のためであろうと，エンパワメントのためであろうと，知的障害教育が大切にしてきた「共感的に，子どもを見守る」「子どもの姿を分析的に見つめる」といった子ども理解を大切にする姿勢は，変更の必要はない（堤，1995, pp. 18-24）。

　ここで重要なのは，インクルーシブな社会を目標として意識する以上，個人のエンパワメントと社会との関わりにおけるエンパワメントの分離を避ける必要があるということである（津田，2006, p. 71）。つまり，知的障害教育の場における教師とグレーゾーンの子どもたちとの間での教育実践のみならず，彼（女）が生活するコミュニティ（学校や地域社会）にも変革を働きかけていく必要がある。

---

[12] 知的障害教育の場では，教師間でのインフォーマルな子ども理解の共有に加え，研修の一環としてケース・カンファレンスを定期的に開いているところが多い。このケース・カンファレンスの中でも特に子ども理解に重点をおいたものを「子ども理解カンファレンス」といい，その取り組みでは，「子どもとの交流的・協働的な関係のなかで実感される子どもの意味世界を解釈し，関係者がその主観的理解をもち寄り，共同で吟味することをくぐらせながら確かめていく過程」が大事にされる（森，2014, p. 43）。

例えば，学校においての通常教育の場との関わりについていえば，知的障害教育の場は，「少数派影響源」として葛藤を喚起し，通常教育の場を中心とするドミナントな文脈を揺さぶることを積極的に試みるべきである[13]（すぎむら，2014）。前節で，通常教育の場の文化の変容の方向性として，1人ひとりの「弱さ」を人がつながるための資源として扱い，情感的なつながり（ケアし合う共同体）をインクルーシブな学級づくりの土台にすることを主張した。知的障害教育の場に，「エンパワメントの教育」によって，無理のない形で情感的なつながり（ケアし合う共同体）が育まれるとするならば，その場は，通常教育の場からインクルーシブな学級づくりのモデルとして参照されうる場になるのではないだろうか。

　また，知的障害教育の場は，学校の外にも目を向け，インクルーシブな地域づくりを推進していくべきである[14]（鈴木，2011）。このことは，インクルーシブな社会の実現に向けて欠かせない試みである。ただし，これは，周縁化のメカニズムをずらすための「エンパワメントの教育」を，学校という1つの教育フィールドが中心となって担うべきという主張ではない。インクルーシブな社会に向けて，学校教育フィールドと社会教育フィールドはあくまでも対等な関係性のもとで連携して取り組むべきで，例えば，社会教育の分野で先進的に展開されてきているセルフアドボカシー活動に，子どもや保護者をつなぐという教師の働きかけも，子どもへのエンパワメントになる。

　EくんやFくんの事例に見られたように，知的障害教育の場の教師によって，これまでも，適応促進の目的での「学校外の社会的資源の活用」は，インフォーマルに行われてきた。その行為の中身を変えず，目的を適応促進からエン

---

13) こうした取り組みは，特別な教育の場で日常的に見られ，例えば，児島（2006）は，ある小学校における日本語教室の教師の既存の境界枠への抵抗を描き出している。つまり，「同質化と差異の一元化」を影で支えてきた外在する特別な教育の場が，抵抗を表明し，関係改善を求める運動が，通常教育の場の文化の変容の契機となる場合がある。ただし，「文化の変容をもたらす外圧は，葛藤を引き起こす」ため，受け手である通常教育の場の教師たちの葛藤への構えが重要になってくる（津田，2012, pp. 205-206）。

14) 鈴木（2011, p. 40）は，知的障害教育の場（知的障害特別支援学校）によるインクルーシブな地域社会づくりへのコミットとして，①ボランティア養成講座の開講，②人権支援センターの設置，③地域ネットワーク協議会の設置，④地域学習会（地域住民や教師対象），⑤地域支援センターの設置，⑥障害理解教育の推進，といったことを例示している。

パワメントにずらしていくのである。インクルーシブな社会を目指すためには，学校という制度的枠組みを超えた地域社会という空間で，これからの教育のあり方を考えていく必要がある（山西，2008）。

4. 結　語

　終章では，本書のこれまでの議論を踏まえながら，日本におけるインクルーシブ教育への道筋と着手点について考察してきた。具体的には，学校教育システムにおける脱周縁化・脱中心化を念頭においた上で，「通常教育の場の文化と知的障害教育の場の文化の相互作用的な変容」という道筋，および通常教育の場の文化と知的障害教育の場の文化のそれぞれの変容に向けての着手点を提出した。

　本書が提出したのは，インクルーシブ教育をめぐる「日本型インクルーシブ教育論 vs 共生共育論」の対立図式をずらす「第三の道筋」である。この道筋は，オルタナティブな新しい教育論の創造を必要とし，通常教育の場と知的障害教育の場の両方を視野に入れて学術研究を進めることを不可避に要請する。すなわち，一般の教育学と障害児教育学を隔てる学術分野の壁を超越して取り組むことが求められる。実際，本書が副題に掲げた「インクルーシブ社会への教育学」は，この超越を意識して，名を付したものであった。

　まもなく本書の終章を閉じるが，「インクルーシブ社会への教育学」は，端緒を開いたばかりである。例えば，本書が最終的に提出した着手点は，仮説の域に留まるもので，まだまだこれから，現場の教師たちと協働しての実践研究（アクション・リサーチ）を通して，適宜修正を加え，練り上げていくべきものである。特に，本書は，「インクルーシブ」と銘打ちながら，人種・国籍，ジェンダー，セクシュアリティ，貧困などの問題を十分に踏まえることができていない。つまり，障害の問題（特に，軽度・境界域の障害の問題）に偏った議論になってしまっている。そのため，終章で提出した着手点も，偏りがあることは否めない。今後，実践研究を通して，吟味していくべきポイントは無数に残されていると考えている。

　最後に，本書がインクルーシブ教育への着手点としてたどり着いた結論の1

つに，通常教育の場も知的障害教育の場も共に，「弱さ」による情感的なつながり（ケアし合う共同体）を学級・学校づくりの土台にすることを目指し，この観点から相互に参照し合ってはどうかというものがある。インクルーシブ教育への「第三の道筋」が実質的なものとなって，周縁化のメカニズムを改革する力を持つためには，まず何よりも，「いのちへの感受性や想像力をみがき，毎日を丁寧に生きる」という価値が，学級・学校・地域社会で共有されることが望まれる。インクルーシブ教育に踏み出す第一歩が，子どもの教育に関わる人間のいのちの感覚（＝人権感覚）の醸成にあるということは，どんなに強調してもしすぎることはないだろう。

あとがき

　本書は，2017年9月に東京大学大学院教育学研究科から博士号を授与された学位論文『知的障害教育の場に転入した〈グレーゾーン〉の子どもの学校経験に関する研究——教師との相互行為に着目して』をもとにしたものである。それをまとめるにあたっては，多くの方々からご指導とご支援をいただいた。

　まずは，東京大学大学院教育学研究科における2人の恩師に，心から感謝を申し上げたい。

　川本隆史先生（現 国際基督教大学）には，修士課程の2年間と，その修了から4年を経て大学院（博士課程）に戻ってからの足かけ10年以上にわたり，丁寧にご指導いただいた。高名な倫理学者である先生のお名前を自身の師として挙げることができることは，わたしの研究者人生において，誇り以外の何ものでもない。

　先生のお名前を初めて知ったのは，早稲田大学での学部時代に1年間留学したイギリスのノッティンガム大学でのことである。聴講した政治学科の「Social Justice」の授業で，ジョン・ロールズ（John Rawls）の "A Theory of Justice" を購読していたときに，理解の手助けとして日本の書店から先生のご著書『ロールズ——正義の原理』（1997）を買い求めた。

　帰国後，早稲田大学に復学し，シラバスを検索していたところ，思いがけず，川本先生（当時 東北大学）のお名前を発見し，非常勤講師として担当される『社会思想史』の授業に参加した。授業で初めてお見かけした川本先生は，語り口調がとても柔らかく，言い切りを避けた物言いをされていたことが印象的で，よい意味で，倫理学者・哲学者のイメージが覆されたことを覚えている。

　先生の東京大学への異動とわたしの修士課程入学が同時で，まさか教育学研究科で川本先生とご縁があるとは，思いもよらなかった。入学早々，修士課程の入試時に研究指導の希望をお伝えしていた西平直先生（現 京都大学）に相談させていただき，結果として，東京大学の川本ゼミ1期生（現 金沢大学准

教授の平石晃樹くんと2人）として，先生に師事することになった。

　修士課程を終えて数年後に，大学院（博士課程）への進学について相談にうかがったときに，「仕事を辞めずに，やってみたらいいと思いますよ」と背中を押してくださったのも川本先生である。先生からは，語と文の精読に対する真摯な姿勢，物ごとを根本から深く考える姿勢，「人間に関係することには何にでも関心がある」という越境的な姿勢を学ばせていただいた。自らが探究したいテーマを中心に据えて，心が動いたものからは何からでも学びたいと考えていたわたしにとっては，川本先生は最適任の師であったと考えている。

　次に，北村友人先生である。川本先生のご退職と大学異動に伴って，2015年4月から，比較教育学・教育開発をご専門にされる北村先生に主の指導教員をお願いすることになった。

　北村先生とのご縁も不思議なもので，やはり，ご本人と面識を持たせていただく前に，わたしが修士課程の院生で，パウロ・フレイレ（Paulo Freire）の思想に傾倒していた頃に，文献を通して出会わせていただいた。先生がカリフォルニア大学ロサンゼルス校の博士課程院生の時代に投稿された「バングラデシュにおける『エスニック・アイデンティティー』と教育――批判的教育学の可能性」(1998)である。この論文では，フレイレの思想が理論枠組みの1つとして踏まえられていた。

　広い意味での教育学研究者としてのアイデンティティや足場にする思想の共通性もあって，先生との月1回の個別の研究指導の時間は，毎回，心躍るものであった。また，子育て中の父親としての立場の共通性もあって，仕事（研究者・大学教員）と家庭の両立や，研究時間の確保の仕方についても，親身になって話を聞いていただき，たくさんの具体的なアドバイスをいただいた。

　正直なところ，北村先生に，ペースメーカーとして伴走していただけなければ，博士論文をまとめあげることができたかどうか甚だあやしい。また，本書の出版にあたっても，北村先生には，東京大学出版会への橋渡しをしていただいた。先生が，東京大学に着任されたことは，わたしにとって，本当に幸運であったとつくづく思う。

　指導教員の川本先生と北村先生に加え，博士論文の審査の過程を通じて，恒吉僚子先生，勝野正章先生，村上祐介先生，李正連先生には，多くの有益なご

意見と激励をいただいた。また，授業や研究会等で，質的研究法に関して能智正博先生，統合教育・インクルーシブ教育に関して小国喜弘先生にご指導いただいた。お世話になった先生方に，心からお礼を申し上げたい。

多くの学外の先生方にも大変お世話になった。「聞くは一時の恥，聞かぬは一生の恥」を座右の銘としつつ，文献を読んで直に会ってみたいと感じた著者（研究者）のもとに勢いそのままに出かけていき，ご厚意で授業やゼミ，研究会に参加させて（潜らせて）いただいた。多数の場に学びを求めてフラフラと出かけていったので，すべての方々のお名前を記すことはできないが，特に，質的研究法・ライフストーリー研究法に関して，立教大学の桜井厚先生（現 名誉教授），京都大学の倉石一郎先生（当時 東京外国語大学），障害児教育学に関して，都留文科大学の森博俊先生（現 名誉教授），東京学芸大学の高橋智先生，関西学院大学の眞城知己先生（当時 千葉大学）からご指導いただいた。さらに，中部大学の湯浅恭正先生（当時 大阪市立大学）と茨城大学の新井英靖先生をはじめとする「インクルーシブ授業研究会」の先生方には，質の高い議論を通してたくさんの刺激をいただき，博士論文をまとめあげるモチベーションを喚起していただいた。先生方に，深く感謝をお伝えしたい。

あと，もう1人，ここに，早稲田大学の学部時代の恩師の名前を記さないわけにはいかない。国際教育論・共生社会論をご専門にされる山西優二先生である。はしがきで述べたように，わたしにフレイレの著作をお薦めしてくださった方であり，卒業後も，何かあるごとに，自分の原点を確認するため，先生の夜間のゼミに潜らせていただいた。わたしが，「インクルーシブ社会」にこだわるのには，間違いなく山西先生の生き方・考え方からの強い影響がある。

学部・修士・博士と，主の指導教員としてお世話になった，山西先生，川本先生，北村先生はみな専門にされる学術分野が異なり，わたし自身も異なるのであるが，真理を探究しようとしている点と共生にこだわっている点に関しては，全員に共通していると考えている。3人の恩師との出会いと，心ある指導をしていただいたことに対して，あらためて感謝の意をお伝えしたい。そして，今後も，人間味を大切にしながら，人格者である恩師の先生方の背中を追い続けていきたいと思う。

また，博士論文および本書は，かけがえのない人たちの協力がなければ，決して完成することはなかった。

　まず，さまざまな理由からここにお名前を記すことはかなわないが，フィールドワークを受け入れてくださった中学校と特別支援学校の先生方と子どもたち，保護者の皆さま，障害児施設の先生方に，この機会を借りて厚くお礼を申し上げたい。協力してくれた1人ひとりの顔を思い浮かべると，いまも熱い思いがこみ上げてくる。調査開始から出版に至るまで8年近くの時間を要してしまったため，この間に，調査当時中学生だった子どもたち全員が成人し，各校で主たるコーディネートを担っていただいた先生方のうち約半数が退職を迎えられた。わたしの研究者としての未熟さのため，研究成果がまとまるまでに，長い時間がかかってしまったことについて，深くお詫びを申し上げたい。その半面で，どうにか出版にまでたどり着くことができたことの喜びと感謝を，早くみなさんにお伝えしたいという気持ちでいっぱいである。

　加えて，教師として働く機会と，本書の初発の動機を与えてくれた，私立旭出学園（特別支援学校）の元同僚の先生方と親愛なる教え子たち（特に序章でエピソードとして挙げさせていただいた2人）にも，「ありがとう」とお伝えしたい。さらには，旭出学園の創設者であり，第2章で取り上げさせていただいた，故三木安正先生とのご縁にも感謝したい。あらためてお世話になった方々を思い起こす中で，今後も，教育現場に生きる1人ひとりのいのちに真摯に向き合うような研究に取り組んでいきたいと思いを新たにする次第である。

　あとは，不肖の息子のいつ終わるともしれぬ探究を誠心誠意支えてくれた父母と，いつも初稿の1人目の読者として率直なコメントを寄せてくれ，執筆に専念できる環境を作ってくれた妻奈緒子に深く感謝の意を表したい。

　わたしの父母は，特別支援教育（障害児教育）に直接・間接に関わる仕事を生業にして生きてきた。このことは，わたしが，その生業によって養われ育ってきたことを意味する。はしがきで，わたしが，自らが社会人として働く場として特別支援学校にたどり着いたのは「偶然と必然」という表現を用いたが，その「必然」は，父母の職業人としての働く背中を見て，ときにわけもわからず特殊教育諸学校（現 特別支援学校）に連れて行かれながら，育ってきたことがとても大きい。教師としてのキャリアの終盤に，20代前半の愛娘を，突然

の白血病の発覚と壮絶な闘病の末に亡くすという悲劇に見舞われながらも，生業を貫いた2人の姿には敬服の外はない．そして，妻もまた，現役の特別支援学校の教師として，その仕事にやりがいを見いだし，日々もがきながら，今日も，重度・重複障害のある子どもの「からだのことば」に向き合っている．

　本書は，懸命に特別支援教育の現場で生きてきた家族に，堂々と語ることができ，対話に応じてもらえるようなインクルーシブ教育論の構築を目標に探究してきたといっても過言ではない．本書は，まだまだその研究の序論段階の成果であり，体系的な教育論の構築までには至っていない．今後も，身内だからこそ聞くことのできる現場の本音に耳を傾けながら，インクルーシブな社会に向けた教育学研究を続けていきたいと考えている．

　そして，博士論文に取り組む途上に誕生し，毎日，「小さな幸せ」を感じさせてくれている娘詩月と息子閑英，さらには，いつも真心をもって協力してくれている義父母にも，深く感謝の意を表したい．亡き姉への想いも含みつつ，家族には，言葉にならない最大限の感謝と愛情を伝えたい．

　本書の刊行にあたっては，勤務校である都留文科大学から出版助成を受けた．選考にあたられた先生方，職員の方々には厚くお礼を申し上げる．また，出版を快く引き受けていただき，出版作業において大変お世話になった東京大学出版会の後藤健介さんに，あらためて感謝を申し上げたい．長年憧れていた東京大学出版会で，第1作目の単著を刊行できることをとても幸せに思う．

2019年2月

堤　英俊

初出一覧

本書の章の初出は以下の通りである。いずれの論文にも大幅に加筆修正を施している。

序　章：書き下ろし
第1章：書き下ろし
第2章：以下の論文の一部を使用
　　　　堤英俊（2015b）「知的障害教育の場の『集団社会』的機能に関する論理構成――三木安正の精神薄弱教育論を手がかりに」『都留文科大学研究紀要』第82集.
第3章：以下の書籍の一部を使用
　　　　堤英俊（2018a）「日本におけるインクルーシブ教育の日常化の課題――〈理想〉と〈現実〉の相克をめぐって」（湯浅恭正，新井英靖 編『インクルーシブ授業の国際比較研究』福村出版）.
第4章：以下の論文の一部を使用
　　　　堤英俊（2018b）「知的障害教育の場への流れ込みの構造に関する考察――『発達障害の子ども』に着目して」『都留文科大学研究紀要』第88集.
第5章：書き下ろし
第6章：以下の論文の一部を使用
　　　　堤英俊（2015a）「知的障害特別支援学級への『居場所見出し』の過程――通常学級出身の生徒たちの事例から」『都留文科大学研究紀要』第81集.
第7章：以下の2論文の一部を使用
　　　　堤英俊（2013）「ある発達障害生徒における特別支援学校という場の意味構成――『のびのび派の学校』として語られるもの」『SNEジャーナル』日本特別ニーズ教育学会誌，第19巻.
　　　　堤英俊（2016）「知的障害特別支援学校の学校文化に関する試論――〈グレーゾーン〉の生徒の適応過程から見えてくるもの」『都留文科大学研究紀要』第83集.
第8章：書き下ろし
終　章：以下の書籍の一部を使用
　　　　堤英俊（2018a）「日本におけるインクルーシブ教育の日常化の課題――〈理想〉と〈現実〉の相克をめぐって」（湯浅恭正，新井英靖 編『インクルーシブ授業の国際比較研究』福村出版）.

文献一覧

相川賢樹，高橋智（2005）「障害児の中学校特殊学級教育および後期中等教育の課題――埼玉県における障害児の保護者のニーズ調査から」『東京学芸大学紀要．第1部門，教育科学』第56巻，pp. 217-242．

アダムス，J., スウェイン，J., クラーク，J.（2014）「何がそんなに特別なのか？――分離型学校の実践における教師のモデルとその現実化」原田琢也 訳（堀正嗣 監訳『ディスアビリティ現象の教育学――イギリス障害学からのアプローチ』現代書館，2014年）（Adams, J., Swain, J., & Clark, J. (2000). What's so special?: Teachers' models and their realisation in practice in segregated schools. *Disability & Society*, 15(2), 233-245.）．

新井英靖（2013）「発達障害児などの学習困難児に対する教科指導の方法論」（日本教育方法学会 編『教師の専門的力量と教育実践の課題』図書文化）．

池田太郎，大庭伊兵衛，小出進，小宮山倭，山口薫，藤島岳（1985）「座談会 三木安正先生と精神薄弱教育」（全日本特殊教育研究連盟「三木安正先生を偲ぶ会」編『三木安正と日本の精神薄弱教育』非売品）．

伊佐夏実（2009）「教師ストラテジーとしての感情労働」『教育社会学研究』第84集，pp. 125-144．

伊藤茂樹（2002）「青年文化と学校の90年代」『教育社会学研究』第70集，pp. 89-103．

伊藤秀樹（2010）「高等専修学校における密着型教師－生徒関係――生徒の登校継続と社会的自立に向けたストラテジー」『東京大学大学院教育学研究科紀要』第50巻，pp. 13-21．

糸賀一雄（1965）『この子らを世の光に――近江学園二十年の願い』柏樹社（『復刊 この子らを世の光に――近江学園二十年の願い』NHK出版，2003年）．

稲垣恭子（1997）「クラスルームと教師」（柴野昌山，菊池城司，竹内洋 編『教育社会学』有斐閣ブックス）．

稲垣恭子，蓮尾直美（1985）「教室における相互作用――クラスルームの社会学」（柴野昌山 編『教育社会学を学ぶ人のために』世界思想社）．

今津孝次郎（1985）「教師の職業的社会化――教職の社会学」（柴野昌山 編『教育社会学を学ぶ人のために』世界思想社）．

遠藤俊子（2011）「特別支援学校における生徒増加に関する一考察――特別支援教育コーディネーター活用による制度内要因」『日本女子大学大学院人間社会研究科紀要』

第 17 号，pp. 1-13.

遠藤俊子（2014）「特別支援学校高等部『生徒急増加』要員に関する一考察――神奈川県を中心に」『関東教育学会紀要』第 41 号，pp. 53-63.

大瀬敏昭，佐藤学（2000）『学校を創る――茅ヶ崎市浜之郷小学校の誕生と実践』小学館.

太田晴雄（1995）「日系外国人の学校教育の現状と課題――『日本語教室』の批判的検討を通して」『帝塚山大学教養学部紀要』第 44 号，pp. 63-80.

太田晴雄（2000）『ニューカマーの子どもと日本の学校』国際書院.

大高一夫（2011）「いまを生きる障害をもつ子どもの『声』を聴く」（大高一夫，杉山敏夫，永田三枝子，森博俊『こころをみつめて――知的障害学級から特別支援教育の質を問う』群青社).

大高一夫，糟谷京子，伊藤裕子，森博俊（2007）『先生は，お花に水をあげるような勉強をしてくれた――知的障害学級の子どものねがいと教育実践』群青社.

大多和直樹，山口毅（2007）「進路選択と支援――学校存立構造の現在と教育のアカウンタビリティ」（本田由紀 編『若者の労働と生活世界――彼らはどんな現実を生きているか』大月書店).

大谷佳子，越野和之（1998）「固定式障害児学級の基礎イメージ――奈良教育大学附属中学校障害児学級の実践研究から」『奈良教育大学紀要．人文・社会科学』第 47 巻第 1 号，pp. 227-242.

岡田敬司（2014）『共生社会への教育学――自律・異文化葛藤・共生』世織書房.

小川英彦（2007）「戦前の障害児保育と三木安正」『愛知教育大学幼児教育研究』第 13 巻，pp. 1-6.

尾高進（1999）「東京都立青鳥養護学校における『作業学習』実践の形成過程に対する城戸幡太郎の役割――技術教育実践史研究の視点から」『産業教育学研究』第 29 巻第 2 号，pp. 11-19.

越智康嗣（1999）「教育空間と『教育問題』」（田中智志 編『〈教育〉の解読』世織書房).

加藤由紀（2014）『思春期をともに生きる――中学校支援学級の仲間たち』クリエイツかもがわ.

金澤貴之（2014）『手話の社会学――教育現場への手話導入における当事者性をめぐって』生活書院.

カミングス，W. K.（1981）『ニッポンの学校――観察してわかったその優秀性』友田泰正 訳，サイマル出版会（Cummings, W. K.（1980）. *Education and equality in Japan.* Princeton, N. J.: Princeton University Press.).

河合隆平，高橋智（2002）「戦前保育科学と保育困難児問題――城戸幡太郎と三木安正

の困難児保育構想を中心に」『学校教育学研究論集』第 6 号, pp. 61-71.

河合隆平, 高橋智 (2005)「戦前における三木安正の国民保育論と困難児・障害児保育実践論」『発達障害研究』第 27 巻第 3 号, pp. 205-219.

河合隆平 (2012)「国民保育論における保育困難児・障害幼児問題の位置——城戸幡太郎と三木安正を中心に」(『総力戦体制と障害児保育論の形成』緑陰書房).

川島良雄 (2010)「知的障害児施設入所児童に関する調査研究——入所児童の『地域移行』の課題を中心に」『関東短期大学紀要』第 54 号, pp. 65-94.

川本隆史 (1997)『ロールズ——正義の原理』講談社.

川本隆史 (2008)『共生から』岩波書店.

北村友人 (1998)「バングラデシュにおける『エスニック・アイデンティティー』と教育——批判的教育学の可能性」『哲學』第 103 集, pp. 107-130.

北村友人 (2016)「グローバル時代の教育——主体的な『学び』とシティズンシップの形成」(佐藤学, 秋田喜代美, 志水宏吉, 小玉重夫, 北村友人 編『教育の再定義』岩波書店).

貴戸理恵 (2012)「教育——子ども・若者と『社会』とのつながりの変容」(小熊英二 編『平成史』河出ブックス.

木村素子 (2015)『「みんなの学校」が教えてくれたこと——学び合いと育ち合いを見届けた 3290 日』小学館.

木村祐子 (2006)「医療化現象としての『発達障害』——教育現場における解釈過程を中心に」『教育社会学研究』第 79 集, pp. 5-24.

クック, T., スウェイン, J., フレンチ, S. (2014)「分離教育の場からの声——インクルーシヴ教育制度に向けて」高橋眞琴 訳 (堀正嗣 監訳『ディスアビリティ現象の教育学——イギリス障害学からのアプローチ』現代書館, 2014 年) (Cook, T., Swain, J., & French, S. (2001). Voices from segregated schooling: Towards an inclusive education system. *Disability & Society*, 16(2), 293-310.).

久冨善之 (1996)「学校文化の構造と特質——『文化的な場』としての学校を考える」(堀尾輝久, 奥平康照, 佐貫浩, 久冨善之, 田中孝彦 編『学校文化という磁場』柏書房).

窪島務 (1991)「『障害児学級』についての教育学的考察」『季刊障害者問題研究』第 64 巻, pp. 21-33.

熊地需, 佐藤圭吾, 斎藤孝, 武田篤 (2012)「特別支援学校に在籍する知的発達に遅れのない発達障害児の現状と課題——全国知的障害特別支援学校のアンケート調査から」『秋田大学教育文化学部研究紀要・教育科学部門』第 67 号, pp. 9-22.

熊地需, 佐藤圭吾, 斎藤孝, 武田篤 (2013)「特別支援学校に在籍する知的発達に遅れ

のない発達障害児の現状と課題(2)——教員が抱く困難性について」『秋田大学教育文化学部研究紀要・教育科学部門』第 68 号，pp. 97-101．

倉石一郎（2009）「学校に人は住まっているか」（教育の境界研究会 編『むかし学校は豊かだった』阿吽社）．

倉石一郎（2012）「包摂／排除論からよみとく日本のマイノリティ教育」（稲垣恭子 編『教育における包摂と排除——もうひとつの若者論』明石書店）．

桑原真木子（2005）「戦後日本における優生学の展開と教育の関係——終戦から 1950 年代の教育言説にみられる『その人の存在を脅かす能力主義』」『教育社会学研究』第 76 集，pp. 265-285．

河野哲也（2015）『現象学的身体論と特別支援教育——インクルーシブ社会の哲学的探究』北大路書房．

越野和之（1996）「障害児学級の設置状況とその地域格差の検討——障害児学級研究の前提把握の試み」『教育実践研究指導センター研究紀要』第 5 巻，pp. 79-88．

児島明（2001）「ニューカマー受け入れ校における学校文化『境界枠』の変容——公立中学校日本語教師のストラテジーに注目して」『教育社会学研究』第 69 集，pp. 65-83．

児島明（2002）「差異をめぐる教師のストラテジーと学校文化——ニューカマー受け入れ校の事例から」『異文化間教育』第 16 巻，pp. 106-120．

児島明（2006）『ニューカマーの子どもと学校文化——日系ブラジル人生徒の教育エスノグラフィー』勁草書房．

小貫悟（2014）「授業のユニバーサルデザインとは？」（小貫悟，桂聖 編『授業のユニバーサルデザイン入門——どの子も楽しく「わかる・できる」授業のつくり方』東洋館出版社）．

小林多寿子（2010）「ライフストーリーの世界へ」（小林多寿子 編『ライフストーリー・ガイドブック——ひとがひとに会うために』嵯峨野書院）．

小林徹，熊井正之，奥住秀之（2008）「特別支援教育への移行に関する特別支援学級担任教員の意識——東京都多摩地区における質問紙調査から」『SNE ジャーナル』第 14 巻，pp. 151-161．

ゴフマン，E.（1985）『アサイラム——施設被収容者の日常世界』石黒毅 訳，誠信書房（Goffman, E. (1961). *Asylums: Essays on the social situation of mental patients and other inmates.* Garden City, N. Y.: Anchor Books.）．

ゴフマン，E.（2003）『スティグマの社会学』石黒毅 訳，せりか書房（Goffman, E. (1963). *STIGMA: Notes on the management of spoiled identity.* Englewood Cliffs, N. J.: Prentice-Hall.）．

古山萌衣（2011）「障害児教育政策の歴史的展開にみる特別支援学校の意義」『名古屋市立大学大学院人間文化研究科 人間文化研究』第16号，pp. 69-84.

酒井朗（2007）「リスクを抱えた生徒への指導・支援」（酒井朗 編『進学支援の教育臨床社会学——商業高校におけるアクションリサーチ』勁草書房）．

酒井朗（2014）「教育方法からみた幼児教育と小学校教育の連携の課題——発達段階論の批判的検討に基づく考察」『教育学研究』第81巻第4号，pp. 384-395.

桜井厚（1996）「戦略としての生活——被差別部落のライフストーリーから」（栗原彬 編『日本社会の差別構造』弘文堂）．

桜井厚（2005a）「被差別の境界文化」『境界文化のライフストーリー』せりか書房．

桜井厚（2005b）「ライフストーリー・インタビューをはじめる」（桜井厚，小林多寿子 編『ライフストーリー・インタビュー——質的研究入門』せりか書房）．

佐藤貴宣（2013）「盲学校における日常性の産出と進路配分の画一性——教師たちのリアリティワークにおける述部付与／帰属活動を中心に」『教育社会学研究』第93集，pp. 27-46.

佐藤貴宣（2015）「障害児教育をめぐる〔分離／統合〕論の解消と社会科学的探求プログラム」『龍谷大学教育学会紀要』第14号，pp. 13-31.

佐藤学（2005）「学びとケアの共同体へ——教育の風景と原風景」（津守眞，岩崎禎子 編『学びとケアで育つ——愛育養護学校の子ども・教師・親』小学館）．

佐藤由宇（2005）「発達障害概念の歴史と展望」（田中千穂子，栗原はるみ，市川奈緒子 編『発達障害の心理臨床——子どもと家族を支える療育支援と心理臨床的援助』有斐閣）．

澤田誠二（2002）「養護学校における『能力』と『平等』——教師のストラテジーと，その意図せざる帰結」『東京大学大学院教育学研究科紀要』第42巻，pp. 139-147.

澤田誠二（2007）「戦後教育思想としての発達保障論と『能力＝平等観』」『東京大学大学院教育学研究科紀要』第47巻，pp. 131-139.

品川文雄（2004）『障害児学級で育つ子どもたち——みたがり しりたがり やりたがり』全国障害者問題研究会出版部．

篠原睦治（1980）「『判定する-される』関係の特質」（日本臨床心理学会 編『戦後特殊教育・その構造と論理の批判——共生・共育の原理を求めて』社会評論社）．

篠原睦治（1987）「三木安正氏の思想と仕事——戦時・戦後の教育心理学と『精薄』教育」（波多野誼余夫，山下恒男 編『教育心理学の社会史——あの戦争をはさんで』有斐閣）．

篠原睦治（2011）「『共生・共育』のなかで『教育機会の平等』を考える」（宮寺晃夫 編『再検討 教育機会の平等』岩波書店）．

渋谷真樹（2000）「マイノリティ集団内部の多様性と力関係——帰国子女教育学級に在籍する『帰国生』らしくない『帰国生』に着目して」『ジェンダー研究』第3巻，pp. 149-162.

志水宏吉（1999）「21世紀の小学校に向けて」（志水宏吉 編『のぞいてみよう！今の小学校——変貌する教室のエスノグラフィー』有信堂）．

志水宏吉（2002）『学校文化の比較社会学——日本とイギリスの中等教育』東京大学出版会．

志水宏吉（2010）『学校にできること——一人称の教育社会学』角川選書．

清水貞夫（2004）「軽度知的障害児はどこにいってしまったのか——『軽度』知的障害児をめぐる動向」『アメリカの軽度発達障害児教育——「無償の適切な教育」を保障』クリエイツかもがわ．

清水睦美（1998）「教室における教師の『振る舞い方』の諸相——教師の教育実践のエスノグラフィ」『教育社会学研究』第63集，pp. 137-156.

白松賢（2017）『学級経営の教科書』東洋館出版社．

杉野昭博（1997）「『障害の文化』と『共生』の課題」（青木保，梶原景昭 編『異文化の共存』岩波書店）．

杉原倫美（2007）「望見商生の進路の物語」（酒井朗 編『進学支援の教育臨床社会学——商業高校におけるアクションリサーチ』勁草書房）．

すぎむらなおみ（2010）「同化と異化の共存という課題」（すぎむらなおみ＋「しーとん」『発達障害チェックシートできました——がっこうのまいにちをゆらす・ずらす・つくる』生活書院）．

すぎむらなおみ（2014）『養護教諭の社会学——学校文化・ジェンダー・同化』名古屋大学出版会．

すぎむらなおみ，倉本智明，星加良司，土屋葉（2014）「教育の中の支援，支援の中の教育」『支援』第4巻，pp. 169-203.

杉山晋平（2010）「言語的・文化的境界に生きる生徒たちの学び——日本語教室実践のエスノグラフィー」『教育学の研究と実践』第5巻，pp. 47-56.

鈴木文治（2010）「障害と特別な教育的ニーズの間——特別支援学級・学校の過大規模化から見る障害理解の問題点」『田園調布学園大学紀要』第5号，pp. 187-200.

鈴木文治（2011）「特別支援学校におけるインクルージョン研究——特別支援学校在籍児童生徒を地域の学校へ移行する試み」『田園調布学園大学紀要』第6号，pp. 31-48.

鈴木文治（2015）『閉め出さない学校——すべてのニーズを包摂する教育へ』日本評論社．

鈴木良（2009）「知的障害者による施設入所・地域移行の経験」『障害学研究』第5巻，

pp. 137-163.

高橋智（1994）「戦後日本における『軽度』精神発達概念の歴史的展開」『障害者問題研究』第22巻第1号，pp. 40-48.

高橋智（1997）「『精神薄弱』概念の理論史的研究――戦前の城戸幡太郎学派の「精神薄弱」概念の検討」『教育学研究』第64巻第2号，pp. 180-189.

高橋純一，五十嵐育子，鶴巻正子（2014）．「インクルーシブ教育に対する知的障害を主とした特別支援学校教師の意識調査―― SACIE 質問紙と TEIP 質問紙の日本語版作成の試み」『福島大学総合教育研究センター紀要』第17号，pp. 19-27.

田中千穂子（2007）『障碍の児のこころ――関係性のなかでの育ち』ユビキタスタジオ．

玉村公二郎（1991）「障害児学級研究の動向と若干の課題」『季刊障害者問題研究』第64巻，pp. 2-20.

知念渉（2012）「〈ヤンチャな子ら〉の学校経験――学校文化への異化と同化のジレンマのなかで」『教育社会学研究』第91集，pp. 73-94.

張穎檳（2001）「知的障害教育における生活と教科の関係論――序論」『教育科学研究』第19号，pp. 17-27.

張穎檳（2004）「近藤益雄の知的障害教育の教育課程に関する考察」『人文学報，教育学』第39巻，pp. 67-88.

津田英二（1996）「『知的障害者』の文化活動と社会教育」（小林繁，津田英二，兼松忠雄『学びのオルタナティヴ――障害をもつ市民の学習権保障の課題と展望』れんが書房新社）．

津田英二（2006）『知的障害のある成人の学習支援論――成人学習論と障害学の出会い』学文社．

津田英二（2012）『物語としての発達／文化を介した教育――発達障がいの社会モデルのための教育学序説』生活書院．

土屋葉（2009）「『障害者』と『非障害者』を隔てるもの」（好井裕明 編『排除と差別の社会学』有斐閣選書）．

堤英俊（2008）「『教室机・椅子』をめぐる教育実践の記録」『早稲田教育実践フォーラム報告書』第2号，pp. 25-36.

堤英俊（2009）「いかに生きるかの選択――養護学校中学部卒業後の進路をめぐって」『早稲田教育実践フォーラム報告書』第3号，pp. 61-76.

堤英俊（2010）「仮説・試行・省察――教室机・椅子を倒し続けたY君との実践から」『旭出学園教育実践報告集』第2号，pp. 69-81.

堤英俊（2011）「障害の視点から見た批判的教育学―― N.エレヴェレスの所論を中心に」『東京大学大学院教育学研究科紀要』第50巻，pp. 221-229.

堤英俊（2013）「ある発達障害生徒における特別支援学校という場の意味構成――『のびのび派の学校』として語られるもの」『SNE ジャーナル』第 19 巻，pp. 217-230.

堤英俊（2015a）「知的障害特別支援学級への『居場所見出し』の過程――通常学級出身の生徒たちの事例から」『都留文科大学研究紀要』第 81 集，pp. 33-54.

堤英俊（2015b）「知的障害教育の場の『集団社会』的機能に関する論理構成――三木安正の精神薄弱教育論を手がかりに」『都留文科大学研究紀要』第 82 集.

堤英俊（2016）「知的障害特別支援学校の学校文化に関する試論――〈グレーゾーン〉の生徒の適応過程から見えてくるもの」『都留文科大学研究紀要』第 83 集，pp. 29-52.

堤英俊（2018a）「日本におけるインクルーシブ教育の日常化の課題――〈理想〉と〈現実〉の相克をめぐって」（湯浅恭正，新井英靖 編『インクルーシブ授業の国際比較研究』福村出版）．

堤英俊（2018b）「知的障害教育の場への流れ込みの構造に関する考察――『発達障害の子ども』に着目して」『都留文科大学研究紀要』第 88 集.

堤正則（1995）『はじめての障害児教育〈特殊学級編〉』明治図書．

恒吉僚子（1996）「多文化共存時代の日本の学校文化」（堀尾輝久，久冨善之 編『学校文化という磁場』柏書房）．

恒吉僚子（1997）「教室の中の社会――日本の教室文化とニューカマーの子どもたち」（佐藤学 編『教室という場所』国土社）．

恒吉僚子（2008a）「文化の境界線から社会をひもとく――質的社会学からの問題提起」（無藤隆，麻生武 編『育ちと学びの生成』東京大学出版会）．

恒吉僚子（2008b）『子どもたちの三つの「危機」――国際比較から見る日本の模索』勁草書房．

津曲裕次（2008）「三木安正著作集 解説」（『三木安正著作集』第 7 巻所収，学術出版会）．

鶴田真紀（2006）「知的障害者のライフストーリーの構築――インタビューにおける聞く実践とカテゴリーの省察的検討」『障害学研究』第 2 巻，pp. 124-149.

鶴田真紀（2007）「〈障害児であること〉の相互行為形式――能力の帰属をめぐる教育可能性の産出」『教育社会学研究』第 80 集，pp. 269-289.

鶴田真紀（2014）「社会的視点からの発達障害――特別支援教育をめぐる社会学的考察の試み」『研究紀要』第 5 巻，pp. 41-51.

戸崎敬子（1992）「戦後における『特殊学級』の展開――学校基本調査の分析を中心として」『障害者問題研究』第 24 巻第 9 号，pp. 345-362.

内藤直樹（2011）「〈アサイラム／アジール空間〉の人類学――グローバリゼーション，国家，社会的排除／包摂」『日本文化人類学会研究大会発表要旨集』p. 45.

長瀬修（2002）「教育の権利と政策――統合と分離，選択と強制」（河野正輝，関川芳孝編『権利保障のシステム』有斐閣）．

中西新太郎（2015）『人が人のなかで生きてゆくこと――社会をひらく「ケア」の視点から』はるか書房．

中野善達（1981）「障害児教育の発足」（荒川勇，大井清吉，中野善達『日本障害児教育史』福村出版）．

夏堀摂（2008）「三木安正における知的障害児の親をめぐる論稿の検討」『教育科学研究』第23号，pp. 1-10.

西倉実季（2009）『顔にあざのある女性たち――「問題経験の語り」の社会学』生活書院．

西田芳正（2012）『排除する社会，排除に抗する学校』大阪大学出版会．

西中一幸（2012）「養護学校の義務制をめぐる諸問題の考察――1979年小中養護学校に関する政令施行後の動きに焦点をあてて」『Core ethics ――コア・エシックス』第8巻，pp. 305-315.

能智正博（2011）『質的研究法』東京大学出版会．

ハウ，R. H.（2004）『教育の平等と正義』大桃敏行，中村雅子，後藤武俊 訳，東信堂 (Howe, K. R. (1997). *Understanding equal educational opportunity: Social justice, democracy, and schooling*. New York: Tearchers College Press.).

バッグレイ，C., ウッズ，A. P.（2014）「学校選択，市場，そして特別な教育的ニーズ」（堀正嗣 監訳『ディスアビリティ現象の教育学――イギリス障害学からのアプローチ』現代書館）(Bagley, C., & Woods, A. P. (1998). School choice, markets and special educational needs. *Disability & Society*, 13(5), 763-783.).

原仁（2008）「医学的視点からみた発達障害」（宮本信也，田中康雄，齋藤万比古『発達障害とその周辺の問題』中山書店）．

原田琢也（2011）「特別支援教育に同和教育の視点を――子どもの課題をどう見るか」（志水宏吉『格差をこえる学校づくり――関西の挑戦』大阪大学出版会）．

潘英峰（2013）「日本語教室の適応機能に関する論考――大阪府の公立中学校の事例を中心に」『異文化間教育』第16巻，pp. 27-38.

ビアルケ（當山）千咲（2004）「ドイツにおける質的学校・青少年研究の動向と『生徒のライフストーリー研究』――ポストモダンにおける青少年の学校体験の解明に向けて」『国際基督教大学学報．I-A, 教育研究』第46号，pp. 153-161.

平田知美，今井理恵，上森さくら，福田敦志，湯浅恭正（2013）「文学の読みの指導における学習の共同化」『人文研究 大阪市立大学大学院文学研究科紀要』第64巻，pp. 37-59.

広瀬信雄（1997）「特殊学級の教育指導構造にみる新しい課題――通常の学級と特殊学

級との関係論の視点から」『学校教育研究』第 12 号，pp. 148-163.

藤森善正（2000）『障害児学級をつくる——子どもたちに自信と誇りと考える力を』クリエイツかもがわ.

藤原文雄（2013）「特別支援学校教員の成長」（藤原文雄，岩見良憲 編『特別支援学校教員という仕事・生き方——20 人のライフヒストリーから学ぶ』学事出版）.

プラマー，K.（1991）『生活記録の社会学——方法としての生活史研究案内』原田勝弘，川合隆男，下田平裕身 監訳，光生館（Plummer, K.（1983）. *Documents of life: An introduction to the problems and literature of a humanistic method*. London: George Allen & Unwin.）.

フレイレ，P.（1979）『被抑圧者の教育学』小沢有作，楠原彰，柿沼秀雄，伊藤周 訳，亜紀書房（Freire, P.（1968）. *Pedagogia do Oprimido*. Rio de Janeiro: Paz e Terra.）.

フレイレ，P.（2001）『希望の教育学』里見実 訳，太郎次郎社（Freire, P.（1992）. *Pedagogia da esperança*. Rio de Janeiro: Paz e Terra.）.

ペーターセン，A.（2014）「障害のあるアフリカ系アメリカ人女性——ジェンダー，人種，障害の交差」徳永恵美香 訳（堀正嗣 監訳『ディスアビリティ現象の教育学——イギリス障害学からのアプローチ』現代書館，2014 年）（Petersen, A.（2006）. An african-american woman with disabilities: The intersection of gender, race and disability. *Disability & Society*, 21(7), 721-734.）.

星加良司（2002）「『障害』の意味付けと障害者のアイデンティティ——『障害』の否定・肯定をめぐって」『ソシオロゴス』第 26 号，pp. 105-120.

星加良司（2008）「社会学的視点からみた発達障害」（宮本信也，田中康雄，齋藤万比古『発達障害とその周辺の問題』中山書店）.

星加良司（2015a）「バリアフリー教育を授業に取り入れる」（東京大学教育学部カリキュラム・イノベーション研究会 編『カリキュラム・イノベーション——新しい学びの創造へ向けて』東京大学出版会）.

星加良司（2015b）「『分ける』契機としての教育」『支援』第 5 巻，pp. 10-25.

堀智久（2014）「教育心理学者・実践者の教育保護改革——精神薄弱教育の戦時・戦後占領期」（『障害学のアイデンティティ——日本における障害者運動の歴史から』生活書院）.

堀智久（2016）「できるようになるための教育から，どの子も一緒に取り組める教育へ——八王子養護学校の 1970 ／ 80 年代」（『ソシオロゴス』第 40 巻）. p. 41-63.

堀正嗣（1997）『障害児教育のパラダイム転換——統合教育への理論研究』明石書店.

堀正嗣（2014）「イギリスの障害児教育と障害学研究」（堀正嗣 監訳『ディスアビリティ現象の教育学——イギリス障害学からのアプローチ』現代書館）.

堀家由妃代（2002）「小学校における統合教育実践のエスノグラフィー」『東京大学大学院教育学研究科紀要』第42巻，pp. 337-348.

堀家由妃代（2004）「知的障害の後期中等教育保障に関する研究——教師の教育戦略を中心に」『四條畷学園短期大学研究論集』第37号，pp. 79-94.

堀家由妃代（2011）「地域に生きる——人権教育としての障害児教育」（菅原伸康 編『特別支援教育を学ぶ人へ——教育者の地平』ミネルヴァ書房）.

堀家由妃代（2012）「特別支援教育の動向と教育改革——その批判的検討」『佛教大学教育学部紀要』第11号，pp. 53-68.

堀家由妃代（2014a）「障害者と教育」（志水宏吉，高田一宏，堀家由妃代，山本晃輔「マイノリティと教育」『教育社会学研究』第95集）．p. 140-146.

堀家由妃代（2014b）「発達障害児の親支援に関する一考察」『佛教大学教育学部学会紀要』第13号，pp. 65-78.

本田由紀，平井秀幸（2007）「若者に見る現実／若者が見る現実」（本田由紀 編『若者の労働と生活世界——彼らはどんな現実を生きているか』大月書店）.

三木安正（1949）『精神遅滞児の教育』信濃教育会（『三木安正著作集』第2巻所収，学術出版会，2008年）.

三木安正（1952）『特殊教育』金子書房（『三木安正著作集』第2巻所収，学術出版会，2008年）.

三木安正（1969）『精神薄弱教育の研究』日本文化科学社（『三木安正著作集』第3・4巻所収，学術出版会，2008年）.

三木安正（1976a）『私の精神薄弱教育論』日本文化科学社（『三木安正著作集』第6巻所収，学術出版会，2008年）.

三木安正 編（1976b）『精神遅滞者の生涯教育——旭出学園25年の歩み』日本文化科学社.

三木安正（1982）『残されている夢』旭出学園（『三木安正著作集』第7巻所収，学術出版会，2008年）.

三木安正（1983a）「序説」（三木安正 編『教育と研究〈上〉』国土社）.

三木安正（1983b）「成長・発達と人間形成」（三木安正 編『教育と研究〈下〉』国土社）.

宮下ニーブ（1999）「障害児教育はありがたかったか，ありがたくなかったか」『福祉労働』第82巻，pp. 41-45.

麦倉泰子（2003）「語られる施設化——知的障害者施設入所者のライフヒストリーから」『年報社会学論集』第16号，pp. 187-199.

森博俊（1989）「『精神薄弱児』教育における生活主義の検討」『都留文科大学研究紀要』第31集，pp. 1-20.

森博俊（2014）『知的障碍教育論序説』群青社.
文部省（1963）『養護学校小学部・中学部学習指導要領（精神薄弱編）』.
文部省（1971）『養護学校小学部・中学部学習指導要領（精神薄弱編）』.
文部省（1983）『特殊教育諸学校学習指導要領解説――養護学校（精神薄弱教育）編』東山書房.
柳治男（2003）「学校という組織」（森重雄，田中智志 編『〈近代教育〉の社会理論』勁草書房）．
八幡ゆかり（2008）「知的障害教育の変遷過程にみられる特殊学級の存在意義――教育行政施策と実践との比較検討をとおして」『鳴門教育大学研究紀要』第23巻，pp. 128-141.
山口裕子（2010）「発達障害児の『親の会』における語りと障害の構築」『熊本大学社会文化研究』第8巻，pp. 303-315.
山下幸子（2000）「障害者と健常者の関係から見えてくるもの――障害者役割についての考察から」『社会問題研究』第50巻第1号，pp. 95-115.
山田可織（2008）「『軽度発達障害』児とその親の現実――親の語りを通して」（臨床教育人間学会 編『臨床教育人間学 3 生きること』東信堂）．
山田哲也（2013）「教師という職業――教職の困難さと可能性」（石戸教嗣 編『新版 教育社会学を学ぶ人のために』世界思想社）．
山西優二（2008）「これからの開発教育と地域」（山西優二，近藤牧子，上條直美 編『地域から描くこれからの開発教育』新評論）．
湯浅恭正（1994）「障害児学級における授業改造の教授学的視点――『歴史的過程としての授業』の分析を通して」『香川大学教育実践研究』第21巻，pp. 19-29.
吉田美穂（2007）「『お世話モード』と『ぶつからない』統制システム――アカウンタビリティを背景とした『教育困難校』の生徒指導」『教育社会学研究』第81集，pp. 89-109.
吉利宗久（2007）『アメリカ合衆国におけるインクルージョンの支援システムと教育的対応』渓水社.
ルテンダー，G. K., シミズ，H.（2006）「癒しの社会に向かって――日本の特殊教育からの見地」岡典子 訳（中村満紀男，窪田眞二 監訳『世界のインクルーシブ教育――多様性を認め，排除しない教育を』明石書店）（LeTendre, G. K., & Shimizu, H. (1999). Towards a healing society: Perspective from Japanese special education. In Daniels, H., & Garner, P. (Eds.). *Inclusive education: World yearbook of education 1999*. London: Kogan Page.）．
ローレン，T. P.（1988）『日本の高校――成功と代償』友田泰正 訳，サイマル出版会

(Rohlen, T. P. (1983). *Japan's high schools*. Berkeley: University of California Press.).

Allan, J. (1999). *Actively seeking inclusion: Pupils with special needs in mainstream schools*. London: Falmer Press.

Conrad, P. (1976). *Identifying hyperactive children: The medicalization of deviant behavior*. Lexington, M. A.: D. C. Health.

Conrad, P., & Potter, D. (2000). From hyperactive children to ADHD adults: Observations on the expansion of medical categories. *Social Problems*, 47(4), 559–582.

Denscombe, M. (1980). Pupil strategies and the open classroom. In Woods, P. (Eds.). *Pupil strategies: Explorations in the sociology of the school*. London : Croom Helm.

Erevelles, N. (2005). Rewriting critical pedagogy from the periphery: Materiality, disability, and the politics of schooling. In Gabel, S. L. (Eds.). *Disability studies in education: Readings in theory and method*. New York: Peter Lang Pub Inc.

Furguson, P. M. (1992). The puzzle of inclusion: A case study of autistic students in the life of one high school. In Furguson, P. M., Furguson, D. L., & Taylor, S. J. (Eds.). *Interpreting disability: A qualitative reader*. New York: Teachers College Press.

Garth, B., & Aroni, R. (2003). 'I value what you have to say.': Seeking the perspective of children with a disability, not just their parents. *Disability & Society*, 18(5), 561–576.

Lewis, A., & Lindsay, G. (2002). Emerging issues. In Lewis, A., & Lindsay, G. (Eds.). *Reserching children's perspectives*. Buckingham: Open University Press.

Priestley, M. (1999). Discourse and identity: disabled children in mainstream high schools. In Corker, M., & French, S. (Eds.). *Disability Discourse*. Buckingham: Open University Press.

Shakespeare, T., & Watson, N. (1998). Theoretical perspectives on research with disabled children. In Robinson, C., & Stalker, K. (Eds.). *Growing up with disability*. London & Philadelphia: Jessica Kingsley Publishers.

Turner, G. (1983). *The social world of the comprehensive school: How pupils adapt*. London and Canberra: Croom Helm.

Wing, L. (1981). Asperger's syndrome: A clinical account. *Psychological Medicine*, 11, 115–129.

Wing, L. (1996). *The autistic spectrum a guide for parents and professionals*. London: Constable and Company.

Woods, P. (1979). *The divided school*. London: Routledge & Kegan Paul.

Woods, P. (1980). The development of pupil strategies. In Woods, P. (Eds.). *Pupil strategies: Explorations in the sociology of the school.* London : Croom Helm.

索　引

あ　行

アイデンティティ　193
　――葛藤　146, 185, 190
　――管理　17, 18
　健常者――　122, 190
　障害者――　74, 193
　ほとんど健常者――　193, 194, 200
アクション・リサーチ　225
アサイラム　109, 171
旭出学園　44, 49, 52
アスペルガー症候群　86, 87, 90, 137, 138
新しい教育社会学　10
安全弁　69, 78, 79, 209, 220
異化　11
異議申し立て　192, 199, 206
異才発掘プロジェクト　221
いじめ　4, 5, 7, 13, 68, 120, 137, 138, 167, 185, 187, 213
一斉教授　65, 218, 219
一斉共同体主義　12
糸賀一雄　33
居場所づくり　124, 140, 146, 186
異文化間教育学　20
医療化　68, 187
医療的まなざし　187
インクルーシブ教育
　日本型――　39, 210, 211, 212, 225
　フル・――　39, 79, 210
インクルーシブ教育システム　7, 38
インクルージョン　9
インテグレーション　37, 39

ウッズ（Woods, P.）　11, 12
エスノメソドロジー　10, 105
エンパワメント　221-24
近江学園　33
大崎中学校分教場　32, 44, 54
思いつきの話題　128, 129, 198, 218
オルタナティブな教育　211, 212, 217, 221

か　行

解釈的アプローチ　10
各校方式　75, 76, 111, 149
学習障害（LD）　85, 86, 88, 90, 95, 150
隔離　9, 58, 204
学力テスト　70
学力不振　185, 187, 188, 213
家族戦略　192
学校工場方式　32, 54
学校の同質化　68
学校文化　7, 10, 12, 64
がっこの会　36
カナー（Kanner, L.）　85
カミングス（Cummings, W., K.）　64
体仕事　48, 57, 58, 60, 83, 125, 189
川田貞次郎　30
機会均等的平等観　200
城戸学派　44
城戸幡太郎　30, 31
虐待　7
キャリア・トラック　83, 210, 213
教育学　9, 225
教育社会学　10
教育戦略　12

教育の分離　59-60, 63, 111, 117, 147
教科教育論　27, 28, 34
教科指導　11
教科内容　218
教師の多様性　207
共生共育論　27, 28, 36, 37, 39, 40, 43, 186, 197, 210, 225
協同学習　214, 218, 219
共同体化　196
拠点校方式　75, 76, 111, 119, 173
ケアし合う共同体　215, 222, 224, 226
経験社会学　9
経験カリキュラム　50, 51
形式的平等主義　64-66, 68, 70, 72, 78, 92, 213
軽度知的障害　95, 96, 102, 103
原教科教育　34
言語　7
現象学　13
　——的社会学　10, 105
健常者アイデンティティ　122, 190
健常者のまなざし　191
合科的学習　50, 54
恒久的遅滞論　31, 33
交渉的ストラテジー　108, 110
行動的理解　50
高度資本主義　90
交流活動　195
国際障害者年　37
国籍　7, 225
国民皆学　28
個人主義　216, 218
固定制　75
子供問題研究会　36
子ども理解　207, 223
　——カンファレンス　223
コーピング・ストラテジー　11
ゴフマン（Goffman, E）　16, 108, 195
個別教育計画（IEP）　37

雇用不安　100
コロニー　46

さ　行

差異化の後押し　199-201, 207
差異の一元化　63, 67, 68, 214, 224
作業学習　33, 54, 59, 153, 175, 198
作業の生活化　54
作業の単純化　213
桜井厚　18, 109
サバイバル・ストラテジー　12
サラマンカ宣言　7, 38
参与観察　22, 104, 106, 107, 147
ジェンダー　225
　——平等教育　217
視覚化　219
視覚優位　66
シカゴ学派　105
自我の発達　34, 52-54, 56
自己意識　13
自己実現　34
自己の解放　145, 185, 188, 193, 204, 206
自己の無力化　146, 185, 188, 204, 206, 220
自己物語　105
市場原理　70, 213
自治　56, 58
実存主義　34, 35
自閉スペクトラム症（自閉症）　86-88, 95
　高機能自閉症　90
社会構築主義　17, 89
社会生活能力　30
社会適応主義　32, 34, 37
社会的自立　33, 35, 49, 58, 77, 95, 100, 125, 146, 160, 198-200, 207
社会的相互作用　10
社会的排除　7

社会的包摂　7
周縁化　7
　　——のメカニズム　203, 207-211, 226
就学猶予・免除　27, 28, 30, 37
宗教　7
集団社会　56-58, 60, 75, 76, 125
　　——的教育　57
集団主義的教育　69, 215
授業のユニバーサルデザイン　66
準ずる教育　33, 147
障害学　17, 89
障害児教育学　20, 225
障害者アイデンティティ　74, 193
障害者扱い　79, 132, 190, 199, 209
障害者化　199, 206
障害者権利条約　7, 40
障害者役割　18
障害の個人モデル（医療モデル）　17, 37, 76, 89, 214
障害の社会モデル　17, 89
障害のスポットライト化　66
障害平等教育　217
情感的なつながり　215, 222, 224, 226
少数派影響源　224
象徴的相互作用論　10
職業的自立　32, 49, 95, 146, 200
職務戦略　114, 115, 118, 148, 187, 206
職務の無限定性　183
序列化　68, 200
自立活動　36, 37, 154, 198
自律化　57, 58
ジルー（Giroux., H.）　222
人権感覚　226
人種（エスニシティ）　7, 13, 225
新自由主義　7, 65, 70, 213
身体的均質性　78, 92, 213
診断書　65, 66
人的能力開発　32

心理主義　35
　　——化　68, 187
進路不安　100
鈴木治太郎　29
ストラテジー　11
棲み分け　61, 73, 78
生活か教科か　51
生活協同体　57
生活現実　217, 218
生活史　105
生活指導　11
生活主義教育論　27, 28, 33, 35-41, 43, 45, 59, 186, 197, 198, 210, 211
生活戦略　18, 109, 110, 114, 115, 118, 148, 187, 191, 192, 196, 198, 204, 206, 207, 209
生活単元学習　33, 50, 51, 59, 153, 175
生活能力　50, 52, 54
生活の作業化　54
生活の自立　34, 51, 57, 58
生活の自立　49, 50, 54, 55, 205
生産人　47-49, 54, 55, 57, 58, 60, 125, 189, 205
　　——としての自覚　54, 55, 57, 58, 205
精神遅滞　85
生徒指導　11, 12
生の個別性　187
セクシュアリティ　225
セクト主義　19, 20
セルフアドボカシー　221, 222, 224
前原教科教育　34
全国障害者問題研究会　34
全人教育　58
全面発達　34
相互行為論　105
促進学級　29
組織の合理化　70, 213
存在証明　37, 60, 76

た 行

対抗文化　13
第三の道筋　212, 225, 226
大衆消費社会　110
対人関係トラブル　213
脱周縁化　208, 210, 212, 225
脱中心化　208, 210, 212, 225
ターナー（Turner, G.）　12, 108
田中昌人　33
多文化教育　7, 217
多文化主義　7, 215, 216
多様な学びの場　39
他律的指導　50, 57
秩序維持　67, 196
チームプレイ　207, 223
注意欠如・多動症（ADHD）　85, 86, 88, 90, 95, 150
直接統治　67
DSM（精神障害の診断と統計のためのマニュアル）　85
適応促進戦略　197, 198, 204, 207, 209
手仕事　48, 57, 58, 60, 83, 125, 189
テスト学力　99, 189
デューイ（Dewey, J.）　50, 51
デンスコム（Denscombe, M.）　12
同化　10
動作化　219
当事者研究　221
同質化　63, 67, 68, 214, 224
同調圧力　67, 68, 70, 72, 78, 92, 213
遠山啓　34
特別扱い　65, 66, 68
特別学級　28
特別支援教育支援員　214
特別な小社会　208
特例化　66
特権体系　16

な 行

内面世界　13
ナラティブ論　105
二次障害　4
二次的調整　108, 110
日常生活の指導　33, 59, 153, 175
日常世界　15, 16, 19, 20, 21
日本型インクルーシブ教育　39, 210-212, 225
日本型の教育モデル　58
入所施設　47
能動性　107, 109
能力主義　32, 34, 35
ノーマライゼーション　38

は 行

排他性　96, 103, 213, 214
配慮と排除のプロジェクト　202
バザー単元　32, 54
発達限界論　31, 33
発達検査　119, 121, 122, 136, 149
発達障害　22, 84-86, 89, 90, 92, 94-96, 101, 103
　——者支援法　86, 87
　広汎性——　86
発達保障論　27, 28, 33, 35-40, 43, 45, 59, 186, 197, 198, 210, 211
発達論　13
場の文化　188, 212-214, 220, 225
場の分離　9, 16, 22, 32, 35, 37-41, 43, 54, 59-60, 63, 75-78, 83, 111, 209, 220
ピア・グループ　58, 60, 192, 193, 206, 223
ピア媒介法　219
庇護性　78, 99
庇護的な関わり　201
避難の場　71, 77, 124

貧困　　7, 10, 206, 225
福祉国家　　203, 204, 207, 209
不適応行動　　91, 195, 196
不登校　　4, 13, 68, 187, 213
フル・インクルーシブ教育　　39, 79, 210
フレイレ（Freire, P.）　　222
分離型システム　　7, 8, 210, 212
分離か統合か　　7, 15, 16, 19-21, 40, 210
閉鎖性　　77, 78, 201
ペタゴジカル・ストラテジー　　11, 12
べてるの家　　221
包摂と排除の入れ子構造　　72
暴力　　187, 213
補充戦略　　183
補償教育　　66, 74
補助学級　　29
ほとんど健常者アイデンティティ　　193, 194, 200
本質主義　　17

ま 行

マイノリティ　　20, 46, 64, 73, 109, 191
マカトン法　　52
まなざしの無視　　134, 135, 195
学びの共同体　　214
三木安正　　22, 30, 31, 43
水増し教育論　　27, 28, 33, 197

密着的人間関係　　146, 198, 199, 201, 207
みんなの学校　　214
無力化　　16, 36, 109, 132, 205
メインストリーム　　7, 12, 16, 63
モデルストーリー　　16
問題行動　　91, 195, 196
問題の個人化　　70, 72, 78, 92, 213, 214

や 行

友人コミュニティ　　128, 130, 133, 178, 193, 194
優生学　　44
養護学校の義務化　　15, 27, 36
養護・訓練　　36, 37
横ならび主義　　64
弱さ　　215, 217, 226

ら 行

ライフストーリー・インタビュー　　22, 103, 106, 107, 110, 112, 115, 117, 147
療育スキル　　37
ルールの明確化　　66
労働の流動化　　90
ローレン（Rohlen, T. P.）　　64

わ 行

若者文化　　110

著者略歴

1980年福岡県生まれ，早稲田大学第一文学部教育学専修卒業，東京大学大学院教育学研究科博士課程修了．博士（教育学）．私立旭出学園（特別支援学校）教諭，日本学術振興会特別研究員D2を経て，2014年より都留文科大学教養学部学校教育学科専任講師．専門は教育学，特別支援教育，インクルーシブ教育．
著書に『ケアと人権』（分担執筆，成文堂出版，2013年），『インクルーシブ授業の国際比較研究』（分担執筆，福村出版，2018年），『よくわかるインクルーシブ教育』（分担執筆，ミネルヴァ書房，2019年）．

知的障害教育の場とグレーゾーンの子どもたち
インクルーシブ社会への教育学

2019年3月26日　初　版

［検印廃止］

著　者　堤　英俊

発行所　一般財団法人　東京大学出版会
代表者　吉見俊哉
　　　　153-0041　東京都目黒区駒場4-5-29
　　　　http://www.utp.or.jp/
　　　　電話 03-6407-1069　Fax 03-6407-1991
　　　　振替 00160-6-59964

組　版　有限会社プログレス
印刷所　株式会社ヒライ
製本所　誠製本株式会社

©2019 Hidetoshi Tsutsumi
ISBN 978-4-13-056229-4　Printed in Japan

JCOPY〈出版者著作権管理機構　委託出版物〉
本書の無断複製は著作権法上での例外を除き禁じられています．複製される場合は，そのつど事前に，出版者著作権管理機構（電話 03-5244-5088, FAX 03-5244-5089, e-mail: info@jcopy.or.jp）の許諾を得てください．

東京大学学校教育高度化センター 編	**基礎学力を問う** 21世紀日本の教育への展望	46・2800 円
東大教育学部カリキュラム・イノベーション研究会 編	**カリキュラム・イノベーション** 新しい学びの創造へむけて	46・2800 円
滝川一廣・髙田治・谷村雅子・全国情短協議会 編	**子どもの心をはぐくむ生活** 児童心理治療施設の総合環境療法	46・3400 円
中邑賢龍・福島智 編	**バリアフリー・コンフリクト** 争われる身体と共生のゆくえ	A5・2800 円

ここに表示された価格は本体価格です．御購入の際には消費税が加算されますので御了承ください．